어떻게
배움과 가르침의
주인이 되는가

2022 개정 교육과정의 핵심 질문

어떻게 배움과 가르침의 주인이 되는가

이은총 지음

**학생 주도성과 개념적 이해를 위한
교육과정-수업-평가**

푸른칠판

차례

들어가며 ● 7

PART1 | 학생 주도성과 교육과정 자율화

○ CHAPTER 1 교육과정 자율화

교육과정 자율화란 ● 14
사회 변화와 시대적 요구 ● 16
학생 주도성과 교육과정 자율화 ● 18
학생 주도성을 살리는 교육과정 상상하기 ● 22
학생 주도성과 교사 주도성 ● 26
교육과정 자율화를 위한 변화(~2015 개정 교육과정) ● 32
교육과정 자율화의 효과 ● 34
바람직한 방향의 교육과정 자율화 ● 35

○ CHAPTER 2 교육과정 자율화를 담은 2022 개정 교육과정

정책과 실천이 조화를 이루는 교육 혁신 ● 40
교육과정 자율화의 마중물 ● 43
2022 개정 교육과정 속 '교육과정 자율화' ● 48
실천을 위한 교사의 마음가짐 ● 53

○ CHAPTER 3 학생 주도성을 살리는 교사 교육과정

교사 교육과정이란 ● 59
교사 교육과정, 어떻게 만들고 운영할까 ● 62
교사 교육과정 이것만은 꼭! ● 74
학생 주도성 함양을 위한 교사 교육과정 실천 사례 ● 75

PART 2 깊이 있는 학습을 위한 교육과정-수업-평가

○ CHAPTER 1 왜 깊이 있는 학습인가

깊이 있는 학습을 추구하는 2022 개정 교육과정 • 94
개념적 이해의 의미 • 95
개념적 이해의 필요성 • 100
깊이 있는 학습, 무엇을 가르치고 배우나 • 108
깊이 있는 학습, 어떻게 가르치고 배우나 • 117

○ CHAPTER 2 깊이 있는 학습을 위한 평가

무엇을 평가할 것인가 • 129
배움과 성장의 열쇠, 평가와 피드백 • 139
AI를 활용한 미래교육의 핵심은 평가와 피드백 • 167
평가와 피드백의 주체는 누구인가 • 184

○ CHAPTER 3 깊이 있는 학습을 위한 교육과정-수업-평가 설계

교사에게도 필요한 이해, 전이, 성찰 • 199
교육과정-수업-평가 설계 틀 만들기 • 207
교육과정 살펴보기 • 210
평가 설계하기 • 223
수업 설계하기 • 228
실천 사례 • 231

참고문헌 • 243
미주 • 249

"교육은 언제나 미래에 관한 것이다. 오늘날 우리가 학생들에게 가르치는 것은 10~20년 후에 중요하고 가치가 있을 것이다. 교육은 미래의 최전선frontier에 자리하고 있다. 문제는 인류 역사상 최초로 지금은 20년 후 세상의 모습을 전혀 예측할 수 없다는 것이다. 교육의 초점은 배우는 법을 배우는 것learn how to learn에 맞춰야 한다."

2024년 1월 1일 신년을 맞이하여 유발 하라리가 한국경제신문과 인터뷰한 내용 중 교육에 대해 말한 일부 내용이다. 늘 그래 왔듯 교육은 미래를 위한 준비이며, 특히 요즘도 교육에서 '미래'와 '혁신'이라는 말이 자주 언급되고 있다. 인간은 불확실성을 확실성으로 전환하기 위해 미래를 예측하고 대비해 왔다. 근래 교육에서 '미래'와 '혁신'이라는 단어가 자주 언급되는 이유는 쉽게 예측할 수 없는 미래와 급변하는 세상에 발맞추기 위해 교육도 혁신을 통해 변화의 속도를 높여야 한다는 공감대가 커졌기 때문일 것이다.

20년 뒤의 미래를 위해 무엇을 가르치고 배워야 할지 판단하기 어려울 만큼 급격하게 변하는 세상 속에서 정말로 학생들에게 필요한 것은 무엇일까? 최근에는 적극적이고 책임감 있는 시민으로서 개인과 사회의 웰빙을 추구하는 명확한 목적을 설정하고 평생 배움을 지속할 수 있는 역량과 마음가짐을 가꾸는 학생 주도성을 위한 교육에 많은 사람이 공감하고 있다. 더불어 학생 주도성과 관련된 수업과 평가 방향으로서, 전이 가능한 개념적 이해를 추구하는 '개념 기반 수업'과 학생들이 평생학습자이자 최고의 자기평가자가 되는 것을 추구하는 '학습 과정으로서의 평가'가 주목받고 있다.

전 세계 교육에 많은 영향력을 행사하고 있는 OECD에서도 학생 주도성을 강조하고 있으며, 2024년 도입되기 시작한 2022 개정 교육과정에서도 주도적인 사람을 기르는 데 중점을 둔다. 학생이 주도성을 기르고 그것을 제대로 발휘하려면 그에 맞는 교육과정을 교사가 적극적으로 개발하고 만들어 가는 교사의 주도성 발휘가 필수적이다. 따라서 학생 개개인이 자신의 흥미와 적성을 발견하는 동시에 개인과 공동체의 행복을 위한 목표를 수립하여 길을 찾아가도록 주도성을 기르는 교육과정, 학생의 탐구와 사고를 통해 개념적 이해를 도출하고 전이하는 수업, 학생의 배움과 성장을 지원하며 학생이 메타인지를 발휘해 자신의 삶과 학습을 주도적으로 이끌어 가는 것을 촉진하는 평가를 교사가 설계하고 운영할 수 있도록 교육과정 자율화가 확대되고 있다.

새로운 교육과정의 도입은 교사에게 불확실성과 도전 과제를 안겨 준다. 그동안 꾸준히 실천하여 습관처럼 굳어신 교육의 모습을 바꾸는 것은 어려운 일이다. 2022 개정 교육과정 도입 이전부터 학생 주도성, 개념 기반 교육과정, 개념 기반 탐구학습, 학습 과정으로서의 평가와 관련된 책의 출간이 활발했다. 또한 개념적 이해를 위한 탐구학습을 통해 자기주도적 성장을 지원하는 교육 모델로 IB교육에 대한 관심도 뜨겁다. 많은 교사들이 새로운 도전을 기꺼이 마주하고 단단히 준비하며 현장의 변화를 만들어 내고 있다.

래비치는 '교육에 코끼리를 날게 하는 마법의 날개는 없다.'고 회고한다. 교사로서의 경력이 쌓여 가고 연구와 실천이 더해질수록 이 말에 더 공감하게 된다. 새로운 교육과정 이론, 교수학적 접근 방식, 교육 모델이 현장에 소개될 때 교사는 열린 마음과 함께 비판적 시각을 가지고 받아들여야 한다. 이 책에서 다루는 교육과정, 수업, 평가에 대한 연구, 고민, 실천에 대해서도 같은 마음과 관점을 가지고 읽어 주시면 좋겠다.

이 책은 총 2부로 나뉘어 있다. 1부에서는 학생 주도성 함양의 필요조건인 교사의 주도성 발휘를 위해 확대된 교육과정 자율화의 바람직한 방향에 대해 고민한다. 또한 학생 주도성 함양이 가능한 교육과정을 어떻게 설계하고 실행할 수 있는지 다양한 국내외 사례를 살펴보고 저자의 교사 교육과정 실천 경험을 나눈다.

2부에서는 2022 개정 교육과정이 추구하는 깊이 있는 학습을 심층적으로 이해하고 이를 효율적이고 효과적으로 실행하는 방안을 탐구한다. 깊이 있는 학습이 추구하는 전이 가능한 개념적 이해의 의미 및 필요성과 개념적 이해와 전이를 가르치고 배우는 교수·학습의 과정을 살펴본다.

깊이 있는 학습은 평가를 통해 완성된다. 전이 가능한 개념적 이해를 이끌어 내는 평가, 학생의 배움과 성장을 지원하는 학습을 위한 평가, 학생들이 평가와 피드백의 주체가 되는 경험을 하며 궁극적으로 평생학습자이자 최고의 자기평가자가 되는 것을 추구하는 학습 과정으로서의 평가 의미와 실행 방안을 나누고자 한다. 마지막으로 깊이 있는 학습의 실천을 지원하고 확산하기 위한 교육과정-수업-평가 설계 방법과 사례를 소개한다.

평범한 교사가 좋은 수업을 위해 고민하고 연구하며 실천한 내용을 책으로 나눌 수 있는 기회를 주신 푸른칠판 송진아 대표님께 감사드린다. 교사로서의 전문성 향상을 늘 응원하고 지원을 아끼지 않는 사랑하는 지연, 삶의 가장 귀한 보물인 지후와 지안이에게 고맙고 감사하다. 평생 넘치는 사랑을 주신 할아버지, 꿈을 향해 나아가는 삶의 기쁨과 보람을 알려 주신 아버지, 삶의 어려움과 과제를 성실과 도전으로 극복하는 법을 가르쳐 주신 어머니가 인생의 가장 큰 스승임을 전한다. 부족한 사위를 늘 지원하고 격려해 주시는 장인어른과 장모님께도 깊이 감사드린다. 가족들의 응원과 사랑이 없었다면 이 책의 마침표를 찍지 못했을 것이다.

마지막으로 좋은 수업을 위해 함께 고민하고 연구하는 동료 선생님들, 교육을 매개로 만난 함성새싹 제자들에게 감사와 응원을 보낸다. 학생을 위한 교사의 사랑과 진심이 모든 변화와 배움의 시작이자 전부라고 믿는다. 학생들을 향한 사랑과 진심을 오래 간직하길 다짐한다.

PART
01

학생 주도성과 교육과정 자율화

2022 개정 교육과정에서는 학생 주도성 함양을 위한 교사의 주도성 발휘에 주목하고 있다. 교사의 주도성 발휘를 위한 교육과정 자율화가 강조되면서 교사는 교육과정 개발자로서의 역할을 더욱 인정받게 되었다. 교사의 철학을 기반으로 사회의 변화와 요구를 고려하면서, 학생의 필요와 요구를 담아 학생 주도성 함양이 가능한 교육과정을 효과적으로 설계하고 실행하는 일, 과연 어떻게 할 수 있을까? 학생 주도성, 교육과정 자율화, 교사 교육과정에 대한 연구 및 실천을 바탕으로 이 질문에 대해 탐구해 보자.

CHAPTER 1

교육과정 자율화

교육과정 자율화란

전통적으로 교육과정은 학교에서 가르치는 교과목 또는 학습 내용의 편제나 체계를 지칭해 왔다. 오늘날 학교교육에서는 교육과정을 학교에서 제공하는 경험과 학생이 학습을 통해 얻는 경험의 총체로 바라보고 있다. 2022 개정 교육과정에서는 교육과정을 '교육의 목적과 목표에 근거하여 학생들에게 제공할 학습경험, 학습 내용과 학습 방법 및 평가를 체계적으로 조직한 교육 계획'으로 정의하고 있다.

교육과정 운영은 '왜 가르치고 배우는가? 무엇을 가르치고 배우는가? 어떻게 가르치고 배우는가?'라는 질문을 토대로 학생의 성장을 돕기 위해 유의미한 학습경험을 설계하고 실천하는 행위이다. 이 질문에 답하고 실행하는 주체에 따라 교육과정의 실제 운영 모습은 크게 달라진다. 우리나라는 제5차 교육과정까지 교육부 주도의 중앙집권적 교육과정 결정 방식을 채택했다. 그러나 제6차 교육과정부터 2022 개정 교육과정까지 중앙집권적 교육과정을 탈피하기 위한 노력이 계속되면서 학교나 교사가 교육과정을 설계하고 실행하는 주체로 거듭나게 되었다.

이러한 흐름에 따라 교육과정 분권화와 지역화를 통해 교육과정 자율화 논의 및 실행이 이루어졌다. 교육과정 분권화는 교육부가 개발한 교육과정이 각 지역이나 학교의 특성을 모두 반영하기 어렵다는 점을 고려하여, 교육부가 가지고 있는 교육과정 권한을 시도교육청 또는 학교에 배분한다는 의미를 담고 있다. 교육과정 지역화는 교육청 또는 학교가 교육부로부터 권한을 위임받아 해당 지역의 상황과 특성을 고려하여 교육과정을 개발하고 운영하는 것을 뜻한다. 따라서 교육과정 분권화가 선행되어야 교육과정 지역화가 가능하다.

교육과정 자율화란 학교가 자율성을 발휘하는 주체가 되어, 학교가 처한 상황, 학생들의 다양한 요구와 특성 등을 고려하여 교육부로부터 위임받은 권한 내에서 적합성 있는 교육과정을 자율적으로 편성·운영하기 위한 노력이다.

| 교육과정 분권화 | → | 교육과정 지역화 | → | 교육과정 자율화 |

사회 변화와 시대적 요구

중앙집권적 교육과정 체제는 높은 수준의 교육과정을 개발하고 교육과정의 연계성과 체계성을 강화하며 우리나라 공교육이 확산되는 데 기여했다. 또한 효율적이고 평등한 교육의 기회를 제공해 주었다. 이러한 장점에도 불구하고 교육과정 자율화가 강조되는 이유는 무엇일까? 다음 질문들에 대한 답을 중앙집권적 교육과정 체제에서 찾을 수 있는지 고민해 보면 그 실마리를 찾을 수 있다.

- 예측할 수 없고 빠르게 변화하는 미래 사회에 신속하고 유연하게 대응할 수 있는가?
- 모든 개별 학생의 수준과 속도에 맞는 성공적인 학습을 이끌어 낼 수 있는가?
- 학생의 필요와 요구를 반영하고 학생이 주도하는 학습경험을 제공할 수 있는가?

현대사회는 변동성Volatility, 불확실성Uncertainty, 복잡성Complexity 및 모호성Ambiguity을 지닌 VUCA 시대이다. 불과 몇 년 사이 인류는 감염병, 기후변화, 인플레이션, 탈세계화, 미중 갈등, 전쟁, AI의 발전 등 급격한 변화와 다양한 도전 과제를 맞고 있다. 이러한 흐름에 따라 교육에서도 기후변화와 AI에 많은 관심을 두고 있다. 두 주제 모두 사회와 미래에 광범위한 영향을 미치기에 매우 중요하다. 특히 최근에는 OpenAI의 ChatGPT, 구글 Gemini 등 생성 AI의 발전으로 AI교육에 대한 관심이 뜨겁다.

학생들이 기후변화와 환경에 대한 올바른 인식을 바탕으로 지속 가능한 미래를 만들어 가고, 진화하는 기술 환경에서 자신의 역량을 충분히 발휘할 수 있도록 학교교육에서도 생태환경교육이나 AI교육 등에 중점을 두고 있다. 과거 교육부에서 추진했던 '그린 스마트 미래학교'라는 사업명은 물론, '디지털 전환, 학령인구 감소 등 미래 사회 변화에 대응할 수 있는 포용성과 창의력을 갖춘 주도적인 사람으로서의 성장을 지원하기 위해 초·중등 교육과정 체제 전환 필요'라는 2022 개정 교육과정의 개정 이유만 봐도 미래 사회 변화에 대응하기 위해 교육에서도 많은 변화를 추구하고 있다는 것을 알 수 있다.

양적으로 이미 충분히 확대된 우리나라 공교육은 이제 질적 성장에 초점을 두고 있다. 전례 없는 속도로 급변하며 미래 예측이 어려워진 시대에 빠르고 유연하게 대응하면서, 저출산 고령화라는 인구구조 변화에 따라 학생 개개인의 특성과 진로에 맞는 학습을 지원하는 맞춤형 교육이 필요하다는 목소리가 높아지고 있다. 앞으로 더욱 빠르게 변화해 나갈 미래 사회를 살아가기 위해 학생들은 개개인의 학습 수준과 속도에 맞춰 학습하고, 관심 분야를 집중적으로 학습할 수 있어야 한다는 것이다. 또한 학생 맞춤형 교육은 사회 변화에 따른 필요와 요구라는 외부적 요인뿐 아니라 교육의 본질적인 측면에서도 중요하다. 교육의 본질 중 한 가지는 개별 학생에게 적합한 학습경험을 제공하여 모든 학생이 학습에 성공하는 것이다.

학생 맞춤형 교육을 위해서는 첫째, 학생들의 학습 수준·속도·스타일, 필요와 요구를 고려하여 교육과정을 설계해야 한다. 둘째, 학생들의 참여를 유도하고 흥미를 높이며 심층적 이해와 전이를 이끌어 낼 수 있는 다양한 교수·학습 방법을 활용해야 한다. 셋째, 다양한 평가 방법과 도구를 활용해 학습 과정과 결과를 평가하고 개별 맞춤형 피드백을 제공하여 학습 효과를 높여야 한다. 궁극적으로는 학생들이 스스로 목표 설정, 학습 실행, 평가, 성찰을 할 수 있도록 지원하여 학생 주도성을 함양하고 발현할 수 있도록 해야 한다.

학교의 다양한 교육활동을 일정한 기준과 틀에 따라 계획하고 관리하는 중앙집권적 교육과정만으로는 교사가 학생 개개인에게 적합한 교육과정을 운영하기 어렵다. 사회 변화에 대응하고 학생의 특성, 필요, 요구, 학습 수준과 속도를 고려한 학습경험을 설계하고 실행하는 것은 학생들과 직접적으로 소통하는 학교와 교사 수준에서 더 적극적으로 시도해 볼 수 있다. 따라서 학생들을 어떻게 가르치고 평가할지 결정할 권한이 학교와 교사에게 주어져야 하며, 무엇을 가르칠지 결정하고 실행할 수 있는 학습경험의 총체적 설계와 관련된 자율성 또한 담보되어야 한다.

| 학생 주도성과 교육과정 자율화

과거의 학생상은 주어진 과업과 매뉴얼을 충실히 따르는 학생이었지만, VUCA 시대인 최근에는 정해진 길을 따르는 것이 아니라 스스로 변화를 위해 개척하는 학생, 창의적이고 비판적인 시야를 가지며 다른 이와 협력하고 실패하더라도 다시 도전하는 학생이 주목받는다.

　주도적으로 자신의 배움과 삶을 이끌어 가는 힘을 기르기 위해 학생 주도성Student Agency에 초점을 맞춘 교육은 전 세계적으로 많은 관심을 받고 있다. OECD가 역량의 개념을 소개한 DeSeCo 프로젝트 후속인 OECD Education 2030 프로젝트에서 학생 주도성Student Agency을 제시했으며, 우리나라 2022 개정 교육과정에서도 개정의 중점 사항으로 학습자의 삶과 성장을 지원하는 맞춤형 교육과정 설계를 제시하며 그 근거로 학습자 주도성을 언급하고 있다. 더불어 2022 개정 교육과정의 비전을 '포용성과 창의성을 갖춘 주도적인 사람'으로 설정하며 학생 주도성에 대해 강조하고 있다는 것을 확인할 수 있다.

　학생 주도성이란 학생들이 스스로 성장하고 웰빙을 추구하기 위하여 자신이 처한 상황 속에서 목적을 설정하고, 이를 달성하기 위해 계획, 학습, 실행하는 행동에 대한 책임을 질 수 있는 능력이나 성향을 말한다.[1] 학생이 학습의 주체가 될 때, 즉 학생 스스로가 무엇을 어떻게 배울지 능동적으로 결정할 수 있을 때, 학습 동기가 더 강해지며 학습하는 방법을 학습learned how to learn할 수 있다. 이렇게 습득한 능력은 평생 사용할 수 있는 기술이 된다. 이는 학생 주도성을 함양하는 것이 불확실한 미래를 살아갈 학생들이 평생학습자로 거듭나는 데 필요한 능력을 기르는 것과 연결됨을 시사한다.

　학생 주도성에 대한 이해를 토대로 OECD에서 제시한 학습 나침반 2030Learning Compass 2030을 살펴보면 학생 주도성이 추구하는 학습의 방향을 탐색할 수 있다.

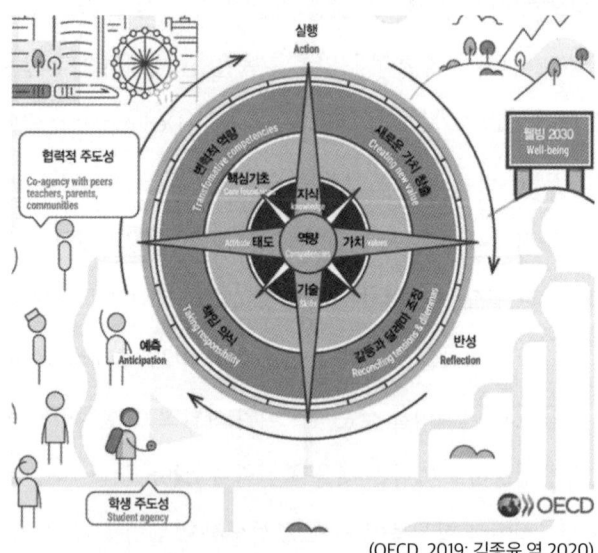

(OECD, 2019; 김종윤 역 2020)

학습 나침반은 학습에 대한 메타포로 불확실한 미래에서 개인과 공동체의 웰빙이라는 지향점을 향해 교사로부터 정해진 지침이나 지시를 받는 것이 아니라, 학생이 낯선 상황을 스스로 탐색하며 의미 있고 책임감 있는 방식으로 자신의 방향을 찾는 방법을 배워야 한다는 점을 강조한다.

학생 주도성뿐만 아니라 사회적 맥락에서 학습하고 성장하며 주도성을 발휘하는 협력적 주도성도 함께 제시하고 있다. 왼쪽 아래 학생이 들고 있는 나침반을 확대한 그림에는 문해력, 수리력, 데이터 리터러시, 신체 및 정신 건강, 사회적 및 정서적 기술을 포함하는 핵심 기초가 있다. 또한 지식, 기능, 가치 및 태도를 총체적으로 포함하는 개념의 역량과 복잡하고 불확실성에 적응하기 위해 필요한 특정 변혁적 역량(새로운 가치 창조하기, 긴장과 딜레마 해소하기, 책임감 가지기)을 제시하고 있다. 이러한 역량들은 예측, 실행, 반성 사이클을 통해 길러질 수 있다.

학생 주도성을 자기주도학습의 개념과 혼동할 수 있는데, 둘을 비슷한 개념으로 이해해서는 안 된다. 자기주도학습은 타인의 상호작용 여부와 관계없이 스스로 학습에 있어서 주도권을 행사하는 개인 내적인 과정에 초점을 맞춘다. 그러나 학생 주도성을 발휘하는 것은 사회적으로 고립된 채 활동하는 것이 아니고, 오로지 자기 이익만을 위해 행동하는 것도 아니라는 점을 기억해야 한다.[2]

학생들은 사회적 맥락에서 학습하고 성장하며 주도성을 발휘한다. 학생 주도성은 학생이 자신의 삶과 주변 세계에 긍정적인 영향을 미칠 수 있는 능력과 의지를 가진다는 원칙에 뿌리를 두고 있으며, 학생이 사회에 참여하여 사람, 사건 및 환경에 더 나은 영향을 미치려는 책임감을 내포한다. 학습 나침반에서 제시하고 있는 협력적 주도성은 학생이 자신을 둘러싼 교육 생태계(동료, 교사, 학부모, 지역사회) 속에서 배우며, 주변 환경과 상호 소통하고 협력하면서 성장한다는 개념이다.

'주도성'이란 나의 삶과 학습을 스스로 이끌어 가는 것뿐만 아니라 다른 사람과 공동체에 긍정적 영향을 미치는 책임감을 포함하는 개념이다. 따라서 주도성을 갖추려면 서로 존중하고 협력하는 공동체의식이 필요하다. 2022 개정 교육과정에서 추구하는 '포용성과 창의성을 갖춘 주도적인 사람'은 삶을 스스로 설계하고 성찰하며 개척하는 사람이자, 책임감 있는 행동으로 세계를 바람직한 방향으로 변화시킬 능력과 의지를 가진 사람, 그리고 이에 필요한 역량과 자질을 끊임없이 배우고 익히며 성장해 가는 사람이다. 이는 교육의 개인적 측면과 공공성 측면을 모두 포괄하는 정의이다.

지금의 인류는 SNS의 발전으로 인해 연결과 분열이 동시에 강화되는 역설을 경험하고 있다. SNS는 비슷한 생각과 가치관을 지닌 사람들 간의 소통과 교류를 촉진시키지만, 다른 생각과 의견을 배척하는 공간으로 작동하기도 한다. 학생 주도성에 초점을 둔 교육은 다름을 이해하는 간극을 키우는 것이 아니라 다름을 포용하면서, 자신의 삶뿐만 아니라 공동체의 삶도 함께 고민하고 개선하는 주도적이고 책임감 있는 학생의 성장을 지향해야 한다.

▎학생 주도성을 살리는 교육과정 상상하기

방송산업의 변화 과정을 예시로, 학생들이 마주할 미래를 엿보고자 한다. 과거 방송은 대규모 자본, 기술, 그리고 인력을 보유한 소수의 방송사가 독점했다. 시청자들은 방송국에서 제공하는 콘텐츠 중 자신이 원하는 것을 정해진 시간에 맞추어 선택해서 시청했다. 이제는 인터넷과 모바일 발전이 촉발한 SNS의 확산으로 1인 미디어 시대가 열리면서 개인이 전문가들과 협업하여 다양하고 창의적인 영상을 제작하며 시청자들과 소통하는 시대가 되었다. 시청자들은 수동적으로 방송국에서 제공하는 콘텐츠만 소비하는 것이 아니라 자신이 원하는 콘텐츠를 검색하고 적극적으로 콘텐츠 제작자와 소통하며 상호 유익한 관계를 만들어 가고 있다.

2023년, 생성형 AI의 등장으로 1인 기업 시대가 그려졌다. AI는 인간에게 매우 유용한 개인 비서 역할을 수행할 수 있는 도구로 발전하고 있으며, 이는 인류의 생산성을 더욱 향상시킬 가능성이 크다. 여전히 전문가와의 협업은 중요한 역할을 하겠지만, 개인이 AI의 지원을 받아 운영하는 소규모 사업장이 늘어날 것으로 예상된다. 또한 인간 간의 협업을 넘어서 인간과 AI와의 협업으로 확장될 것이다.

AI는 일자리 패러다임도 변화시키고 있다. 과거에는 기업들이 스펙과 시험을 통해 우수한 성적을 가진 인재를 채용하는 구조였지만, 최근에는 기업이 실제 필요한 분야에서 성과를 내고 있는 인재를 영입하는 방향으로 변화하고 있다. 이는 개인이 목표를 설정하고, 스스로 학습하며 성장과 성과를 이루어 개인의 가치를 높이는 것이 더 주목받는 시대로 발전하고 있다는 뜻이다.

이와 같은 미래의 모습은 12살 래퍼 율음의 사례를 통해서도 살펴볼 수 있다. 율음은 유튜브 채널을 통해 래퍼의 꿈을 키우고 비트 만드는 법을 스스로 학습했다. 그는 뭐든 스스로 하는 것을 좋아하며 직접 제작, 작곡, 연주, 믹싱을 하여 앨범을 발매했다. 이를 본 유명 래퍼는 율음을 자신이 설립한 힙합 레이블의 멤버로 영입했다.

> **주도성을 발휘하는 모습(12살 래퍼 율음)**
>
> 클래식 음악 작곡가인 어머니 덕분에 9살 때쯤 유튜브 채널 'OTHANKQ'를 알게 됐다. 전자 댄스음악(EDM)과 클럽 음악을 제작하는 채널 운영자가 집에서 혼자 음악을 제작하는 과정을 자연스럽게 볼 수 있었다. 이때 영상을 보면서 비트 만드는 법을 배웠다. 유튜브 알고리즘을 타고 너바나와 같은 전설적인 아티스트의 공연도 볼 수 있었다.
>
> 율음은 "자기 전 수많은 대중 앞에서 라이브 공연하는 모습을 상상한다"며 "집에서 혼자 뮤직비디오도 만들어봤다"고 말했다. 그는 뭐든 스스로 하는 걸 좋아한다. 그리고 이렇게 직접 만든 영상을 유튜브에 올린다. 그는 "혼자 작업할 때 가장 편하다"며 "정말 자유롭다고 느끼고 새로운 시도를 해보고 싶다는 마음이 샘솟는다"고 설명했다.
>
> 지난여름엔 14곡이 담긴 첫 정규 앨범 '마스크스: 사이드 에이(Masks: Side A)'를 발매했다. 스스로 제작, 작곡, 연주, 믹싱(목소리와 악기 소리를 합쳐 편집하는 과정)했다.

[출처] https://www.vice.com/ko/article/m7vnmy/yuleum-12-year-old-rapper-korea-hip-hop-music

[출처] David D, Lee.(2024.05.07.). 한국 힙합계 차세대 거물이 될 12살 래퍼 율음을 만나다. https://www.vice.com/ko/article/m7vnmy/yuleum-12-year-old-rapper-korea-hip-hop-music - 1theK(2022.3.17.). [MV] YULEUM(율음)_Hero's Disease. https://youtu.be/re1HE1B6EzM?si=4DLyoXWQcpS81sdc

어쩌면 율음은 타고난 재능을 갖고 있는 특별한 사례로 여겨질 수도 있다. 그러나 역사적으로 다양한 분야에서 우수한 인재를 배출하며 세계적으로 큰 영향력을 행사하고 있는 유대인들의 교육철학과 사회문화를 살펴보면, 잠재된 재능을 찾아내어 주도성을 발휘할 수 있는 기회를 제공하는 것이 교육에서 매우 중요하다는 것을 알 수 있다. 세계적으로 항상 주목받아 온 유대인들의 교육 방식에서 주도성과 관련된 교육철학과 교육 방법에 대해 잠시 살펴보자.

유대인들은 인간 내면에 영혼에 맞는 무한한 잠재력과 가능성인 '달란트'가 있다고 믿는다. 이들은 달란트를 개발하지 않는 것을 죄로 여기며, 달란트를 발휘하는 궁극적 목적이 개인의 성장을 넘어 세상을 발전시키는 데 일조하는 것이라 여긴다. 부모는 자녀가 13세 성인식 이전에 달란트를 찾을 수 있도록 혼신의 힘을 다해 지원하며, 이를 부모의 중대한 책무로 여긴다. 달란트의 발견과 개발은 학생 개인과 부모에게만 맡겨지는 것이 아니라, 공동체 전체가 함께 지원하고 돕는다.[3]

유대인의 가르침에는 이런 말들이 있다. '사람은 잘 배워야 한다. 하지만 수동적으로 배우는 습관을 들여서는 안 된다.' '혼자서 배우면 바보가 된다.' 유대인들은 단순한 주입과 암기가 아닌 주도적으로 개념과 원리를 이해하고 깨우치는 것, 함께 배우는 것을 강조한다. 주도하고 협력하는 학습을 위해 질문, 대화, 토론을 중시하는 교육법으로 하브루타가 널리 알려져 있다.

지금까지 학교에서 행해 온 대부분의 교육은 학생들에게 주어지는 수동적인 학습경험들로 이루어져 있다. 사실상 학생 스스로 자신과 세상을 이해하고, 무엇을 어떻게 배우고 싶은지 주체적으로 배움을 이끌어 갈 기회가 부족했다. 학교와 교사가 새롭고 창의적인 교육과정을 설계하고 실행해도 여전히 학생은 '이미 개발되어 주어진' 교육과정과 수업을 받아들이는 수동적인 존재로 한정되는 것이 학교교육의 일반적인 현실이다. 학교교육을 통해 주도성을 기르는 일이 중요하다면 미래교육을 구현하기 위해 고민하는 우리의 질문은 '교실에서 교사가 어떻게 학생의 학습을 안내하고 지원할 것인가?'에서 '교사가 교육과정을 어떻게 설계하고 실행해야 학생의 주도성을 기를 수 있는가?'로 나아가야 한다.[4]

학생 주도성과 교사 주도성

학생 주도성을 기르기 위한 교육과정을 운영하려면 어떤 그림을 그려야 하고, 학교와 교사는 어떤 역할을 해야 할까? 국내외 사례를 토대로 밑그림을 그려 보자. 삶과 배움의 주체로서 학생의 주도성 발휘를 지원하는 교육 사례로 매트 스쿨과 하데라 민주학교의 예를 들 수 있다.

매트 스쿨은 대안적 혁신학교 모델로 학생의 자기주도학습 능력을 함양하고 개인 맞춤형 교육을 추구한다. 학생 스스로 작성한 개별화 교육과정에 의해 일부의 교육과정이 운영되고, 학교와 관계 맺은 기관에서 학생이 관심 있는 주제나 과제를 학습하는 인턴십 학습이 운영된다. 하데라 민주학교는 어디서 어떻게 누구와 무엇을 배울지 학생이 스스로 결정하도록 지원하고 이를 위해 도시 전체가 학교로서 움직이고 있다. 매트 스쿨과 하데라 민주학교 모두 학생이 주도성을 발휘할 수 있도록 학습의 장을 지역으로 확대했다.

독일의 '에반젤리쉬 슐레 젠트룸 Evangelisch Schule Zentrum'이라는 베를린 복음학교는 매 학년 학생들이 재미있다고 생각하는 것에 대해 이야기하며 수업을 시작하고 많은 수업 시간을 학생들의 흥미와 관심사에 할애한다. 예를 들어 '인간이 달에서 살 수 있을까?'라는 학생들의 질문을 탐구할 수 있도록 로켓을 어떻게 달까지 발사할지, 달까지 산소를 어떻게 가져갈지 등을 수업에서 다룬다. 이러한 경험은 학생들이 학습에 대한 주도성을 발휘할 기회가 된다.

　IB PYP_{Primary Years Program} 전시회는 PYP 과정을 마무리하는 의미 있는 프로젝트이다. 학생들은 IB교육에서 다룬 다양한 탐구 주제 중 가장 흥미로웠던 주제(예: 우리가 사는 지구)와 관련된 세부 주제(공정무역, 지속가능환경, 해양환경보호 등)를 선택하여 보다 깊이 있게 탐구한다. 이때 학생들은 스스로 탐구 주제와 방향을 정하고 주도적으로 탐구를 이끌어 간다. 교사와 학부모는 멘토 역할을 하며 학생의 전반적인 탐구 과정을 지원한다. 학생들은 전시회에서 탐구 과정과 결과를 창의적으로 표현한 전시물을 선보이고 방문객들에게 열정적으로 설명한다. 전시회를 준비하고 발표하는 과정은 학교 공동체가 다 같이 학생들의 배움과 성장을 축하하고 격려하는 축제의 장이다.

　체험학습도 주도성에 초점을 두면 좀 더 다양하게 접근할 수 있다. 광주학생예술누리터에서는 주도성 발휘를 지원하는 문화예술 체험학습 프로그램을 운영하고 있다. 예술누리터 체험학습은 사전에 학생이 원하는 다양한 문화예술 체험학습 프로그램 중 1가지를 선택하고 이를 1주일 동안 전문가를 통해 학습하도록 한다. 그리고 1주일 동안 학습한 결과물을 체험학습 마지막날에 발표하면서 의미 있게 마무리 한다.

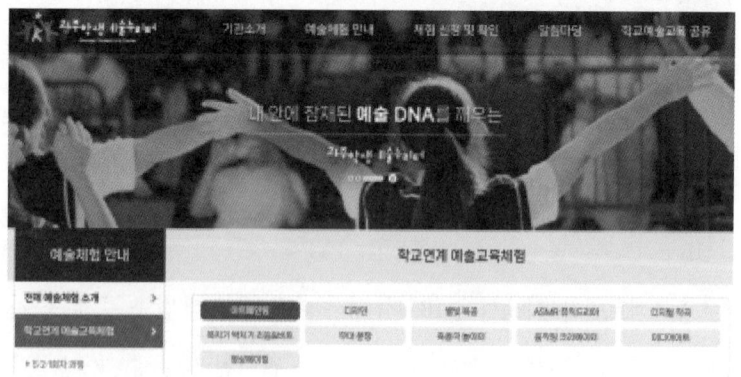

광주학생예술누리터 사례처럼 단순히 학습 선택권을 확대하는 것에 그치지 않고, 체험학습을 학생 주도로 설계할 수도 있다. 예를 들어 수학여행의 경우 학교가 학생 및 학부모에 대한 수요 조사를 바탕으로 몇 가지 안을 제시하여 선택하게 하는 대신, 학생들이 직접 수학여행을 만들어 가고 학교와 교사가 이를 지원하는 형태로 추진할 수 있다. 이것이 가능하려면 교사는 학생들이 직접 수학여행 코스를 계획하고 체험할 수 있도록 교육과정을 설계하고 실행해야 한다. 학생들은 수업시간에 수학여행 코스를 계획, 발표, 선정하며 직접 구상한 수학여행을 경험할 수 있다. 실제로 이렇게 수학여행을 진행하는 학교들의 사례를 어렵지 않게 만날 수 있다.

학교교육에서 학습에만 초점을 두지 않는다면, 학생이 주도성을 발휘할 경험의 기회를 더욱 확대시킬 수 있다. 학생자치와 동아리 활동은 학생들이 주도성을 경험할 소중한 시간이 될 수 있다. 학교 공간 혁신 사업도 학교 공간에 대한 권리를 학생에게 이양하고 학생들이 주도하여 학교 공간을 창의적으로 만들어 가는 의미 있는 교육활동 사례이다. 학교교육을 바라보는 관점을 확장하고, 교육의 초점을 주도성에 맞추어 교육공동체가 함께 마음과 지혜를 모은다면 다양하고 창의적인 사례가 쏟아질 것이다.

학생 주도성을 기르기 위해서는 학생들이 다양한 교육적 경험을 바탕으로 자신을 이해하고, 복잡하고 급변하는 사회에서 행복한 삶과 공동체를 만들어 가며, 학습을 주도할 수 있는 주체로 성장할 수 있도록 지원해야 한다. 이를 위해서는 선택권 확대, 제안, 참여를 넘어서서 교육과정 설계와 실행의 과정에 주체로 참여할 수 있는 기회가 학생들에게도 주어져야 한다. 그러려면 학교와 교사의 역할과 지원이 중요하다.

학생이 삶과 배움의 주체로서 주도성을 발휘하는 것은 배움의 수동적 객체에서 배움의 적극적 주체로 변모하는 과정이다. 이는 나와 세상을 이해하고 잘 살아가기 위해 '무엇을 배울 것인가?' '얼마나 배웠는가?' '다음에는 무엇을 배워야 하는가?'라는 질문에 대한 주도권을 학생에게 이양하는 과정이기도 하다. 그렇다고 해서 모든 주도권을 학생에게 곧바로 이양해야 한다는 뜻은 아니다. 학생이 교육과정과 관련된 질문에 답하고 결정을 내리는 것은 단기간에 자발적으로 계발되기 어려운 역량이다. 따라서 주도성 함양과 관련된 다양한 교육 경험과 더불어 주도성을 발휘하는 모습에 대한 교사의 꾸준한 가르침과 학생의 연습이 필요하다. 학생 주도성을 발현하고 함양할 수 있는 충분한 연습과 경험을 제공하여 어느 정도 학생들의 역량을 신장시킨 다음에 주도권을 이양하는 점진적인 과정으로 나아가야 한다.

학생이 참여하는 학교 교육과정 개발·운영을 연구하고 실행한 A중학교는 학생 주도성과 교사 주도성을 함께 발휘하여 교사와 학생이 함께 만들어 가는 교육과정 사례를 보여 준다. A중학교는 '학생교육과정위원회'를 구성하여 학생이 배우고 싶은 것을 제안하기, 수업지도안 만들기, 교사와 함께 수업을 운영하고 피드백 제공하기, 학생의 의견을 수렴하여 학생교육과정평가회에 참여하기 등의 활동을 진행하였다. 2년에 걸친 실행연구로, 1차 연도에서 2차 연도로 나아가면서 학생들의 교육과정에 대한 이해가 높아졌으며 교육과정 설계와 실행에 있어 학생 참여 영역이 확장되고 수준이 높아졌다. 처음에는 제안하기 수준에 머물렀던 학생 주도성은 수업을 함께 만들고 실행하며 평가하는 역할까지 확장되었다. A중학교가 학생이 교육과정의 주체로 참여하는 혁신적인 도전을 할 수 있었던 배경에는 교사들 스스로가 교육과정 개발의 주체로서 교육과정 재구성 및 학교 교육과정 개발을 위해 활발하게 노력했다는 점, A학교가 혁신학교로 지정된 이후 학급운영부터 학교 행사까지 학생들이 직접 기획하고 운영하는 학생자치를 활성화시킨 점이 자리하고 있다.

학생교육과정위원회 활동 요약(이형빈, 김성수, 2024)

	1차 연도	2차 연도
제안하기	• '나에 대해 배우고 싶은 것', '세상에 대해 배우고 싶은 것' 제안하기	• '나에 대해 배우고 싶은 것', '세상에 대해 배우고 싶은 것' 제안하기 • 교과 교육과정 계획에 대한 의견 제시하기
함께 만들기	• '학기초 마음을 여는 활동' 수업지도안 초안 만들기	• '학기초 마음을 여는 활동' 수업지도안을 만들고 직접 운영하기 • 진로체험 활동 계획을 교사와 함께 만들고 운영하기
평가하기	• 학교교육과정평가회 참여하기	• 학교교육과정평가회 참여하기 • 교과 교육과정 및 창의적 체험활동에 대해 일상적으로 평가하기

학생 주도성을 기르기 위한 교육과정 설계와 실행에서 교사의 역할과 가르침의 가치가 절대 축소되는 것이 아니다. 교육은 언제나 가르치고 배우는 관계 속에서 일어나며 학생이 교육과정의 주체로서 성장하기 위해서는 교사가 먼저 교육과정의 주체로 성장해야 한다. 따라서 학생 주도성을 기르기 위한 교육과정 실행 역량으로 '교사 주도성'이 주목을 받고 있다. 교사 주도성이란 교사가 자신의 경험, 신념, 전문 지식 및 자신이 속한 교육공동체의 특성에 대한 이해를 바탕으로 교육과정을 이해·해석하고 재구성하여, 창의적인 수업과 평가를 적극적으로 디자인하며 실행하는 교사의 성향을 뜻한다. 교사 주도성을 발휘하는 것은 교사가 교육과정 개발자이자 전문가로서의 역량을 발휘하는 것

이다.[5]

교사 주도성 발휘를 위한 필수 조건이 바로 '교육과정 자율화'이다. 이는 교사들이 단순히 주어진 교육과정을 수동적으로 실행하는 것을 넘어 사회의 변화를 고려하면서 학생의 필요와 요구를 담고 학생 주도성을 함양할 수 있는 교육과정을 주도적으로 설계하고 실행할 수 있는 권한과 자율성을 부여받아야 한다는 의미이다.

교육과정 자율화를 위한 변화(~2015 개정 교육과정)

교육과정 자율화를 위해 그동안 어떠한 노력이 있었는지 간단하게 살펴보자. 교육과정 자율화 정책의 시초인 제6차 교육과정은 교육과정에 대한 인식과 구조를 교육부가 법률에 의거하여 고시해서 시달하는 '주어지는 교육과정'에서 학교와 교사가 '만들어 가는 교육과정'으로 전환해야 하는 필요성에 대해 논의했다. 학교를 교육과정 운영의 시발역으로 규정하고, 교육과정 결정의 분권화를 명시하여 교육부가 전담하던 교육과정 편성·운영권을 시도교육청과 학교에 분담했다. 교육과정 결정 및 운영의 자율화를 위해 3학년 이상에 학교 재량 시간을 신설했고 교과별 시간 배당을 연간 총 시수로 밝혔다.

제7차 교육과정은 계속해서 '만들어 가는 교육과정'으로의 인식과 구조의 전환을 강조하며 교육과정 자율화 정책을 이어 갔다. 이를 위해 고등학교 2, 3학년 학생에게 선택 중심 교육과정을 도입하고 재량

활동을 신설 및 확대 편성했다.

2007 개정 교육과정은 제7차 교육과정의 근본적인 방향과 원칙을 계승하여 교육과정 자율화를 더욱 강화했다. 이를 위해 학교의 실정을 고려한 수준별 수업으로의 전환, 교과 집중 이수제 도입, 고등학교 선택 중심 교육과정 편성·운영의 자율성 확대, 재량활동 및 특별활동 편성·운영의 자율성 확대, 교과 수업시수의 증감 운영 등을 시행했다.

2009 개정 교육과정에서는 교육과정의 유연성과 단위학교 교육과정 편성·운영 자율성 확대를 위한 정책이 부각되었다. 교육과정 편제 구조 개선을 위한 '학년군', '교과군' 개념이 도입되어 학년 간 상호 연계와 협력을 통한 유연성이 부여되고, 교육과정의 수평적 연계를 통해 교육 내용의 통합 가능성이 증진되었다. 또한 교과 집중 이수제나 교과(군)별 20% 범위 내 시수 증감 운영을 통해 단위학교에 시수 편성에 대한 권한도 일부 부여하고, 재량활동과 특별활동을 통합하여 창의적 체험활동을 신설했다.

2015 개정 교육과정은 제6차 교육과정 이후 2009 개정 교육과정까지 이어지는 교육과정 분권화·지역화·자율화 정책을 그대로 이어받았다. 그리고 단위학교의 교육과정 편성·운영 자율성을 확대하고자 신설한 창의적 체험활동 관련 지침을 개선했다. 창의적 체험활동의 하위 영역은 유지하되, 학교의 특색을 살려 교육과정 편성·운영 자율성을 발휘할 수 있게 창의적 체험활동 영역의 선택과 집중이 가능하도록 한 것이다.

| 교육과정 자율화의 효과

첫째, 교육과정 자율화는 교사의 전문성을 기르고 발휘하는 데 중요한 역할을 한다. 교육과정 자율성이 확대됨에 따라 교사의 역할이 변화하고 있다. 교사는 사회 변화에 대응하고 개별 학생에게 적합한 교육과정, 학생 주도성을 기르는 교육과정을 설계하고 실행하기 위해서 외부에서 주어진 교육과정을 수동적으로 운영하는 것이 아니라 자신의 전문성에 의존하여 스스로 결정을 내려야 한다.

교육과정 자율화를 통해 교사는 국가 교육과정을 그대로 현장에 적용하고 실행하는 교육과정 사용자의 역할에서, 현장의 필요와 요구를 반영하여 국가 교육과정을 실행하는 교육과정 실행가, 교육과정의 현장 적합성을 높이기 위해 교육과정 문해력을 발휘하여 교육과정을 개발하는 교육과정 개발자로 그 역할이 이동하고 있다. 따라서 교사가 자율적으로 판단하고 실행할 수 있는 영역과 범위가 확대되었다. 교육과정 개발자로서의 교사는 '왜 가르치고 배우는가? 무엇을 가르치고 배우는가? 어떻게 가르치고 배우는가?'라는 질문을 토대로 학생의 배움과 성장을 돕기 위해 유의미한 학습경험을 설계하여 제공하고, 이러한 경험을 통해 교육과정 전문가로 성장한다.

둘째, 교육과정 자율화는 학생의 주도성 발현과 함양에 기여한다. 교사가 사회 변화와 시대적 요구를 고려하면서 개별 학생의 특성, 필요, 요구, 학교를 둘러싼 다양한 맥락에 적합한 교육을 실행하려면 학생과 함께 교육과정을 만들어 갈 수밖에 없다. 이러한 이유로 학생 주도성을 기르기 위한 교사 주도성이 주목받고 있다. 즉, 교사의 교육과정 자율성 확대는 학생이 주도하는 교육과정을 만들어 가고, 학습자의 특성과 학교 여건에 적합한 학습이 이루어질 수 있도록 하기 위함이다.

셋째, 교육과정 자율화는 학생의 학습에 긍정적 영향을 미친다. 교사의 교육과정 자율성이 증가할 때, 학생의 평균 학업성취도 높아지는 효과를 보였는데, 이는 교사의 교육과정 자율성이 학생의 학업성취도와 정적 상관관계가 있음을 나타낸다. 교사에게 더 큰 자율성이 부여된다면 교사는 학생의 학업 결과에 더 큰 책임을 느끼고 학업성취 제고를 위해 더 노력하기 때문에 궁극적으로 학생의 배움과 성장에 긍정적 영향을 미친다고 할 수 있다.[6]

교육과정 자율화는 교사와 학생 모두에게 긍정적인 영향을 미친다. 교사가 교육과정 설계 및 실행에 주도적인 역할을 할 수 있도록 권한을 부여하는 교육과정 자율화는 결국 교사의 전문성을 발전시킨다. 동시에 학생 주도성을 기르고 학생의 학업성취에 긍정적 영향을 미친다.

| 바람직한 방향의 교육과정 자율화

교육과정 자율화 정책을 통한 교사의 교육과정 자율성 확대는 교육과정 운영에 있어서 교사에게 더 많은 전문성과 역할을 요구한다. 하지만 지속적인 개정을 통한 교육과정 자율성 확대의 노력에도 불구하고 현장에서는 교육과정 개정에 다소 관심이 부족한 편이며, 꾸준히 교육과정 자율화 정책에 대한 비판이 제기되었다. 그렇다면 교육과정 자율화 정책에 대해 어떤 비판의 목소리가 있을까? 이에 대해 살펴보면서 바람직한 교육과정 자율화 방안에 대해 고민해 보자.

첫째, 자율성을 발휘할 수 있는 범위가 제한되었다. 교사가 사회의 변화에 대응하고 학생의 특성, 실태, 필요, 요구를 담은 교육과정, 학생이 주도하는 교육과정을 설계하고 실행하려면 교육 내용에 대한 자율성이 보장되어야 한다. 예를 들어 요즘 많은 관심을 받는 생태환경교육을 의미 있게 실행하거나 학생 주도 프로젝트 수업을 위해서는 교과와 성취기준이라는 틀을 벗어날 수 있어야 한다. 교과와 성취기준이라는 틀 안에서만 교육과정을 충실히 운영하다 보면 교사가 자율성을 발휘할 수 있는 범위가 제한된다.

2015 개정 교육과정까지 교사가 교육과정 자율성을 발휘할 수 있는 범위는 교육과정 편제의 시수를 증감하는 정도였다. 교사가 교육과정 자율성을 발휘할 수 있는 창의적 체험활동에서도 각종 법정 교육을 위한 시수를 확보하고 나면 실제 교사가 활용할 수 있는 시수가 제한되어 있었다. 이러한 한계를 극복하고 교사가 학습경험을 주도적으로 설계하고 실행할 수 있는 자율성을 발휘하도록 2022 개정 교육과정에서는 교과(군) 및 창의적 체험활동에서 20% 시수 증감이 가능하도록 하였고, 학교자율시간을 도입했다. 2022 개정 교육과정 이전에도 많은 시도교육청이 지역 교육과정을 통해 교육 내용에 대한 자율성을 발휘

할 수 있도록 다양한 정책을 시도했는데, 이는 2022 개정 교육과정 학교자율시간 도입에 영향을 미쳤다.

둘째, 주어진 자율성이라는 점이다. 우리나라 교육과정이 표방하는 교육과정 자율성이 '국가에 의해 주어진 자율성given autonomy'이라는 점에서 그 자체로 역설적이다. 정책에 의해 교사의 교육과정 자율성이 확대되었다고 해서 교사가 곧바로 교육과정 자율성을 인식하고 발휘하는 것이 아니다. 정책에 의해 교사에게 주어지는 자율성과 교사가 실제로 인식하는 자율성은 다르다.[7] 또한 정책으로 주어진 교사의 교육과정 자율성 강조는 오히려 교사들을 특정한 방향으로 통제할 수 있고, 이는 현장 교사에게 또 다른 업무와 강요로 인식될 수 있다. 교육과정 자율성은 그 자체가 목적이 아니라 수단이 되어야 한다. 교육과정 자율성 발휘에 긍정적이며 교육과정을 적극적으로 개발하는 교사들도 교육과정 자율성 발휘가 목적으로서 강요되는 것에 대해 문제의식을 가지고 있다. 또한 교육과정 자율성이 확대되더라도 교육과정 자율성을 어느 정도 발휘할지는 교사 스스로 판단하고 결정할 수 있도록 존중해 주길 바라고 있다.

그렇다면 교육과정 자율화는 어떠한 방향으로 나아가야 바람직할까? 첫째, 교사 스스로가 과거에도 현재에도 교육과정 개발자라는 인식을 가져야 한다.[8] 교육과정 자율화 정책 이전에도 교사들은 사회 변화에 대응하고 학생의 필요와 요구에 더 잘 맞도록 교육과정을 개발하고 조정하며 주도성 발휘를 위한 교육과정을 실천해 왔다. 하지만 교사 스스로 교육과정 개발자라는 역할에 대한 인식이 부족하여 새로운 교사 역할에 대한 부담감으로 교육과정 자율성 발휘를 꺼리기도 하고, 교육과정 자율성이 확대되어도 교사 전문성에 대한 자신감 부족으로 교육과정 자율성을 마음껏 발휘하지 못하기도 한다. 교사들은 늘 교육과정 개발자로서의 역할을 수행해 왔다. 교육과정 자율화는 그러한 교사의 역할을 공식적으로 인정해 주는 것이라고 생각해야 한다. 교사가 만들 수 있는 변화의 힘과 전문성을 믿어 보자.

둘째, 교육과정 자율화는 목적이 아닌 수단이다. 또한 교육과정 자율성 발휘 수준에 대한 존중이 필요하다. 교육과정 자율화는 학생의 배움과 성장을 촉진하기 위한 하나의 수단이다. 교육과정 자율성 발휘를 강요하는 것은 수단과 목적이 전도되는 것이며 자율성을 침해하는 모순이 된다. 교육과정 자율화가 모든 교사들에게 유용하거나 유의미할 것이라는 환상을 버려야 한다. 교육과정 자율화는 교직 경험, 교육과정 개발 관련 경험, 교사들이 속한 공동체 맥락과 성격 등 교사를 둘러싼 다양한 요인들을 고려하여 섬세하게 구안되어야 한다.[9] 교육과정 자율성은 확대하되 그것을 어느 정도 발휘할지는 교육과정 개발자로서의 전문성을 지닌 교사가 스스로 결정하고 실행할 수 있도록 해야 한다.

셋째, 교육과정 자율성 발휘를 교사 개인의 능력과 의지 문제로만 치부해서는 안 된다. 교육과정 자율화를 통해 발휘할 수 있는 교사 주도성을 교사 개인의 문제로 바라보면, 교사에게 비현실적인 기대를 하거나 기대에 충족하지 못했을 때 책임의 대상으로 보는 관점이 정당화 또는 강화된다.[10] 교사가 교육과정을 설계하고 실행하는 것은 교사 개인의 고독한 과정이 아니라, 교사를 둘러싼 문화와 공동체와의 상호작용 속에서 이루어지는 것이어야 한다. 교사가 도전적으로 새로운 교육과정을 설계하고 실행하는 것에 공동체가 공감하고 응원하며 함께 협력할 수 있는 문화의 바탕에서 교사 주도성의 씨앗도 튼튼하게 뿌리 내릴 수 있다. 교육과정 자율화를 통한 교사 주도성 발휘는 교사의 교육과정에 대한 관점 전환과 역량 강화를 넘어서서, 새로운 도전을 지지할 수 있는 문화 개선과 공동체 구축을 위한 노력이 함께 뒷받침되어야 한다.

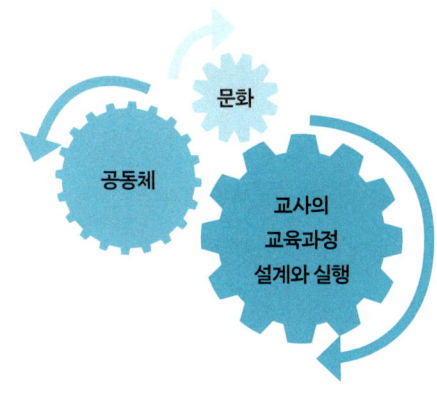

바람직한 교육과정 자율화

- 교육과정 자율성 발휘를 개인의 문제로 바라보면 안 됨.
- 새롭고 도전적인 교육과정을 설계하고 실행하는 것에 공감하고 응원하며 함께 협력할 수 있는 문화와 공동체가 기반이 될 때 교사 주도성의 씨앗도 튼튼하게 뿌리 내릴 수 있음.

CHAPTER 2

교육과정 자율화를 담은
2022 개정 교육과정

▍정책과 실천이 조화를 이루는 교육 혁신

교육은 끊임없이 변화하며 미래에 대응할 준비를 하고 있다. 교육의 변화는 정책과 실천이 조화를 이룰 때 가능하다. 정책에 의한 변화는 위에서 아래로 이루어지며 교육의 목표, 방법, 내용 등을 제시하여 현장에서 이를 실천할 수 있는 기반을 마련하고 지원한다. 위에서 아래로의 변화가 지닌 장점은 일관된 목표와 방향을 유지하며, 교육의 질을 향상하기 위한 계획을 체계적으로 수립하고 실행할 수 있다는 것이다. 하지만 교육 전문가들의 논의와 연구를 통해 마련된 정책이 현장의 상황과 맥락을 충분히 고려하지 못하거나, 현장에서의 공감을 얻지 못한다면 실질적인 실행이 어렵다.

아래에서 위로의 변화는 교육의 주요 참여자들 즉 교사, 학생, 학부모의 노력과 실천을 통해 이루어진다. 이러한 변화의 장점은 교육 현장의 실질적인 요구에 민첩하고 유연한 대응이 가능하며, 참여 주체들의 적극적인 참여를 통해 교육의 질을 효과적으로 향상시킬 수 있다는 점이다. 그러나 교육의 목표와 방향이 일관되지 않을 수 있으며, 일반화하기 어렵다는 한계를 지닌다.

교육의 변화를 위해 정책은 현장의 목소리를 충분히 반영하여 교육의 목표와 방향을 제시하고, 현장에서 이를 실천할 수 있는 기반을 마련해야 한다. 현장의 실천은 정책을 제안하거나 구체화하는 동시에, 정책의 시행 과정에서 발생하는 문제를 해결하고 개선해 가는 역할을 해야 한다.

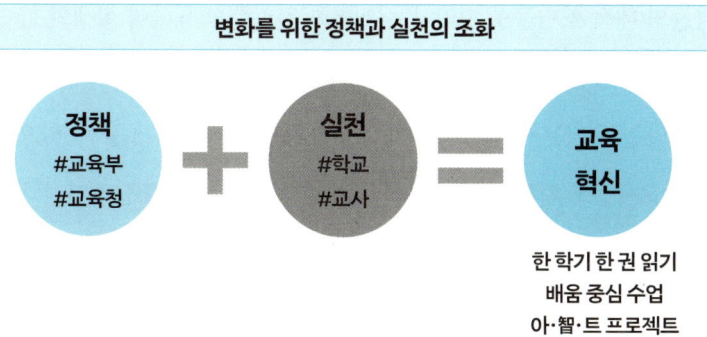

우리나라에서 정책과 실천이 조화를 이루어 현장에 안착한 교육활동에는 '한 학기 한 권 읽기'가 있다. 교과서에 실려 있는 쪼개지거나 간추린 작품을 통한 독서교육보다는 온전히 책 한 권을 함께 읽고 질문

하며 의미를 찾아가는 '온작품 읽기'에 많은 교사들이 공감하면서 현장에 빠르게 확산했다. 2015 개정 교육과정에서는 '한 학기 한 권 읽기'를 강조하며 3학년에서 6학년까지 한 학기에 한 단원씩 국어 교과서에 독서 단원을 도입하며 현장의 실천을 지원했다. '한 학기 한 권 읽기'는 이제 우리나라 어느 교실에서나 쉽게 마주할 수 있는 보편적인 교육활동으로 자리 잡아 교실 수업을 개선하고 있다.

다른 사례로는 '배움 중심 수업'이 있다. 현장의 교사들을 중심으로 교사의 가르침보다 학생의 배움에 초점을 맞춰야 한다는 공감대가 형성되면서 배움 중심 수업이 빠르게 확산했다. 배움 중심 수업은 학계의 연구를 통해 나온 개념이 아닌, 학교 현장 교사들의 실천과 성찰을 통해서 등장한 개념이다. 배움 중심 수업은 '학습의 일반 원리와 학습자들의 내적 조건들을 고려하는 개별화 원리를 적용하여 학생의 학습을 최적화하는 교수 활동'으로 정의되고 있다.[11] '배움 중심 수업'과 '배움'이라는 용어는 이제 교육부나 교육청의 정책에서 쉽게 볼 수 있으며 현장 교사들도 가장 많이 활용하는 보편적 용어로 자리 잡았다.

광주광역시교육청에서 현장의 공간 혁신을 지원하기 위해 2018년부터 시작된 '아·智·트 프로젝트'도 정책과 실천이 조화를 이룬 교육활동이라 할 수 있다. 아·智·트는 '아이(학생)들이 가지고 있는 지혜(역량)을 모아(협력, 공동체) 학교 공간을 아이(학생)들이 중심이 되어 변화시켜 나가자'는 의미이다. 아지트 프로젝트는 학교가 민주주의 배움터이자 학생들의 공간이라는 철학을 바탕으로, 학교 교육과정과 연계한 공간 재구성을 통해 학생들이 주도적으로 참여하여 새로운 배움과 가치를 담을 수 있는 학교 공간을 만들어 가는 것을 지원하는 사업이다. 이보다 앞서 선운중학교, 광산중학교, 어룡초등학교, 광주서초등학교, 광주극락초등학교에서 학생이 주인이 되어 삶과 배움의 학교 공간을 조성한 사례들이 아지트 프로젝트의 기반이 되었다. 공간 주권을 학생들에게 돌려준 사업 모델인 아지트 프로젝트는 현장의 공감을 얻으며 빠르게 확산했고 전국적으로 소개되었다. 그리고 2019년부터는 교육부 주요 사업으로 전국화되어 2021년부터 추진 중인 그린스마트 미래학교 조성 사업에도 많은 영향을 미쳤다.

교육과정 자율화를 통해 국가 교육과정은 대강의 기준만 제시하고 학교와 교사가 자율성을 발휘할 수 있는 영역을 확대하는 것도 정책과 실천의 조화를 이루어 교육을 혁신하려는 노력의 일환이다. 2022 개정 교육과정은 현장의 목소리를 반영하고, 교사들이 교육과정 자율성을 발휘할 수 있도록 정책적으로 지원하고 있다. 교사들은 교육과정 자율화에 대한 이해를 토대로 주어진 교육과정을 수동적으로 사용하거나 실행하는 것을 넘어서 보다 적극적으로 교육과정을 개발하는 전문성을 발휘할 수 있다.

| 교육과정 자율화의 마중물

2022 개정 교육과정 이전에도 관련 법령 개정과 몇몇 시도교육청

차원의 지역 교육과정을 통한 교육과정 자율화 지원이 있었다.

관련 법령

교육과정 자율화를 위한 노력이 있어 왔다는 것은 관련 법령을 확인하면 알 수 있다. 교육과정 자율화가 시작된 시기는 제6차 교육과정부터인데, 법적 근거는 1997년 12월 13일에 제정된 「초·중등교육법」 제23조제2항에 있다. 2021년 7월 20일 제정된 「국가교육위원회 설치 및 운영에 관한 법률」에 따라 2022년 7월 21일 마련된 시행령 제9조제1항에서 교육과정 자율화 관련 내용을 구체적으로 명시했다.

근거	법률 내용
초·중등교육법 제23조 <개정 2012. 3. 21.>	제1항: 학교는 교육과정을 운영해야 한다. 제2항: 국가교육위원회는 제1항에 따른 교육과정의 기준과 내용에 관한 기본적인 사항을 정하며, 교육감은 국가교육위원회가 정한 교육과정의 범위에서 지역의 실정에 맞는 기준과 내용을 정할 수 있다. <개정 2013.3.23., 2021.7.20.>
국가교육위원회 설치 및 운영에 관한 법률 시행령 제9조 [시행 2022. 7. 21.] [대통령령 제32627호, 2022. 5. 9., 제정]	제1항: 국가교육위원회는 법 제12조제1항에 따른 국가 교육과정의 기준과 내용을 정할 때에는 다음 각 호의 사항을 고려하여 정해야 한다. 2. 특별시·광역시·특별자치시·도·특별자치도(이하 "시·도"라 한다)의 교육감이 지역에 적합한 교육과정 기준과 내용을 마련할 수 있도록 할 것 3. 「유아교육법」에 따른 유치원 및 「초·중등교육법」 제2조에 따른 학교의 교육과정 운영의 자율성을 존중할 것

「초·중등교육법」 제23조제2항에서는 국가교육위원회에서 정한 범

위에서 지역의 실정에 맞는 기준과 내용을 정할 수 있다고 서술했다. 국가교육위원회는 국가 교육과정 기준과 내용 수립 등의 역할을 수행하는데, 교육감이 지역 실정에 맞는 교육과정의 기준과 내용을 마련할 수 있도록 하고 학교 교육과정 운영의 자율성을 존중할 것을 명시했다.

지역 교육과정

2022 개정 교육과정이 고시되기 이전에 이미 몇몇 시도교육청에서 교육 내용에 대한 자율성을 발휘할 수 있도록 다양한 지역 교육과정을 고시하여 운영했다.

교육 내용 자율성 확대 : 시도교육청 정책		
지역	편제명	뜻
경기도	학교자율과정	교사가 학교교육공동체의 필요와 요구를 반영하여 시수 감축 및 연계를 통해 자율적으로 편성·운영하는 교육과정
전북	학교교과목	단위학교에서 교사 교육과정 차원에서 교과와 범교과 영역을 포괄하여 지역과 학생의 실정에 맞게 학교 자체적으로 범위와 계열성을 갖추어 개설하는 교과목
충북	자율탐구과정	초·중학교는 학생의 성장 발달을 지원하고 지역사회의 특성을 반영하기 위해 '자율탐구과정'을 창의적으로 편성·운영할 수 있음.
충남	학교자율특색과정	학교 현장의 교육과정 편성·운영 자율권을 확대하여 학생들이 학습에 흥미를 가지고 주도적으로 배움을 추구하여 참학력을 신장시킬 수 있는 방안
경북	학생 생성 교육과정	학생이 주도적으로 자신의 배움을 계획하고 실행하며 성찰하는 교육과정

각 시도교육청의 다양한 정책 중 전라북도교육청의 지역 교육과정

을 집중적으로 살펴보자. 2021년 8월 30일 고시된 전라북도 초등학교 교육과정 총론은 학교의 교육과정 전문성과 자율성을 보장하고 학교가 지역과 학교의 특성을 살린 교육과정을 편성 및 운영할 수 있도록 '교사 교육과정', '학교교과목'이라는 용어의 개념을 정의하고 교사 교육과정의 한 유형으로 성취기준 개발을 제시했다.

교사 교육과정은 학급(교실) 단위, 학년 단위, 학교 단위로 실천할 수 있고 교과서 재구성, 성취기준 활용, 성취기준 재구조화, 성취기준 개발 등의 형태로 실천할 수 있다. 새롭게 개발된 교사 교육과정을 토대로 범위와 계열성을 갖춘 교과목은 학교운영위원회 심의를 받은 후 학교교과목으로 편제할 수 있다. 국가, 지역, 학교, 학년(급) 교육과정의 개념과 관계를 다음과 같이 나타냈다.

국가 교육과정	지역 교육과정	학교 교육과정	학년(급) 교육과정
국가에서 개발하여 고시한 교육과정으로서, 교육과정 지침에 해당하는 총론과 교과교육과정에 해당하는 각론을 아우르는 것	지역에서 개발한 교육과정으로서, 전라북도 교육의 지향점과 특징을 반영한 전라북도 초등학교 교육과정 총론과 각론을 아우르는 것	학교에서 개발한 교육과정으로서, 학교 구성원이 학교 공동체의 가치와 철학 및 학생의 특성을 반영하여 민주적 의사결정 과정을 거쳐 개발한 것	교사가 학년(급)에서 개발한 교육과정으로서, 학교 공동체의 철학 및 학년(급) 학생의 특성을 반영하여 계획·실천·평가·환류하는 모든 과정을 아우르는 것
교사 교육과정			

교사 교육과정의 유형으로 '교과서 재구성, 성취기준 활용, 성취기준 재구조화, 성취기준 개발'의 개념도 제시했다. 성취기준 재구조화는 교육부에서도 제시하고 있는 개념으로 교사가 성취기준을 통합하거

나 일부 내용 압축, 내용 요소를 추가할 수 있다는 것을 뜻한다. 필요한 성취기준을 새롭게 개발하는 '성취기준 개발' 개념도 제시하여 교육 내용에 대한 교육과정 자율성과 전문성을 발휘할 수 있게 했다.

교사 교육과정		
유형	개념	실천 단위
교과서 재구성	국가에서 예시 활동으로 제공한 교과서를 재구성하는 것	학급 (교실)
성취기준 활용	성취기준을 해석하여 새로운 활동으로 실현하는 것	
성취기준 재구조화	성취기준을 통합하거나 일부 내용을 압축, 내용 요소를 추가하는 것	학년
성취기준 개발	필요한 성취기준을 새롭게 개발하는 것	학교

전라북도교육청은 성취기준 개발과 더불어 학교교과목도 규정했다. 학교교과목은 단위학교 교사 교육과정 차원에서 교과와 범교과 영역을 포괄하여 지역과 학생의 실정에 맞게 학교 자체적으로 범위와 계열성을 갖추어 개설하는 교과목이다. 학교교과목은 주제에 따라 교과 내 또는 교과 간 통합으로 개발하여 실천할 수 있으며, 주요 주제로 마을, 언어, 수리, 사회탐구, 과학탐구, 예술 및 신체 활동, 민주시민, 인권, 평등, 평화 등이 있다. 전라북도교육청 정책은 교육과정 자율화라는 큰 흐름에서 출발했다고 볼 수 있다.

전라북도교육청 초등학교 교육과정 총론을 보면 교사 교육과정 개념을 통해 교사를 교육과정 개발자로 바라보는 관점에서 성취기준 개발과 학교교과목을 규정해, 교사에게 교육 내용에 대한 자율성을 발휘할 수 있는 권한을 부여하고 있다는 것을 알 수 있다. 이러한 시도교육청의 정책은 국가 교육과정에서도 교육 내용에 대한 자율성을 발휘할 수 있는 교사의 권한을 확대하는 마중물 역할을 했다.

| 2022 개정 교육과정 속 '교육과정 자율화'

2022 개정 교육과정은 불확실성, 복잡성, 다양성이 확대되는 사회 변화에 대응하고 학생 맞춤형 교육에 대한 요구를 반영하여, 학생들을 주도적인 사람으로 성장시키는 데 중점을 두고 있다. 협력을 위한 상호 존중과 공동체의식 함양을 함께 강조하는데, 주도성을 발휘하는 것은 사회적으로 고립된 채로 활동하는 것이 아니다. 또한 오로지 자기 이익만을 위해 행동하는 것이 아니라 사회적 맥락에서 학습하고 성장하며 공동체의 이익을 함께 고려하는 것이 중요하다.

앞서도 말했듯 2022 개정 교육과정은 자신의 삶과 학습을 이끌어가는 주도성 함양을 강조한다. 학생 주도성 함양을 위해서는 교사 주도성 발휘가 필요하며 이를 위해서는 교육과정 자율화가 필요하다. '사회의 변화와 요구 → 학생 주도성 함양 → 교사 주도성 발휘 → 교육과정 자율화'로 연결되는 흐름을 살펴보면 2022 개정 교육과정이 추구하는 방향과 이를 위한 도구를 이해할 수 있다.

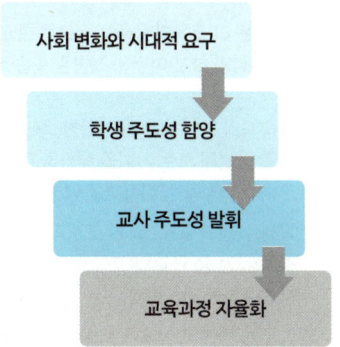

(교육부, 2022: 4)

    2022 개정 교육과정 속에 담긴 교육과정 자율화에 대해 살펴보자. 첫째, 교육과정 자율화를 곳곳에 명시했다. 앞서 언급한 교육과정 구성의 중점은 물론 학교 교육과정 설계의 원칙에서 교육과정 자율화와 관련된 내용을 확인할 수 있다. 설계의 원칙에 제시된 교육과정 자율화에 대한 내용을 구체적으로 살펴보면 학교 교육과정의 자율적 설계·운영을 통해 학생의 필요와 요구 및 학교의 여건을 고려한 다양한 교육활동을 설계하여 학생이 학교교육 기간은 물론 평생학습에 필요한 기초소양과 자기주도학습 능력을 갖출 수 있도록 지원함을 안내하고 있다.

가. 학교는 이 교육과정을 바탕으로 학교 교육과정을 자율적으로 설계·운영하며, 학생의 특성과 학교 여건에 적합한 학습경험을 제공한다.

1) 학습자의 발달 수준에 적합한 폭넓고 균형 있는 교육과정을 통해 다양한 영역의 세계를 탐색해 보는 기회를 제공하고, 학습자의 전인적인 성장·발달이 가능하도록 학교 교육과정을 설계하여 운영한다.
2) 학생 실태와 요구, 교원 조직과 교육 시설·설비 등 학교 실태, 학부모 의견 및 지역사회 실정 등 학교의 교육 여건과 환경을 종합적으로 고려하여 학습자에게 적합한 학습경험을 제공한다.
3) 학교는 학생의 필요와 요구에 따라 학교의 특성을 고려하여 다양한 교육활동을 설계하여 운영할 수 있다.
4) 학교교육 기간을 포함한 평생학습에 필요한 기초소양과 자기주도학습 능력을 갖출 수 있도록 지원하며 학습 격차를 줄이도록 노력한다.

(교육부, 2022: 9)

둘째, 2015 개정 교육과정에서 교과(군)별 20% 범위 내 시수 증감이 가능했던 시수 권한을 교과(군) 및 창의적 체험활동의 20% 범위에서 시수 증감이 가능하도록 개정했다.

나. 교육과정 편성·운영 기준

1) 학교는 학년(군)별 교과(군)와 창의적 체험활동의 수업 시수를 학년별, 학기별로 자율적으로 편성할 수 있다.
    가) 학교는 학생이 학년(군)별로 이수해야 할 교과를 학년별, 학기별로 편성하여 학생과 학부모에게 안내한다.
    나) 학교는 모든 교육 활동을 통해 학생이 기본 생활 습관, 기초 학습 능력, 바른 인성을 함양할 수 있도록 교육과정을 편성·운영한다.
    다) 학교는 학교의 특성, 학생·교사·학부모의 요구 및 필요에 따라 자율적으로 교과(군)별 및 창의적 체험활동의 20% 범위 내에서 시수를 증감하여 편성·운영할 수 있다. 단, 체육, 예술(음악/미술) 교과는 기준 수업 시수를 감축하여 편성·운영할 수 없다.

(교육부, 2022: 18)

성취기준과 교과서가 없어 교육과정 자율성을 발휘하기 좋은 창의적 체험활동은 각종 법정 교육으로 누더기가 되고 책무성이 강조되면서 교사들에게 불필요한 기록과 시수 계산의 장이 되어 버린 경향이 있었다.[12] 교과(군) 및 창의적 체험활동의 20% 범위에서 시수 증감이 가능해진 것은 교사가 교육과정 자율성을 발휘할 수 있도록 시수를 확대할 수 있는 권한이 주어져야 한다는 현장의 필요와 요구가 반영된 것으로 볼 수 있다.

20% 시수 증감이 특정 교과의 심화 보충형 학습으로 활용될 수 있다는 우려의 목소리도 있지만 창의적 체험활동 교육과정 문서에서 '창의적 체험활동을 교육적 필요에 따라 교과와의 연계 및 통합이 원활하게 이루어지도록 설계하되 교과 진도와 관련된 심화 보충형 학습이 되지 않도록 한다는 것'을 명시하고 있다. 이는 '학교의 자율적인 설계와 운영이 가능하도록 학생의 삶과 연계된 교육과정을 설계하고 운영하는 데 초점을 두어야 한다.'는 창의적 체험활동의 성격과도 일치하는 내용이다.

또한 각종 법정 교육으로 창의적 체험활동 시간을 유용하게 활용할 수 없었던 것을 개선하기 위해 교육과정의 범교과 학습 주제를 10개(안전·건강, 인성, 진로, 민주시민, 인권, 다문화, 통일, 독도, 경제·금융, 환경·지속가능발전)로 유지하고 교육과정에 의무적으로 부과되는 법정 교육을 새롭게 추가하려는 경우 사전에 국가교육위원회와 협의해야 한다는 법령을 신설했다. 시수 확대에 대한 권한 부여와 더불어 법령 신설, 범교과 학습 주제 개선을 통해 교사들이 교육과정 자율성을 발휘하고 창의적 체험활동을 효과적으로 활용할 수 있을 것으로 기대한다.

> 초·중등 교육법 제23조의2(교육과정 영향 사전협의) ① 중앙행정기관의 장은 제23조에 따른 교육과정에 소관 법령에 따라 교육 실시, 교육 횟수, 교육 시간, 결과 보고 등이 의무적으로 부과되는 법정 교육을 반영하는 내용의 법령을 제정하거나 개정하려는 경우에는 사전에 국가교육위원회와 협의하여야 한다. <본조신설 2022. 10. 18.>

셋째, 학교가 지역과 연계하거나 다양하고 특색 있는 교육과정 운영을 위해 학교자율시간을 편성·운영할 수 있도록 했다. 학교자율시간을 활용해 교육과정에 제시되어 있는 교과 외에 새로운 과목이나 활동을 개설할 수 있고, 학교자율시간에 운영하는 과목과 활동의 내용은 지역과 학교의 여건 및 학생의 필요에 따라 학교가 결정할 수 있도록 했다. 이는 앞서 살펴보았던 교육 내용 자율성 발휘를 지원할 수 있는 전라북도교육청의 학교교과목과 같은 역할을 수행할 것으로 기대된다.

> 가) 학교자율시간을 활용하여 이 교육과정에 제시되어 있는 교과 외에 새로운 과목이나 활동을 개설할 수 있으며, 이 경우 시·도 교육감이 정하는 지침에 따라 사전에 필요한 절차를 거쳐야 한다.
> 나) 학교자율시간에 운영하는 과목과 활동의 내용은 지역과 학교의 여건 및 학생의 필요에 따라 학교가 결정하되, 다양한 과목과 활동으로 개설하여 운영한다.
> 다) 학교자율시간은 학교 여건에 따라 연간 34주를 기준으로 한 교과별 및 창의적 체험활동 수업 시간의 학기별 1주의 수업 시간을 확보하여 운영한다.

(교육부, 2022: 19)

2022 개정 교육과정에서 강조하는 교육과정 자율화 그리고 이를 위한 도구로 주어진 교과(군) 및 창의적 체험활동 20% 시수 증감과 학교 자율시간은 우리 학교에만 있는 특별한 과목 및 활동을 배울 수 있는 경험, 학생이 교육과정의 주체로 참여하는 경험을 만드는 데 활용할 수 있다. 교사도 과목 및 활동을 개설하고 교육과정과 교재를 개발하는 과정, 교육과정 시수를 확보하기 위해 교육과정을 재구조화하는 과정 등을 통해 전체적인 교육과정을 조망하면서 교육과정을 설계하고 실행하는 역량을 기를 수 있다.

실천을 위한 교사의 마음가짐

학생 주도성 함양의 필요 조건인 교사 주도성 발휘를 위해 교육과정 자율화가 이루어졌다. 관련 법령, 지역 교육과정, 국가 교육과정 개정을 통해 교사들이 '왜 가르치고 배우는가', '무엇을 가르치고 배우는가'에 대한 고민과 실천을 학생들과 함께 교육과정에 담을 수 있는 기반이 마련되었다. 교육에서 변화를 만들기 위해서는 정책의 지원과 현장의 실천이 뒷받침되어야 함을 앞서도 강조했다. 그렇다면 교사에게는 어떤 마음가짐이 필요할까?

첫째, 교사에게 확대된 자율성을 토대로 전문성을 발휘해 주도적으로 만들어 가는 교육과정에 스스로 자신감과 용기를 가지고 도전해야 한다. 그동안 '왜, 무엇을 가르치고 배우는가?'라는 질문보다 주어진 성취기준이나 교과서를 '어떻게 가르치고 배우는가?'라는 질문에 집중했던 교사들이 교육 내용에 대한 자율성을 발휘하는 것은 익숙하지 않으며, 당연히 어렵게 여겨질 수 있다.

지역 교육과정을 통해 성취기준 개발이라는 자율성을 발휘할 수 있었지만, 교사들은 전문성에 대한 의심과 의문으로 어려움을 겪었다. 교사 스스로가 교육과정 개발자로서의 전문성을 지녔는지, 개발한 성취기준이 가르칠 만한 가치와 의미가 있는지 의심했다. 이에 더해 교사가 개발한 성취기준을 인정하지 않는 문화가 교사들을 더 혼란스럽게 했다.[13] 이러한 어려움은 2022 개정 교육과정의 학교자율시간 도입 상황에서도 똑같이 발생할 수 있다. 교육과정 자율화에 대한 선행 연구들은 자율성에 대한 인식이 대체로 긍정적이라고 보고하지만 자율에는 언제나 부담과 책임이 따를 수밖에 없다. 연수를 통해 대화를 나눠보면 많은 교사들이 학교자율시간에 대한 큰 기대감과 동시에 학교자율시간 편성을 위해 교육과정 시수를 확보하고 교육 내용 및 방법을 결정하는 과정에서 부담감과 어려움을 느끼고 있었다.

이미 현장에서는 제한된 여건에서 삶과 학습에 주도적인 학생의 성장을 지원하기 위해 교사가 주도성을 발휘하여 다양한 시도들을 하고 있다. 삶과 배움을 연결하기 위한 교육과정을 운영하기 위해 각 교과의 성취기준을 분석하고 재구조화하며 창의적 체험활동의 연계를 통해 교육과정을 재구성하는 모습은 학교 현장에서 어렵지 않게 볼 수 있다. 많은 학교가 각 학교만의 특색 있는 교육과정 운영을 위해 교원,

학생, 학부모의 의견을 토대로 고유하고 체계적인 학교 교육과정을 만들기 위해 노력하고 있다. 2022 개정 교육과정에서 교육과정 자율화를 강조하는 것은 학교, 교사, 학생의 주도적인 교육과정 운영을 지원하기 위함이다. 교과(군) 및 창의적 체험활동 20% 시수 증감, 학교자율시간은 학교와 교사의 주도적인 교육과정 운영에 분명 효과적으로 활용될 수 있는 도구이다.

오랜 시간 동안 교사들은 '왜, 무엇을 가르치고 배우는가?'에 대한 심도 있는 고민을 바탕으로, 주어진 교과서와 성취기준을 넘어서는 교육적 시도를 지속해 왔다. 세상에 완벽한 교육과정이란 없다. 교사 스스로가 주도적으로 개발하고 운영하는 교육과정에 대해 좀 더 자신감을 가져도 된다. 혁신적인 제품을 창출한 리더들(예: 스티브 잡스, 일론 머스크 등)이 공통적으로 보여 준 것은 자신감을 가지고 신속하게 행동으로 옮기며 실패를 반복하더라도 계속 도전하는 태도가 변화를 만들어 낸다는 것이다. 교육과정을 주도적으로 설계하고 실행하는 과정에서 교사도 예상치 못한 문제점과 어려움에 직면할 수 있다. 이러한 과정을 당연한 일로 받아들이고 해결 방안을 모색하며 조정해 나가면서, 교사는 학생들의 학습과 성장을 더욱 효과적으로 지원하는 교육과정을 만들어 갈 수 있다.

체계적으로 잘 구성된 교육과정을 넘어 교사가 주도하여 새로운 교육과정을 창조해 나가는 것은, 익숙하고 안정적인 영역을 떠나 도전하는 행위이다. 하지만 우리는 편안함의 경계를 넘어설 때 배움과 성장이 시작된다는 것을 기억해야 한다. Comfort Zone을 벗어나려면 늘 두려움과 마주하고 이를 극복할 용기가 필요하다. 배움에 대한 열정과 사랑을 토대로 도전하고 노력하면 발전할 수 있다는 성장 마인드 셋을 갖추고 Comfort Zone에서 Learning Zone과 Growth Zone으로 이동하기 위해 용기를 가지고 한 걸음 나아가자.

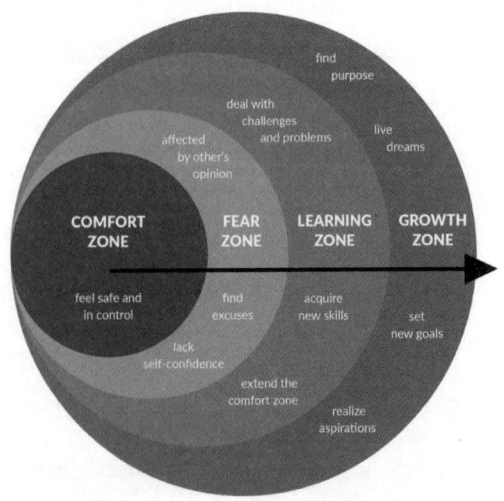

[출처] PositivePsychology.com Toolkit - 'Leaving The Comfort Zone'

둘째, 교육과정 자율화는 그 자체가 목적이 아닌 도구라는 점을 기억해야 한다. 교육과정 자율성을 확대하는 데에는 학생들의 주도성을 기르는 교육과정 운영에 더 큰 효과를 발휘할 수 있다는 기대가 자리 잡고 있다. 교육 이론과 정책의 주요 목적은 학생의 배움과 성장을 위한 현장의 실천을 지원하는 것이다. 현장의 교사들은 교육 이론과 정책이 도구가 아닌 목적으로 전도될 때 어떤 부정적 결과를 초래하는지 수없이 경험했다.

교육과정 자율화 정책은 교사에 대한 관점과 역할을 교육과정 사용자에서 교육과정 실행자, 개발자로 바꾸었다. 교육과정 사용자로서의 교사는 상위 수준 교육과정을 현장에 충실하게 적용하고, 교육과정 실행자로서의 교사는 상위 수준의 교육과정을 현장의 필요와 요구를 반영하여 실행한다. 마지막으로 교육과정 개발자로서의 교사는 교육과정의 현장 적합성을 높이고 학생이 주도하는 교육과정을 위해 교육과정 문해력을 발휘하여 교육과정을 개발한다.

교육과정을 운영하는 교사의 역할을 교육과정 개발자까지 확장하여 바라보는 것은 긍정적이다. 그렇다고 해서 국가 교육과정을 현장의 필요와 요구에 따라 재구성하거나 개발하는 것이 높은 수준의 교육과정 운영이고, 국가 교육과정을 충실히 운영하는 것은 낮은 수준의 교육과정이라는 인식을 가져서는 안 된다. 예를 들어, 성취기준을 개발하거나 재구조화한 교육과정은 높은 수준의 교육과정이고, 성취기준을 있는 그대로 활용하는 교육과정을 낮은 수준의 교육과정 운영으로 여겨서는 안 된다는 것이다.

교육과정 자율화의 바탕에서 교사가 교육과정을 설계하고 실행할 때 활용할 수 있는 도구가 다양해졌다. 교사는 학생의 배움과 성장을 효과적으로 지원하고, 학생 주도성 함양을 위해 어떻게 교육과정을 운영하는 것이 효과적일지 판단해서 주어진 교육과정을 충실히 운영할지, 다양한 필요와 요구를 고려하여 재구성할지, 주도적으로 개발할지 판단한 후 적절한 도구를 활용해서 교육과정을 운영해야 한다.

CHAPTER 3

학생 주도성을 살리는 교사 교육과정

│ 교사 교육과정이란

교육과정 자율화를 통해 교사가 자율성을 발휘할 수 있는 내용과 범위가 확대되고 있다. 교육과정 자율화 정책은 교육과정 결정의 주체인 교사가 교육과정을 어떻게 개발하고 실행하느냐에 대한 관심을 키웠고 교사가 교육과정과 수업을 연결하는 고리의 역할을 하도록 했다. 따라서 교사가 주도적으로 개발하고 운영하는 교사 교육과정에 대한 관심이 커지고 있으며 교사 교육과정과 관련한 단행본, 논문, 장학자료도 활발하게 발간되고 있다.

교사 교육과정은 교사 수준 교육과정, 교실 수준 교육과정 등의 다양한 용어로 사용되고 있다. 모두 같은 지향점을 가지고 있으나 어떤 것에 더 초점을 맞추는가에 따라 다른 용어로 사용된다. 각 용어의 정의는 다음과 같다.

교사 수준 교육과정	국가-지역 수준의 교육과정을 기준과 지침으로 학교 수준 교육과정에서 제시하는 요구 및 교육환경 등을 반영하여 단위 학급(학년)별로 편성·운영하는 실천 중심 교육과정(에듀쿠스, 2019: 66)
교실 수준 교육과정	형식적으로 법령에서 규정하고 있는 교육과정 편성·운영 기준과 교과별 성취기준, 시·도교육청의 교육과정 편성·운영 지침을 반영하여 교실 수준에서 최종적인 의사결정권을 교사가 교육과정 전문성으로 발휘하는 것(박승열, 2016: 48)
교사 교육과정	학생의 삶을 중심으로 국가, 지역, 학교 수준 교육과정을 공동체성에 기반하여 교사가 맥락적으로 해석하고 개발하여 학생의 성장 발달을 촉진하는 교육과정(경기도교육청, 2021) 교원이 교육과정 문해력을 바탕으로 학생의 삶을 중심에 두고 국가, 지역, 학교 교육과정의 기반 위에 학교 공동체의 철학을 담아 계획하고 실천하면서 만들어 가는 교육과정(전라북도교육청, 2021)

　교사 수준 교육과정은 교육과정의 수준을 국가, 지역, 학교, 교사로 위계화했을 때 가장 실질적으로 교육과정을 개발하고 실행하는 주체인 교사의 역할을 강조한다. 이는 교사가 국가, 지역, 학교 수준의 교육과정을 기준으로 학급의 요구와 환경을 반영하여 학급 맥락에서 교육과정을 실천하는 것을 뜻한다.

　교실 수준 교육과정은 교육과정 실행 공간, 즉 교실에 초점을 맞추고 있다. 이는 교사가 교실 수준에서 교육과정의 최종 의사 결정권을 가지며, 교육과정 전문성을 발휘하여 교육과정을 직접 개발하고 실행하는 점을 강조한다.

　마지막으로 교사 교육과정은 학생의 삶을 중심에 두고 학생의 성장과 발달을 촉진하기 위해 교사가 교육과정을 주도적으로 개발하고 실행하는 의미로 논의된다.

교사 수준 교육과정, 교실 수준 교육과정, 교사 교육과정 모두 교육과정 설계와 실행에 교사가 주도적인 역할을 하는 것에 주목한다. 교사 교육과정은 수준과 공간의 논의를 넘어서 교육과정의 목적이 학생의 삶을 담고 학생의 성장 발달을 촉진하는 것이며 이를 위해 교사가 국가, 지역 교육과정 문서에 대한 이해를 기반으로 교육공동체의 철학과 비전을 담아 만들어 가는 교육과정 문해력을 강조한다.

현장의 모든 교사는 국가, 지역 교육과정에 대한 이해를 토대로 학교와 지역의 실태 및 특성, 학생의 필요와 요구를 반영하여 학생의 성장과 발달을 가장 효과적으로 지원하는 교육과정을 운영하기 위해 노력하고 있다. 같은 주제의 교육이라도 학교가 위치한 지역의 환경, 역사, 문화에 따라 교육의 모습은 달라진다.

같은 학년이더라도 각 교사가 경험하고 마주한 삶의 맥락, '교육에 대한 철학과 신념, 관심 분야'라는 교사 요인, '학생들의 실태와 특성 및 학생들의 필요와 요구'라는 학생 요인은 복합적으로 상호작용하며 교육과정이라는 그림을 만들어 간다. 교육과정이 진행되는 과정 중에서도 삶의 변화, 배움의 과정 중에 마주하는 다양한 경험, 학생들의 배움과 성장의 수준과 속도, 교사의 배움과 성장에 따라 끊임없이 변화하며 하나의 이야기로 엮어진다.

교사는 교육과정을 주도적으로 설계하고 실행함으로써 학생에게 더욱 풍부하고 의미 있는 학습경험을 제공할 수 있다. 교사 교육과정은 새로운 교육과정 운영이 아닌 교사들이 늘 교육과정 개발자이자 전문가로서 수행해 왔던 역할을 인정하고 강조하는 것이다. 이를 통해 교사의 전문성과 중요성이 더욱 부각되고 교육의 질이 향상될 수 있다.

교사 교육과정, 어떻게 만들고 운영할까

교사 교육과정을 설계하고 실행하는 방법에 정해진 단계는 없지만 개인적으로 활용하고 있는 접근 방법을 구조화하여 이미지로 나타낸다면 다음과 같다.

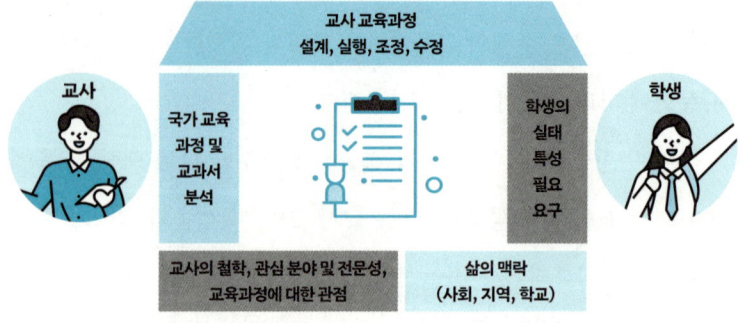

앞서도 말했듯 교사 교육과정은 교사의 철학, 관심 분야 및 전문성, 교육과정에 대한 관점과 삶의 맥락을 바탕으로 국가 교육과정 및 교과서 분석, 학생의 실태와 특성 및 필요와 요구를 토대로 교육과정을 설계하고 실행하며 교사와 학생이 교육과정 설계와 실행의 동등한 주체

가 되는 것을 추구한다. 이 과정은 정해진 순서를 따라야 하는 일련의 엄격한 단계가 아니다. 국가 교육과정 및 교과서 분석과 학생의 필요와 요구 분석이 동시에 이루어지기도 하며, 교육과정을 설계하고 실행하는 과정 중에 교사의 철학과 관심사, 학생의 학습 수준과 속도 및 필요와 요구가 변화하는 경우 교육과정을 조정 및 수정할 수 있다. 교사 교육과정은 살아 있는 교육과정이며, 만들어 가는 교육과정이다.

교사의 철학, 관심 분야 및 전문성, 교육과정에 대한 관점

교사의 교육철학은 '학교교육을 통해 학생이 무엇을 배우고, 어떻게 성장하기를 바라는가?'라는 질문에 대한 근본적인 가치관과 신념으로 교사 교육과정 설계에 있어 가장 중요한 주춧돌이 된다. 교사의 성장, 교사가 마주한 삶의 맥락과 경험에 따라 교사의 가치관과 신념은 변화한다. 다음은 교사의 교육철학이 어떤 과정을 통해 교육에 도달할 수 있는지 구조화시켜서 나타낸 그림이다. 이 그림에서의 변화는 교사 교육철학의 변화를 나타낸다. 이 그림을 통해 교사의 교육철학이 VUCA 시대의 삶을 살아갈 학생들에게 요구되는 역량을 함양하여 행복한 삶을 만들어 갈 수 있는 주도적인 사람으로 성장하게 하는 것에 초점을 두는 것으로 변화했다는 것을 알 수 있다.

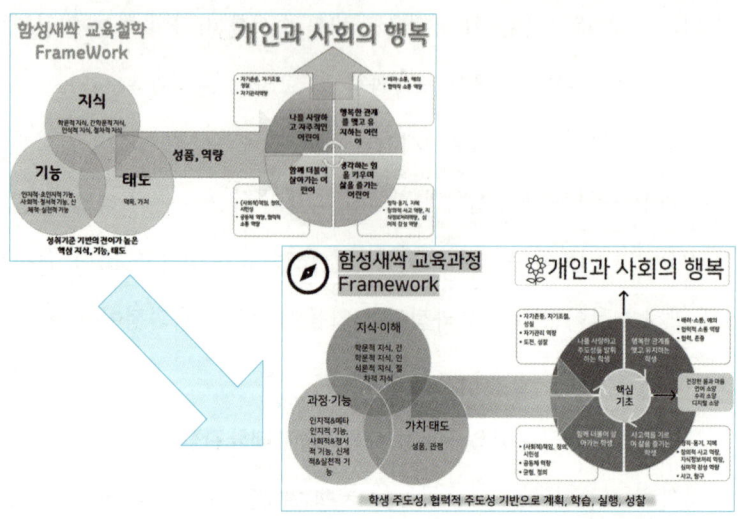

　교사의 철학뿐만 아니라 교사가 지닌 관심 분야와 전문성, 교육과정에 대한 관점도 교육과정 운영에 많은 영향을 미친다. 교사들이 지닌 교육 관련 관심 분야는 다양하고 복합적이다. 다음의 표는 교사들이 지닌 교육 관심 분야를 교육과정, 수업, 평가로 구분하여 몇 가지 예시로 나타낸 것이다. 교사들은 관심 분야와 관련된 전문성을 쌓아 가는 경우가 많으며 이는 교사가 설계하고 실행하는 교육과정의 핵심이 된다.

교육과정	• 교과: 국어, 도덕, 사회, 수학, 과학, 실과, 체육, 음악, 미술, 영어 • 주제: 독서교육, 환경교육, AI교육, 민주시민교육 등 • 교육과정 설계 모형: 이해 중심 교육과정, 개념 기반 교육과정 등 • 교육 모델: 혁신학교, IB교육
수업	• 교수·학습 방법: 토의·토론, 하브루타, 비주얼 씽킹, 수업 놀이, 그림책 활용 수업 등 • 교수·학습 모형: 각 교과별 수업 모형, 개념 기반 탐구 학습, PBL 등
평가	• 평가의 역할: 학습 결과에 대한 평가, 학습을 위한 평가, 학습 과정으로서의 평가

교육과정에 대한 관점도 교사의 교육과정 설계와 실행에 많은 영향을 미친다. 교육과정 실천에 대한 관점14은 충실도의 관점fidelity perspective, 상호작용적 관점mutual adaption perspectives, 생성적 관점curriculum enactment으로 구분할 수 있다. 충실도의 관점을 가진 교사는 교과서나 성취기준을 교육과정과 동일시하여 있는 그대로 교육과정을 운영한다. 상호작용적 관점을 지닌 교사는 교과서나 성취기준을 학생의 특성과 학교 여건에 따라 재구성하여 교육과정을 운영한다. 마지막으로 생성적 관점을 지닌 교사는 교육과정 개발자로서 교육공동체의 비전과 교사의 교육철학을 기반으로 삶과 배움을 연결하고 학생에게 적합한 교육과정을 만들기 위해 성취기준을 재구조화하거나 개발하여 교육 내용과 방법을 적극적으로 결정하고 실행한다.

삶의 맥락(사회, 지역, 학교)

교사와 학생은 삶으로 만난다. 교사가 경험한 삶의 맥락은 철학, 관심 분야, 전문성 그리고 교육과정에 대한 관점을 형성하고, 이는 학생들이 경험하는 교육의 질에 영향을 미친다. 사회의 변화와 시대적 요구뿐만 아니라 교사가 속해 있는 지역의 특성은 교사가 설계하고 실행하는 교육과정에 녹아든다. 교육과정 자율화가 확대되면서 지역 교육과정에 따라 지역별로 교사가 설계하고 실행하는 교육과정의 모습이 달라지고 있다. 지역 교육과정은 학교와 교사의 교육활동을 지원하고 발전시키는 역할을 하며, 교사의 경험과 전문성은 지역 교육과정 개발에 중요한 영향을 미친다. 지역 교육과정은 국가 교육과정과 학교와 교사의 교육과정을 자연스럽게 이어 주는 교량적 역할을 하며, 장학자료, 교수·학습자료, 지역 교육 교재 개발의 기본 지침이 된다.

학교의 특성과 문화는 교육과정의 설계와 실행에 가장 큰 영향을 미친다. 각 학교 학생들의 전반적인 특성, 학교의 비전과 목표, 교육공동체의 의견은 교육과정의 방향과 과제 설정에 핵심 기준이 된다. 학교의 문화는 질 높은 교육과정 운영을 위한 뿌리이자 기반이 된다. 학교는 교육과정 중심의 협력적 학교문화를 조성하여 모든 학생의 성공적인 배움과 성장을 지원해야 한다. 학교의 전 교직원이 학교의 철학을 공유하고 공감하며 새로운 도전과 변화를 환영하고 격려할 때, 수평적 의사결정 구조를 기반으로 활발한 토의, 실천, 성찰이 이루어질 때 교육과정 설계와 실행 과정에서 교사가 주도성을 발휘할 수 있다. 성공한 혁신학교와 IB 학교에서 학교문화를 중시하는 이유는 바로 이러한 배경 때문이다. 학교문화의 중요성을 깊이 이해하고 교육과정을 중심으로 협력적 학교문화를 함께 만들어 갈 때 교사는 주도성을 발휘할 수 있고, 이를 바탕으로 학생들에게 풍부하고 의미 있는 학습경험을 제공할 견고한 기반을 마련할 수 있다.

국가 교육과정 및 교과서 분석

교사 교육과정은 국가, 지역, 학교 교육과정의 기반 위에서 실행된다. 국가 교육과정은 초·중등학교의 교육 목적 달성을 위해 학교 교육과정이 포함해야 하는 공통적이고 일반적인 기준과 내용을 제시한다. 교사가 꼭 읽어 봐야 할 교육과정 문서는 국가 교육과정 총론과 해설서이다. 2022 개정 교육과정 총론의 경우 교육과정이 중점적으로 추구하고 지향하는 방향을 제시하고 있으며 교육과정을 설계하고 운영할 때 고려해야 할 일반적인 원칙과 방향을 제시하고 있다. 총론을 통해서도 국가 교육과정이 추구하는 방향과 설계 원칙을 이해할 수 있지만, 더 깊이 이해하기 위해서는 해설서를 함께 읽어 보아야 한다. 2022 개정 교육과정 총론 해설은 실제 교육과정 설계와 실행에 도움이 되도록 총론의 내용을 자세히 설명하고 있다.

많은 교사들이 가장 많이 활용하고 있는 국가 교육과정 문서의 내용은 성취기준이다. 성취기준과 교육과정 내용 체계도 확인해야 한다. 특히, 2022 개정 교육과정에서 강조하는 깊이 있는 학습을 위해서는 내용 체계의 핵심 아이디어에 주목해야 한다. 깊이 있는 학습에 대해서는 2부에서 좀 더 자세히 알아보자.

범주		내용 요소			
		초등학교			중학교
		1~2학년	3~4학년	5~6학년	1~3학년

핵심 아이디어	· 쓰기는 언어를 비롯한 다양한 기호나 매체를 활용하여 인간의 생각과 감정을 글로 표현함으로써 의미를 구성하는 행위이다. · 필자는 상황 맥락 및 사회·문화적 맥락 속에서 자신의 의사소통 목적을 달성하기 위하여 다양한 유형의 글을 쓴다. · 필자는 쓰기 과정에서 부딪히는 문제를 해결하기 위하여 적절한 쓰기 전략을 사용하여 글을 쓴다. · 필자는 쓰기 경험을 통해 언어 공동체의 구성원으로 성장하고, 쓰기 윤리를 갖추어 독자와 소통함으로써 바람직한 의사소통 문화를 만들어 간다.

범주		1~2학년	3~4학년	5~6학년	1~3학년
지식·이해	쓰기 맥락		· 상황 맥락	· 상황 맥락 · 사회·문화적 맥락	
	글의 유형	· 주변 소재에 대해 소개하는 글 · 겪은 일을 표현하는 글	· 절차와 결과를 보고하는 글 · 이유를 들어 의견을 제시하는 글 · 독자에게 마음을 전하는 글	· 대상의 특성이 나타나게 설명하는 글 · 적절한 근거를 들어 주장하는 글 · 체험에 대한 감상을 나타내는 글	· 복수의 자료를 활용하여 다양한 형식으로 쓴 글 · 대상에 적합한 설명 방법을 사용하여 쓴 글 · 타당한 근거를 들어 주장하는 글 · 의견 차이가 있는 사안에 대해 주장하는 글 · 자신의 정서를 표현하는 글
과정·기능	쓰기의 기초	· 글자 쓰기 · 단어 쓰기 · 문장 쓰기	· 문단 쓰기		
	계획하기		· 목적, 주제 고려하기	· 독자, 매체 고려하기	· 언어 공동체 고려하기
	내용 생성하기	· 일상을 소재로 내용 생성하기	· 목적, 주제에 따라 내용 생성하기	· 독자, 매체를 고려하여 내용 생성하기	· 복합양식 자료를 활용하여 내용 생성하기
	내용 조직하기		· 절차와 결과에 따라 내용 조직하기	· 통일성을 고려하여 내용 조직하기	· 글 유형을 고려하여 내용 조직하기
	표현하기	· 자유롭게 표현하기	· 정확하게 표현하기	· 독자를 고려하여 표현하기	· 다양하게 표현하기
	고쳐쓰기		· 문장, 문단 수준에서 고쳐쓰기	· 글 수준에서 고쳐쓰기	· 독자를 고려하여 고쳐쓰기
	공유하기	· 쓴 글을 함께 읽고 반응하기			
	점검과 조정		· 쓰기 과정과 전략에 대해 점검·조정하기		
가치·태도		· 쓰기에 대한 흥미	· 쓰기 효능감	· 쓰기에 적극적 참여 · 쓰기 윤리 준수	· 쓰기에 대한 성찰 · 윤리적 소통 문화 형성

<2022 개정 교육과정 내용 체계 예시>

성취기준과 내용 체계를 분석한 이후에는 관련 교과서의 교수·학습 흐름과 내용을 살펴보아야 한다. 교과서는 교사가 교육과정을 설계하는 데 유용한 정보, 자료, 아이디어를 제공하는 우수한 교수·학습 자료이다. 성취기준과 내용 체계만을 토대로 각 교과 단원 단위의 교육과정을 설계하기는 어렵다. 교과서가 제공하는 수업의 흐름, 교수·학습 내용, 평가 설계는 교사가 교육과정 설계에 참고할 수 있는 가장 효과적인 자료가 된다. 각 학교에서 선정한 교과서의 단원 및 영역에 어떤 성취기준이 연결되어 있고, 성취기준 도달을 위해 어떤 내용과 방법을 담고 있는지 정리해 놓으면 교사가 교육과정을 설계하는 데 도움이 된다.

과거에 교과서 자체를 교육과정으로 바라보았던 문제로 인해 교과서를 어떻게 활용하는가를 교육과정의 질을 판단하는 기준으로 바라보기도 하는데, 이는 잘못된 관점이다. 교사가 성취기준과 내용 체계 분석, 교사의 철학, 학생의 특성과 요구를 반영하여 설정한 학습목표와 관련된 학습경험을 설계하는 방향에 따라 교과서의 활용 형태는 다양하며, 상황에 따라 교과서를 활용하지 않을 수도 있다. 이와 같은 관점은 성취기준을 바라보는 관점에도 동일하게 적용된다. 교사와 학생이 설정한 학습목표에 효과적으로 도달할 수 있는 학습경험을 어떻게 설계하는가에 따라 성취기준 활용, 성취기준 재구조화, 성취기준 개발에 다양한 접근 방법을 활용할 수 있다. 도구는 목적이 아니다. 중요한 것은 목적이며 확대된 자율성을 바탕으로 적절한 도구를 선택하여 학습목표 도달에 가장 효과적인 교육과정을 설계하고 실행하는 것이 중요하다.

학생의 특성, 실태, 필요, 요구

학생의 특성, 실태, 필요, 요구는 교사 교육과정 설계에 있어 가장 중요한 기준이 된다. 교육과정 자율성을 확대하는 가장 큰 이유는 학생에게 적합하고 학생과 함께 만들어 가는 교육과정을 운영하기 위해서이다. 국가 교육과정과 교과서 분석을 통해 설계할 수 있는 학습경험이 교사의 철학과 학생의 실태, 특성, 필요, 요구와 어떻게 연결되는가에 따라 교육과정 설계와 실행은 달라진다.

어떤 단일 자료만으로 한 학생을 온전히 이해할 수 없으므로 다양한 자료를 수집하고 활용하는 것이 바람직하다. 가장 손쉽게 활용할 수 있는 자료는 학년 초에 제공되는 이전 담임교사들이 작성한 실태조사 자료, 학교 교육과정 문서에 있는 학교교육 실태, 교육과정 되돌아보기 설문 자료이다. 이 외에도 다양한 검사 도구를 활용할 수 있다. 가장 도움이 되는 것은 학생 및 학부모와의 소통이다.

학생들의 필요와 요구를 분석할 때 학생들의 요구에만 초점을 맞추는 것은 자칫 소비자주의에 빠질 우려가 있다. 학생들의 요구뿐만 아니라 교사는 학생들에 대한 분석을 토대로 학생들의 필요를 섬세하게 파악해야 한다. 여기서 필요는 '이상적인 기준과 실제 상황의 차이'를 뜻한다. 또한 학생의 필요와 요구를 분석하는 주체를 교사로 한정하는 것이 아니라, 학생들 스스로 자신의 필요와 요구를 고민하고 교육과정에 반영할 수 있는 기회를 제공해야 한다.[15]

교사가 교육과정을 실행하며 마주하는 학생의 변화는 교육과정 설계와 실행에 많은 변화를 준다. 수업을 이끌어 가다 보면 교사의 의도와 학생의 변화가 일치하는 경우도 있지만, 그 반대의 경우를 마주할 때도 많다. 학생의 배움과 성장 변화 정도에 따라 교사는 교육과정을 유연하게 조정하고 수정할 수 있어야 한다. 교사는 학생의 배움과 성장을 확인하는 데 관심을 가져야 하고 평가와 피드백을 교육과정 설계에 통합해야 한다. 무엇보다 교육과정을 체계적인 계획과 절차를 수립하고 완성해야 하는 문서로 바라보지 않고, 교사와 학생을 둘러싼 복잡한 변화에 유연하게 적응하면서 학생의 배움과 성장을 촉진하는 학습 경험을 만들어 가는 것으로 관점을 전환해야 한다.

더 나아가 학생을 교사가 설계한 교육과정을 제공받는 수동적 대상으로 보기보다는 교사와 함께 교육과정을 만들어 가는 주체로서 바라보아야 한다. 이는 학생들이 교육과정에 대한 필요나 요구와 관련된 의견을 제안하는 것을 넘어서, 교육과정을 함께 만들어 가고 함께 평가하며 개선하는 경험을 할 수 있어야 한다는 뜻이다.

교사 교육과정 설계, 실행, 조정 및 수정

교사 교육과정은 교사의 교육철학, 관심 분야 및 전문성, 교육과정에 대한 관점과 삶의 맥락을 바탕으로 구축된다. 이러한 단단한 기반 위에서 교사는 국가 교육과정 및 교과서를 분석하고 학생의 실태, 특성, 필요, 요구를 반영하여 교육과정을 만들어 간다. 교사 교육과정은 학생이 학습의 주인이자 삶의 주인으로 성장하는 교육과정 운영을 위해 교사와 학생 모두 교육과정의 주인으로 거듭나는 과정이다.

교사의 성장과 삶의 경험을 통해 교사 교육과정의 기반은 변경될 수 있으며, 국가 교육과정의 개정, 학교에서 선정한 교과서, 학생들의 필요와 요구에 따라서도 교사 교육과정 설계는 달라진다. 또한 교사의 의도와 학생의 배움과 성장이 일치하지 않을 때 다른 모습의 교육과정이 그려질 수도 있다.

다음에 예시로 제시되는 2개의 교육과정 설계는 교사의 교육과정이 어떻게 변화했는지 보여 준다. 2020학년도는 코로나19로 인해 원격수업이 많이 이루어졌던 시기이다. 학생들의 자기주도적 학습 능력에 따라 학습 격차가 벌어지는 것을 경험하며 가정에서 학생들 스스로 학습을 이어 갈 수 있는 끈기와 습관을 길러 주기 위한 수업, 학생들의 관계 및 공동체 형성을 위한 비대면 놀이, 학생들의 학력이 저하되는 것을 경험하며 문해력을 길러 줄 수 있는 교육과정을 설계하고 실행했다. 또한 학생들이 원격수업에서도 효과적이고 의미 있는 소통, 협력, 탐구를 경험할 수 있도록 온라인 협업 도구 및 Zoom 등의 실시간 쌍방향 수업 도구를 활용하는 역량을 기를 수 있는 교육과정을 설계했다.

2023학년도에는 학생 주도성 함양을 위한 교육과정에 관심을 가지게 되었고 주도성 함양을 위해 기반을 단단히 다져야겠다는 이해와 철학을 반영하여 핵심 기초라는 영역을 신설했다. 또한 2023학년도에 만난 학생들이 1학년에 입학과 동시에 코로나19로 인해 정상적인 학교생활이 이루어지지 않았고 문해력이나 수리력과 관련된 부진이 누적된 것을 파악하여 1학기에는 문해력과 수리력을 기르는 데 초점을 맞추고 2학기에는 학생 주도성을 발휘하고 기르는 교육과정 운영에 집중했다.

목표			
나를 사랑하고 주도적인 어린이	행복한 관계를 맺고 유지하는 어린이	생각하는 힘을 키우고 삶을 즐기는 어린이	함께 더불어 행복하게 살아가는 어린이
학급살이			
☐ 목표, 감사로 만드는 행복한 하루 ☐ 칭찬샤워	☐ 문제해결 3단계 ☐ 비대면 추억 만들기	☐ 수업 성장 회의 ☐ 텃밭 가꾸기 ☐ 주제 글쓰기	☐ 반가 ☐ 칭사축제 ☐ 학급 덕목 및 규칙
수업살이			
☐ 나를 알고 사랑하기 ☐ 다양한 감정 이해하고 다스리기 ☐ 목표가 이끄는 행복 - 그릿, 습관	☐ 사회적 기술 ☐ 친구와 만드는 행복 ☐ 가정의 달 PBL - 온라인 그림책 만들기 ☐ 비대면 놀이	☐ 문해력↑ ☐ 온라인 협업 도구 및 Zoom 익히기 ☐ 질문이 있는 수업 ☐ 토의토론 ☐ 공책 필기	☐ 함성새싹 소식지 PBL ☐ 우리 고장 컬러링북 PBL ☐ 공동체 놀이(팀 빌딩)

<2020학년도 교사 교육과정 설계>

목표			
나를 사랑하고 주도적인 어린이	행복한 관계를 맺고 유지하는 어린이	생각하는 힘을 키우고 삶을 즐기는 어린이	함께 더불어 행복하게 살아가는 어린이
학급살이			
☐ 목표, 감사로 만드는 행복한 하루 ☐ 칭찬과 격려로 자존감 높이기	☐ 합동 생일파티 ☐ 문제해결 3단계	☐ 수업 성장 회의 ☐ 텃밭 가꾸기 ☐ 글똥누기	☐ 반가 ☐ 칭사축제 ☐ 학급 덕목 및 규칙
수업살이			
☐ 아름답고 소중한 나 ☐ 목표가 이끄는 삶: 그릿 ☐ 나를 찾아 DREAM 니다	☐ 사회적 기술 ☐ 협력과 소통 ☐ 관계 형성 놀이 ☐ 짝 활동	☐ 질문이 있는 수업 ☐ 깊이 있는 학습을 위한 루틴 적용 ☐ 예술교육: 습식수채화, 예술누리교 ☐ 독서, 토론, 논술 수업	☐ 미래 수업 ☐ 함께 만드는 무지개 세상 ☐ 공동체 놀이 ☐ 참여와 민주주의

핵심 기초		
문해력 수리력	건강한 몸과 마음	디지털 리터러시
수업살이		
☐ 문해력 수업 ☐ 공책 필기 ☐ 수리력 수업	☐ 체력 향상 프로젝트 ☐ 건강한 마음 가꾸기	☐ AI시대 무엇이 실력인가? ☐ 디지털 활용 역량 기르기

<2023학년도 교사 교육과정 설계>

교사 교육과정 이것만은 꼭!

교사 교육과정의 본질은 학생들의 배움과 성장을 위한 최적의 경험을 설계하고 실행하는 데 있다. 교사 교육과정이라는 용어로 인해 교육과정 운영의 초점이 교사에게 있다고 인식하지 않도록 주의해야 한다. 교사 교육과정이 교사의 철학을 기반으로 설계되더라도, 가장 중요한 목적은 학생의 배움과 성장이다. 앞서 여러 번 강조했듯이 교사는 자율성을 발휘하여 학생에게 적합한 교육과정을 만들어 가고, 더 나아가 학생과 함께 교육과정을 설계하는 방향으로 초점을 맞추어야 한다.

교사 교육과정은 국가 교육과정이나 지역 교육과정과 경쟁하는 것이 아니다. 각자의 역할을 충실히 하고 각각의 교육과정을 유기적으로 연계하여 모든 학생의 배움과 성장을 촉진하는 것이 교육의 근본적인 목표라고 할 수 있다. 국가 교육과정이 제시하는 교육의 기본 설계도를 바르게 이해하고 지역 교육과정을 교량으로 삼아 학생에게 최적의 학

습경험을 설계할 수 있도록 학교와 교사에게 주어진 권한과 자율성을 잘 활용해야 한다.[16]

교육과정은 시수 편성을 넘어 의미 있는 학습경험의 종합적인 설계이다. 많은 학교가 여전히 교육과정을 의미 있는 학습경험을 담기 위한 도구로서 여기지 않고 교과와 창의적 체험활동을 편제, 시수, 범교과에 끼워 맞추는 문서 작업으로 여긴다. 교사 교육과정을 새로운 교육과정 문서 개발로 여기는 것은 교사 교육과정을 현장에서 멀어지게 하는 지름길이 된다. 교사 교육과정은 새로운 교육과정 문서 개발이 아니라 학생들의 특성과 삶의 맥락을 고려하여 학생들과 함께 유의미한 학습경험을 창조해 가는 과정이다.

학생 주도성 함양을 위한 교사 교육과정 실천 사례

학생 주도성을 위한 수업 성장 회의

학생 주도성을 함양하기 위해서는 학생들이 수업의 진정한 주인으로 거듭날 수 있는 학습경험을 풍부하게 제공해야 한다. 학생들이 수업의 주인이 되는 것은 단순히 학생들이 수업에 적극적으로 참여하도록 이끌어 내는 것을 넘어서 교육과정과 관련한 다음 질문에 대해 교사와 함께 고민하는 주체로서 성장하는 것이다.

- 무엇을 가르치고 배울 것인가?
- 어떻게 가르치고 배울 것인가?
- 제대로 가르치고 배웠는가?

학생들이 수업을 평가하고 제안하는 것과 더불어 궁극적으로 함께 수업을 만들어 가기 위한 도구로 수업 성장 회의를 운영할 수 있다. 수업 성장 회의는 수업 성장을 논의하는 학급 정기 회의이다. 수업 성장 회의에서는 그동안 수업 중에서 기억에 남는 수업을 떠올리고, 학생들이 경험한 수업의 좋은 점, 아쉬운 점, 바라는 점을 논의한다.

학생들이 제안하는 의견은 수업과 관련된 그 어떤 피드백보다 귀하다. 수업의 주체는 학생이다. 학생들과 함께 수업을 고민하는 것은 학생에게 적합한 교육과정 운영은 물론 학생이 주도하는 교육과정 설계에 매우 중요하다. 학생들과 수업에 대해 소통할 때 겪는 가장 큰 어려움은 수업과 관련된 학생들의 제안이 놀이, 요리 만들기 등의 즐거움과 관련된 활동의 영역을 크게 벗어나지 못한다는 것이다. 학생들의 의견은 경험한 학습의 범위를 크게 벗어나지 않는다. 질 높은 수업 성장 회의를 위해서는 학생들에게 다양하고 풍성한 학습경험의 기회를 제공해야 한다. 또한 단순히 수업에 대해서 바라는 점을 묻기보다는 학생이 나와 세상에 대해 주도적으로 탐구 주제를 탐색하는 것으로 나아가야 한다. 이를 위해 학생들과 함께 수업 성장 회의를 통해 나에 대해 배우고 싶은 것, 세상에 대해 배우고 싶은 것에 관한 탐구 질문을 고민하고 함께 선정한 탐구 질문을 함께 사고하고 탐구하는 수업으로 나아가 보자.

무엇을 배울 것인가?

① 다음 주제와 관련하여 힘께 생각하고 탐구하고 싶은 질문을 떠올린다.
② 모둠에서 질문을 공유하며 함께 배워 보면 좋겠다고 생각되는 질문을 새롭게 정리한다.
③ 전체와 공유한다.

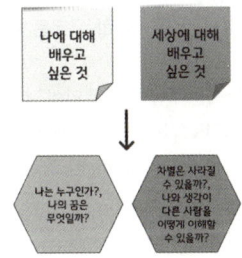

 다음은 실제로 학생들과 수업 성장 회의를 통해 나에 대해 배우고 싶은 것, 세상에 대해 배우고 싶은 것에 관한 질문을 고민하고 공유한 결과이다. 학생들 질문의 범위와 깊이는 생각보다 놀랍다. 학생들의 질문을 실제 수업에 녹여 낼 수 있도록 교육과정을 수정하고 재설계할 수 있다.

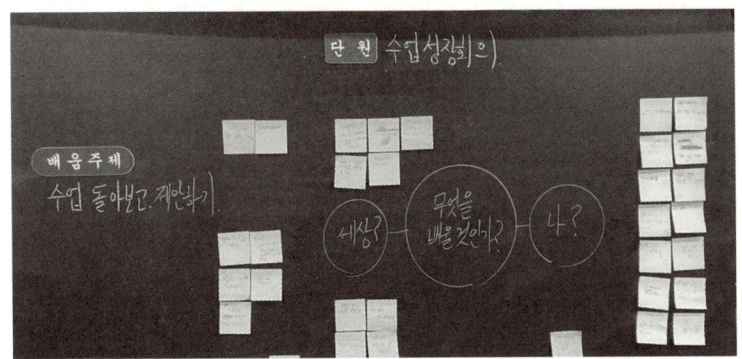

나에 대해 궁금한 것	세상에 대해 궁금한 것
• 내가 진짜 되고 싶은 것은 무엇일까? • 나는 미래에 어떤 사람일까? • 나는 진짜 갖고 싶은 직업이 무엇일까? • 나는 내 꿈을 이룰 수 있을까? 나는 공부에 집중하고 있을까? • 내가 좋아하는 것과 잘하는 것은 무엇인가? • 나라는 요소는 주변 환경에 의해 만들어지는 것이라면 나라는 요소와 생김새, 주변 환경 모두 똑같이 복제된다면 그것은 나인가? 타인인가? • 인간의 뇌는 또 하나의 우주인가?	• 신, 우주, 지구: 신은 존재하는가? 혹은 죽으면 모든 것이 끝인가? 아니면 사후세계가 있는가? 대한민국은 저출산을 해결할 수 있을까? 우주 밖에는 무엇이 있을까? 30년 뒤에 지구는 어떻게 될까? 나중에 우주를 가는 게 쉬울까? 나중에 자동차가 없어질까? • 학습 방법의 학습: 공부를 왜 하는가? 어떤 공부를 해야 하는가? 수능을 꼭 잘 봐야 할까? • 돈: 사람을 왜 돈으로 판단하는가? 세상의 물가는 왜 오를까? 주식 투자는 언제 해야 할까? 투자를 잘해서 어떻게 부자가 될까? • 외모 지상주의는 언제 끝날까?

    나에 대해 궁금한 것은 나를 이해하고 삶의 가치관을 정립하는 프로젝트 수업과 연계하여 교육과정을 운영하고, 학생들의 세상에 관한 질문도 관련된 교과 수업 및 프로젝트 수업 설계를 통해 운영했다.

    질문이 살아 있는 교실은 많은 교사와 교육 정책을 통해서 실현하고 싶은 수업의 이상향이다. 교사가 좋은 질문을 통해 학생들의 사고와 탐구를 이끌어 내는 것은 바람직한 수업이다. 또한 학생들이 텍스트나 학습할 주제와 관련하여 깊이 사고하고 탐구할 수 있는 질문을 주도적으로 개발하고 이를 다루는 것도 매우 의미 있는 수업이다. 더 나아가 학생들에게 사고와 탐구의 출발점인 질문의 주체가 될 수 있는 경험을 제공하고, 학생들의 관심사와 궁금증에서 출발할 수 있는 수업의 경험을 제공하는 것도 필요하다.

　풍성한 학습경험, 학생들과 주기적인 수업 관련 소통 이외에도 교사가 학생들의 필요와 요구를 파악하기 위한 섬세한 접근과 도구 활용이 필요하다. 가장 중요한 것은 학생들이 '우리 선생님은 우리의 의견을 수업에 녹여 내기 위해 노력해 주시고, 우리의 의견이 실제로 수업에 반영되는구나!'라는 인식을 가지도록 하는 것이 좋다. 학생들의 제안을 적극적으로 반영해 주기 위한 교사의 관심과 노력은 학생 주도성의 발아를 이끄는 물과 햇빛이 된다.

　학생들의 의견을 적극적으로 경청하고 반영하기 위한 시스템을 갖추는 것도 필요하다. 학급의 협력적 문화를 촉진하고 갈등을 해결하며, 학생이 학급의 주인이 되도록 운영하는 학급자치 활동으로 '칭사축제'를 꾸준히 실천하고 있다. 칭사축제는 칭찬, 사과, 축하, 제안을 바탕으로 하는 회의로 칭사축제 게시판에 수합된 의견을 토대로 진행된다. 칭사축제 게시판은 더 좋은 수업을 만들기 위한 학생들의 제안을 모으는 공간으로 활용된다.

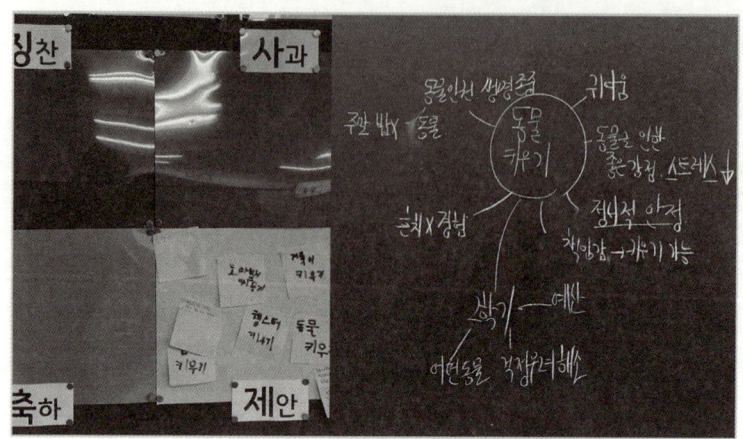

<칭사축제 게시판과 이를 토대로 시작한 동물 키우기>

학생 주도성을 담은 교육과정 만들기

다음 3가지 질문은 학생 주도성을 담은 교육과정을 만들어 가는 나침반이 될 수 있다.

- 학생들의 필요와 요구는 무엇인가?
- 교육과정에 어떤 사회 변화와 요구를 담고 싶은가?
- 학생이 주도하는 교육과정을 어떻게 설계하고 실행할까?

2023학년도는 학생 주도성 함양에 초점을 맞추어 교육과정을 설계하고 실행했다. 학년 초 학생들의 실태와 특성을 분석한 결과 모든 학습의 기초소양인 문해력, 수리력이 부족한 것을 파악했다. 1학기는 학생들의 기초소양 함양을 위해 노력하고 2학기에 학생 주도 프로젝트를 본격적으로 실행했다.

	학생 주도성	협력적 주도성
교육 목표	• 학생 주도 프로젝트 - 우리 교실에 동물이 산다고? - 교실 공간 혁신(가.머.교) - 당신의 멘토는 누구입니까? - 그릿, 나를 찾아 DREAM니다	• 함께 만드는 무지개 세상 • 협력과 소통 • 미래 수업 • 환경교육

	문해력	수리력	건강한 몸과 마음
핵심 기초	• 문해력 기르기 - 공책 필기, 발표, 어휘, 사실과 의견, 글의 짜임, 제안하는 글	• 기초 연산 능력 • 깊이 있는 수학 수업: 개념적 이해, 전이, 성찰을 위한 수업	• 계절학교 - 자전거, 습식 수채화 • 건강한 마음 가꾸기

2024학년도에는 6학년 학생들과 함께 문해력을 기르기 위한 교육과정으로 학습 방법의 학습Learn How To Learn이라는 대주제를 설정하고 이와 관련된 소주제로 공책 필기법, 스피치 역량 기르기, 토론, 논설문 쓰기, 비판적 뉴스 소비 단원을 설계하여 운영했다.

2학기에 구상하고 실천한 학생 주도 프로젝트 수업의 4가지 과제는 다음과 같다. <우리 교실에 동물이 산다고?>는 학생들이 1학기에 꾸준히 제안했던 동물 기르기를 교육과정에 반영한 것이고 <가고 싶고 머물고 싶은 교실 만들기> 또한 석면 공사로 인해 비워진 교실을 학생들이 주인의식을 발휘하여 새롭게 재구성하기 위한 것이었다. <당신의 멘토는 누구입니까?>는 다양한 위인과 관련된 책을 읽고 소개하면서 내 안의 기회와 열정을 찾기 위한 배움의 과정으로 만들었다. <그릿>과 <나를 찾아 DREAM니다>는 나를 이해하고 행복한 삶을 위해 어떤 가치관을 추구하며 살아갈 것인지 탐구하고 이를 부모님에게 소개하는 수업이었다. 『그릿』이라는 온작품 읽기와 연계하여 주도성을 발휘하는 데 필요한 마음가짐도 다루었다.

학생 주도 프로젝트를 시작하면서 먼저 학생들이 수업의 의도를 충분히 이해할 수 있도록 했고, 사회 변화와 대응이라는 수업을 통해 학생 주도성을 함양하고 발휘하는 것이 왜 중요한지 학생들이 탐구할 수 있는 기회를 제공했다.

학생들이 유능한 자기평가자이자 평생학습자로서 성장할 수 있도록 하는 것이 학생 주도 프로젝트 수업의 중요한 목표였다. 이를 위해 학생 주도 프로젝트 수업의 목표이자 루브릭 역할을 할 수 있는 역량별 항목을 정리하여 제시했다.

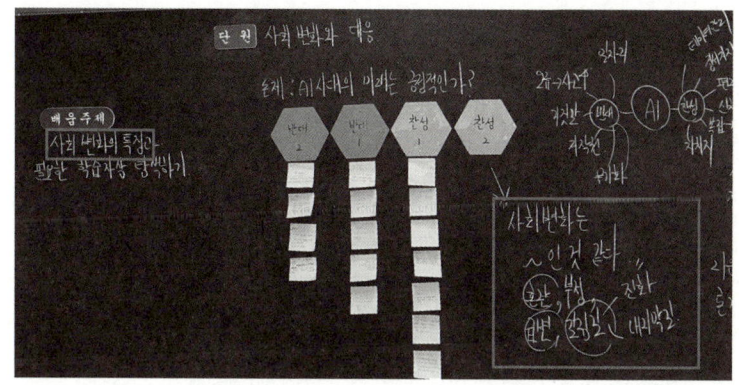

학생 주도 프로젝트에서 꼭 기억할 목표

자기관리 역량	• 프로젝트를 진행하면서 재미와 의미를 찾고 있나요? • 프로젝트를 돌아보고 어떻게 하면 더 잘할 수 있는지 고민하고, 더 나은 프로젝트를 만들기 위해 변화를 시도하고 있나요?
협력적 소통 역량	• 프로젝트 목표를 달성하기 위해 친구들과 잘 협력하나요? • 다른 사람의 의견을 경청하고 아이디어를 공유하면서 함께 문제를 해결하나요? • 의견의 충돌 또는 친구들과의 갈등을 해결하기 위해 수업 시간에 학습한 사회적 기술(협동, 공감, 메라이언의 법칙, 마음 신호등 등)을 사용하나요?
창의적 사고 역량	• 프로젝트 과제를 위해 내가 활용할 수 있는 기술, 나의 경험을 활용해 새로운 것을 만들거나 다른 방식으로 문제를 해결하나요? • 새로운 생각이나 정보의 좋은 점, 아쉬운 점 등을 생각하면서 더 나은 생각을 만들거나 정보를 분석하나요?
지식정보 처리 역량	• 프로젝트와 관련하여 믿을 수 있는 지식과 정보를 검색하고 평가할 수 있나요? • 프로젝트와 관련한 지식과 정보를 구조화하여 정리해서 활용하나요? • 지식과 정보의 출처를 정확하게 밝히고 활용하나요?
심미적 감성 역량	• 다른 사람의 감정과 다른 문화에 대해 공감하고 존중하나요? • 인생에서 중요한 것들을 이해하고 즐기나요?
공동체 역량	• 공동체를 더 좋고 행복한 곳으로 만드는 데 적극적으로 참여하나요? • 공동체의 발전과 행복을 위해 내가 도울 수 있는 방법에 대해 생각하고 이를 실천으로 옮기나요?

학생들이 각 프로젝트 수행에 필요한 역량을 스스로 판단할 수 있도록 '이번 프로젝트에서 필요한 역량(목표)은 무엇일까요?'라는 질문을 통해 목표와 방향성을 설정하도록 했다. 프로젝트 진행 중에는 '설정한 목표에 비추어 볼 때 잘하고 있는 점과 개선이 필요한 점은 무엇인가요?'라는 질문을 통해 학생들 스스로 학습 과정을 점검하고 개선점을 마련하도록 했다. 마무리 단계에서는 '이번 프로젝트를 통해 기대했던 목표를 어느 정도 달성했나요? 무엇을 배우고 성장한 것 같나요?'라는 질문을 통해 총괄평가를 시행하여 학생들에게 스스로의 배움과 성장을 성찰하는 기회를 제공했다. 학습의 주도권 이양을 위해 1학기부터 평가 루브릭을 토대로 평가 과제 점검 및 루브릭 공동 제작 등의 경험을 제공하여 학생들의 역량을 키웠다. 이는 2학기에 학생 주도 프로젝트를 시작할 수 있는 기반이 되었다.

<우리 교실에 동물이 산다고?> 수업은 칭사축제 게시판을 통해서 제안된 동물 키우기에 대한 요구에서 시작되었다. 3학년에서 올챙이와 나비를 기르는 것을 본 학생들은 4학년 교실에서도 동물을 키우고 싶다고 제안했다. 교사는 학생들에게 '선생님은 동물을 좋아하지 않고, 동물을 길러 본 경험이 없으며, 생명을 기른다는 것은 책임감이 필요한 일인데 호기심과 재미로만 끝나는 것이 염려된다.'는 의견을 전했다. 교사의 우려와 관련하여 학생들과 진지한 토의를 진행한 결과 수업을 시작해 보기로 결정했다.

이 수업은 계획되어 있던 것이 아니었기 때문에 2학기에 창의적 체험활동을 통해 시수를 확보했다. 학생들이 동물을 기르는 데 있어서 '어떤 동물을 기를 것인가? 어떻게 기를 것인가?'라는 질문을 탐구할 수 있도록 수업을 설계했다. 교실에서 동물을 기르기 위해 필요한 기준도 학생들과 함께 고민하여 결정했다. 기준은 다음과 같이 결정되었다.

- 냄새나 소음이 발생하지 않는가?
- 환경(온도, 습도)의 변화에 잘 적응하는가?
- 관찰이 용이한가? 분양이 가능한가?

이 기준을 토대로 어떤 동물을 기를지 인터넷을 통해 정보를 탐색했고, 모둠별로 탐색한 동물에 대해 각 기준을 토대로 적절성을 토의했다. 전체 토의를 거쳐 '크레스티드 게코'라는 도마뱀을 기르기로 결정했다.

질문 함께 고민하고 공유하기1

① 1차 논의
- 질문에 대한 나의 생각과 정보(책 또는 인터넷 검색)를 공유합니다.
- 동물 선택 기준을 고려하여 어떤 동물을 기를 것인지 모둠별로 선택합니다.
- 모둠별로 선택한 동물에 대해서 함께 적절성을 토의합니다.

어떤 동물을 기를 것인가?

어떻게 기를 것인가?

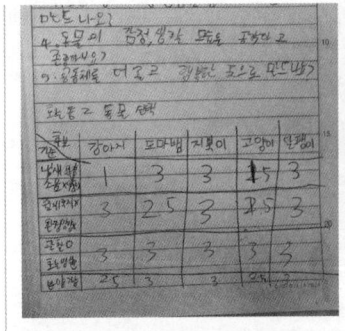
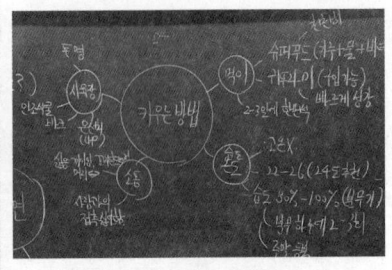

도마뱀으로 결정!
크레스티드 게코

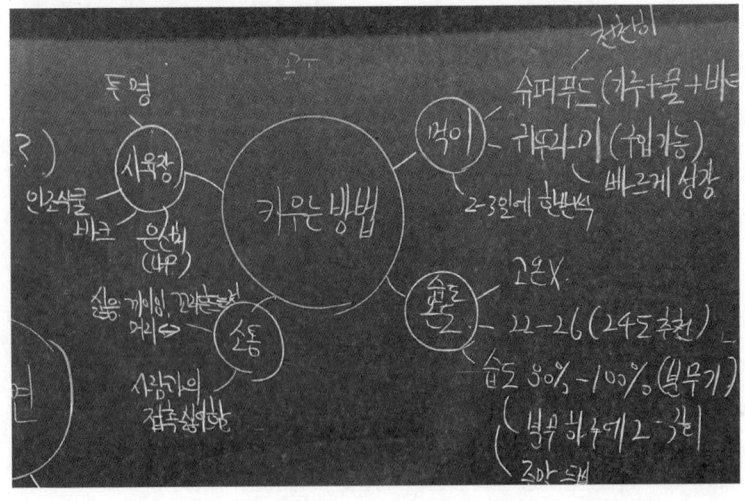

    동물을 선정한 이후에는 어떻게 기를 수 있는지 정보를 탐색하고 Padlet에 정리했다. 학생들의 필요와 요구에서 시작된 수업이었고, 정말 동물을 기른다고 생각하니 학생들은 정보를 검색하고 정리하는 모습에서 일반 교과 수업에서는 경험하기 어려운 몰입을 보여 주었다.

질문 함께 고민하고 공유하기2

① 2차 논의
- 각 모둠별로 선택한 동물을 어떻게 기를 것인지 논의합니다(집, 기르는 방법, 역할 등)
- 필요한 용품을 검색하여 선생님에게 전달합니다.

> 어떤 동물을 기를 것인가?

> 어떻게 기를 것인가?

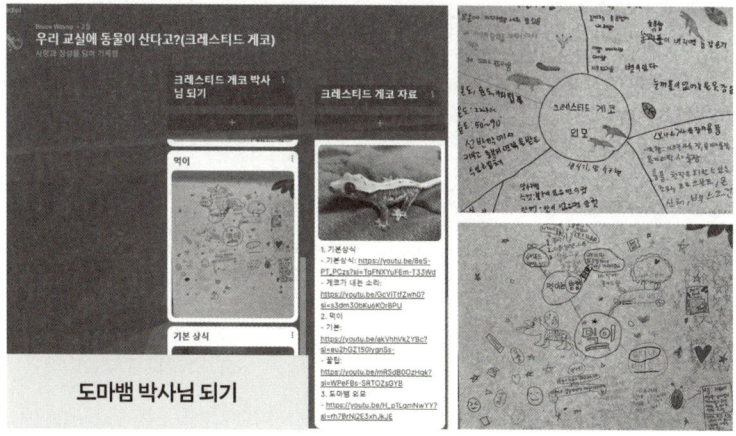

　　분양을 받아 도마뱀을 기르기 시작했다. 분양을 위한 과정과 정보도 학생들과 함께 탐색했고, 분양 샵을 운영하고 있는 사장님은 학생들이 수업을 통해서 도마뱀을 기르기로 했다는 이야기를 듣고 직접 교실로 도마뱀을 가지고 와서 학생들에게 도마뱀을 기르는 것과 관련된 정보를 소개해 주며 학생들의 질문에 답변해 주었다.

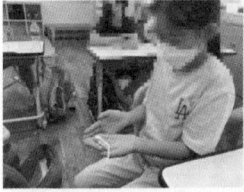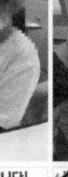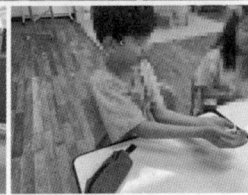

    교실은 도마뱀을 기르기 어려운 환경이기에 매주 주말 및 공휴일에는 학생들이 번갈아 가며 도마뱀을 집으로 데려가 돌보았다. 2학기 내내 학생들은 도마뱀과 관련한 의견을 계속 냈고 사육장을 구입하기 위한 수업, 축제에서 도마뱀을 홍보하는 부스 운영을 위한 수업으로도 연결되었다. 축제에서 도마뱀 부스를 운영했던 한 학생은 주말에 부모님 가게를 활용하여 학교 학생들을 초대해 개인적인 도마뱀 부스를 운영하기도 했다. 학생들의 필요와 요구에서 시작된 수업이 어떻게 학생들의 주도성을 일깨우는지 경험할 수 있었다. 수업이 마무리된 후에는 성찰 일기를 작성하도록 하여 학생들이 설정했던 목표를 얼마나 달성했는지 스스로 점검하고 돌아볼 수 있도록 했다. 자기평가와 교사평가의 결과를 비교하면서 스스로를 얼마나 객관화해서 평가할 수 있는지도 점검해 보도록 했다.

도마뱀 기르기를 통해서 발현되기 시작된 학생들의 주도성은 더 확장되었다. 1학기 방학 중 석면 공사로 교실이 어수선한 상태에서 개학을 맞이했는데 학생들이 교실 공간을 바꾸어 보면 좋겠다고 제안했고, 학생들이 원하는 교실 공간을 스스로 만들 수 있는 교육과정을 설계하고 실행했다. <가고 싶고 머물고 싶은 교실 만들기>라는 이름으로 진행된 수업은 학생들이 스스로 교실 공간을 디자인하고 제한적인 예산을 활용해 구상한 디자인을 실현하는 데 필요한 물품을 구입하여 교실 공간을 재구조화했다.

[PBL Start]

석면 공사가 끝난 우리 교실이 허전하죠? 학교 공간의 주인인 여러분과 함께 교실을 가고 싶고 머물고 싶은 공간으로 만들어 보고자 합니다.

다양한 교실 공간 혁신 사례를 통해서 인사이트를 얻고, 교실 공간에 대한 다양한 아이디어가 반영된 모둠별 디자인을 박람회를 통해서 공유합니다. 박람회를 통해서 모은 아이디어를 활용해 실제 교실을 바꾸어 보고자 합니다. 여러분의 성장과 함께할 교실을 더 나은 공간으로 바꾸어 함께 행복한 교실로 만들어 봅시다. '가고 싶고 머물고 싶은 교실 만들기 PBL' 다 같이 힘을 모아 봅시다.

[가.머.교 PBL]
가고 싶고, 머물고 싶은 교실 만들기 PBL

1. 교실 공간 혁신 필요성 느끼기
2. 교실 관찰하기, 가.머.교 토의하기
3. 교실 디자인 박람회 개최하기
4. 가고 싶고 머물고 싶은 교실 만들기

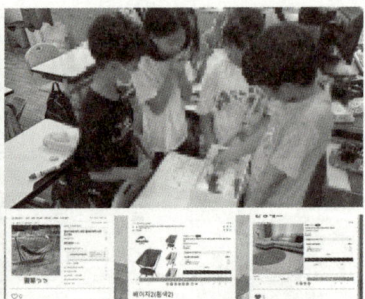

　학생 주도 프로젝트 중의 하나인 <나를 찾아 DREAM니다>는 2부의 깊이 있는 학습과 연계하여 다시 자세히 살펴보자.

PART 02

깊이 있는 학습을 위한
교육과정-수업-평가

2022 개정 교육과정에서는 교수·학습 설계의 방향으로 '깊이 있는 학습을 통한 역량 함양'을 제시하고 있다. 2022 개정 교육과정에서 제시하는 '깊이 있는 학습'은 교수·학습의 초점을 '어떻게 가르치고 배울 것인가?'에서 '무엇을 어떻게 가르치고 배울 것인가?'로 확장할 것을 주문하고 있다. 2부를 시작하기에 앞서 이 책을 읽고 있는 선생님의 수업 철학을 잠시 고민해 보면 좋겠다. 좋은 수업에 대한 선생님의 견해를 여백에 담아 보길 바란다.

'좋은 수업은 무엇인가?'
'좋은 수업은 어떤 특성을 내포하는가?'

CHAPTER 1

왜 깊이 있는 학습인가

▌깊이 있는 학습을 추구하는 2022 개정 교육과정

2022 개정 교육과정은 깊이 있는 학습을 통해 핵심역량을 함양할 수 있는 교수·학습 설계와 운영을 지향한다. 깊이 있는 학습은 교과 지식을 더 많이 학습해야 한다거나 더 어려운 수준까지 학습해야 한다는 의미가 아니라, 핵심 개념과 원리를 올바르게 이해 및 내면화하고 생각이나 경험과 연결하여 자신의 것으로 만들어야 한다는 뜻이다. 깊이 있는 학습이 이루어질 때 그 지식은 삶의 다양한 맥락에서 활용할 수 있는 살아 있는 지식이 되며, 창의적이고 융합적인 문제 해결 능력의 기초가 된다. 2022 개정 교육과정에서는 깊이 있는 학습을 위해 교과 간 연계와 통합, 학생의 삶과 연계된 학습, 학습에 대한 성찰 등이 이루어져야 함을 강조하고 있다.[17]

그런데 깊이 있는 학습은 2015 개정 교육과정에서 지향했던 교수·학습의 방향과 크게 다르지 않다. 2015 개정 교육과정에서도 단편적 지식의 암기를 지양하고 핵심 개념과 일반화된 지식의 심층적 이해에 중점을 두었다. 또한 융합적 사고를 기르기 위한 교과 내, 교과 간 내용 연계성 고려, 학습 내용의 실제적 적용, 메타인지적 전략 및 자기주도적 학습을 제시하였다. 개념과 원리에 대한 이해와 전이를 추구하는 교수·학습의 방향은 4차 교육과정까지도 거슬러 올라간다.

<4차 교육과정 국민학교 운영 지도 지침 중>

지엽적이고 단순한 사실의 기억보다는 탐구적인 활동을 통하여 개념 및 원리를 이해하고, 이를 새로운 사태에 적용하는 기회를 많이 가지게 한다(문교부, 1981: 6).

2022 개정 교육과정에서 추구하는 깊이 있는 학습은 오랫동안 좋은 수업의 방향으로 추구해 왔던 것임을 알 수 있다. 그렇다면 2022 개정 교육과정에서 '깊이 있는 학습'이라는 용어를 제시하면서 개념적 이해를 추구하는 수업을 더 강조하는 이유는 무엇일까?

| 개념적 이해의 의미

2015 개정 교육과정에서는 역량 교육을 전면적으로 도입했다. '역량'은 사실적 지식을 아는 것에 초점을 맞춘 전통적인 교육과정으로는 학

생이 미래 사회에 살아가는 데 필요한 역량을 충분히 기를 수 없어 그 대안을 마련하는 과정 중에 등장했다. 역량을 중심으로 교육과정을 재구조화하는 것은 우리나라뿐만 아니라 국제적인 추세이다.

하지만 역량을 강조하는 것은 첫째, OECD가 제시하는 기준을 따라가려는 경향이 강하고 둘째, 역량에 대한 개념이 모호하며 셋째, 지식 교육과 대치되는 것처럼 보이면서 지식 교육의 역할을 축소시켰다는 비판이 있었다.[18] 2022 개정 교육과정은 2015 개정 교육과정의 장점을 계승하고 문제점은 개선하기 위해 학생의 삶과 연계하며 유의미한 맥락 속에서 지식, 기능, 가치 및 태도를 통합적으로 작동시켜 과제를 수행하고 문제를 해결할 때 통합적으로 작동되는 전이 능력으로서의 역량을 강조하고 있다.[19] 즉 역량이란 제대로 알았을 때 활용하고 적용할 수 있는 것이며 역량 교육을 지식 교육의 반대가 아닌 제대로 된 지식 교육으로 바라보는 것이다.

지식 교육의 역할 축소에 대한 비판 외에 2015 개정 교육과정 도입 후에도 여전히 수동적이고 단편적인 지식 위주의 수업이 이루어지거나 단순히 흥미나 재미를 위한 활동 중심 수업이 이루어진다는 지적도 있었다.[20] 2015 개정 교육과정이 도입된 이후 역량 교육에 대한 많은 관심은 학생 참여형 수업을 확산시켰다. 2015 개정 교육과정에서 규정한 학생 참여형 수업은 학생들이 수업 과정에 적극적으로 참여하면서 교과의 핵심 개념 및 일반화된 지식을 교과 고유의 사고 및 탐구 기능을 통해 심층적으로 이해하고 이를 다양한 상황에 적용하도록 하는 것이었다.

하지만 현장에서는 '무엇을 가르치고 배울 것인가?'보다는 '어떻게 가르치고 배울 것인가?'에 초점을 맞추면서 다양한 학생 참여형 수업 기법을 적용하면 학습 효과를 최대화하고 역량을 함양할 수 있다고 오해했다. 2022 개정 교육과정에서 깊이 있는 학습과 함께 강조한 것은 학생의 능동적 참여이다. 학생의 능동적 참여란 단순한 흥미나 동기부여 차원이 아니라 탐구 질문에 관심과 호기심을 가지고 스스로 문제를 해결한다는 의미이다. 학생의 역량과 주도성을 기르기 위해서는 높은 수준의 사고와 탐구를 통해 학습 동기를 불러일으키고, 학습하는 법을 배우며, 교사와 학생이 함께 지식을 구성하는 수업을 운영해야 한다.[21]

2015 개정 교육과정에서 도입하고 추구했던 역량 교육과 학생 참여형 수업에 대한 오해는 지식 위주의 교육을 비판하고 아동 중심 교육을 추구하는 흐름과 연결되어 있다. 지식 위주의 교육에 대한 비판은 삶과 연결되지도 전이되지도 않는 단편적 사실을 암기하는 것에 대한 문제의식에서 비롯되었다. 이러한 비판은 지식 자체를 가르치지 말자는 주장이 아니라 가르쳐야 할 지식의 수준과 깊이에 관한 문제 제기다. 또한 아동 중심 교육은 단순히 수업에서 학생들의 적극적인 참여를 이끌어내는 것을 넘어, 학생이 스스로 사고와 탐구를 통해 교사와 함께 지식을 구성하고 전이할 수 있는 주체로서 성장하는 것을 추구한다.

2022 개정 교육과정의 깊이 있는 학습은 교수·학습의 초점을 '어떻

게 가르치고 배울 것인가?'에서 '무엇을 어떻게 가르치고 배울 것인가?' 로 옮겨 갈 것을 주문하고 있다. 우리나라 교사들이 What이 아닌 How 에 교수·학습의 초점을 맞추었던 이유는 과거에는 교과서, 최근에는 성취기준이라는 What이 주어졌다고 생각했기 때문이다. 하지만 이제 교사들은 주어진 성취기준을 넘어서서 학습 내용과 관련된 다음 질문 에 대해 깊이 고민하고 이를 중심으로 교육과정을 주도적으로 재구조 화해야 한다. 익숙한 영역을 벗어나 새로운 도전과 마주해야 하지만 현 장의 수업이 교과서를 넘어섰을 때 한 단계 도약할 수 있었던 것처럼 성취기준을 넘어섰을 때 더 큰 배움과 성장을 교사와 학생 모두 경험 하게 될 것이다.

- 나와 세상을 깊이 있게 이해하기 위한 필수 학습 내용은 무엇인가?
- 무엇을 중심으로 깊이 사고하고 탐구하여 삶 속으로 전이할 수 있도록 할 것인가?
- 학생들의 사고력과 문제 해결 능력을 계발할 수 있는 교육과정-수업-평가를 어떻게 설계할 것인가?

많은 교육자들이 개념적 이해Conceptual Understanding를 학생들이 나와 세상을 깊이 있게 이해하고, 이해를 새로운 상황에 전이할 수 있으며, 학생들의 사고력과 문제 해결 능력을 계발할 수 있는 중요한 도구로 주 목하고 있다. 개념적 이해는 개념 간의 관계를 일반화하며 설명하는 것 으로 '영속적 이해Enduring Understanding' '빅 아이디어Big Idea'라고도 불린다. 개념적 이해는 시간에 제한받지 않고, 여러 문화 그리고 여러 상황에 걸쳐서 적용된다. 대체로 보편적으로 적용되며, 시간에 한정되지 않고 추상적이며, 사실에 비추어 검증되고 지지되는 것이어야 한다. 개념적 이해에 해당하는 '일반화'와 '원리'는 차이가 있다. 일반화는 의미 있지만 모든 상황에서 진리가 아닌 반면, 원리는 학문의 기초를 이루는 진리에 해당한다.[22] 에릭슨의 '지식의 구조'와 위긴스와 맥타이의 '내용의 우선순위' 동심원에서 볼 수 있듯이 개념적 이해는 지식의 구조에서 상위에 위치하고, 가장 우선해야 하는 교육 내용으로서 오래 기억된다.

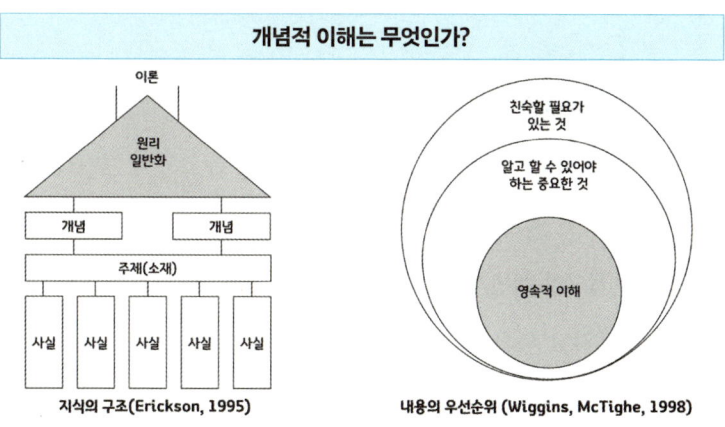

우리나라에서도 이러한 개념적 접근을 반영하여 교육과정을 개정하고 재구조화하는 작업이 이루어지고 있다. 개념이 교육 내용 선정과 조직의 주요 요소로 등장한 것은 2015 개정 교육과정이다. 2015 개정 교육과정은 학습경험의 질 개선을 위한 학습 내용 적정화를 위해 교과 교육과정의 교육 내용을 핵심 개념과 일반화된 지식으로 재구조화했다. 2022 개정 교육과정에서도 깊이 있는 학습을 통한 역량 함양을 목적으로, 각 교과의 본질과 얼개를 드러내기 위해 핵심 아이디어를 중심으로 내용 체계를 개발했다. 특히 2022 개정 교육과정은 기존의 지식과 기능에 초점을 맞춘 2차원적 사고를 넘어서서 지식, 기능과 더불어 개념과 일반화 및 원리에 대해 전이 가능한 이해를 포함하는 3차원적 사고로 전환되어야 함을 강조하고 있다. 최근 많은 관심이 집중되고 있는 IB도 개념적 접근의 교육과정을 설계 및 운영하고 있다.

개념적 이해의 필요성

단편적인 지식을 암기하고, 반복적인 기능을 습득하며, 모범적인 태도를 무비판적으로 수용하고 기르는 수업은 꽤 오래전부터 지양해 왔다. 한편 핵심적인 개념과 일반화에 대한 심층적인 이해를 토대로 삶의 맥락에 적용하고 활용할 수 있는 전이까지 이어지며, 스스로 학습의 과정을 성찰하고 주도적으로 성장할 수 있도록 지원하는 수업은 오랫동안 추구해 왔다. 왜 개념적 이해를 추구하는 수업이 최근 더 많은 주목을 받고 있을까?

첫째, 정보의 폭증 시대에 핵심 개념과 일반화에 중점을 두고 학습하는 것은 필수적이다. 우리가 살고 있는 시대는 불확실성과 변동성이 크며, 기후 변화와 4차 산업혁명이 가져온 기술 혁신으로 인해 10년 후의 세상을 예측하기조차 어렵다. 또한 인터넷, 스마트폰을 넘어 AI의 발전은 지식과 정보의 양을 기하급수적으로 증가시키고 있다. 지식과 정보가 범람하는 시대에 교육은 어떤 방향으로 나아가야 할까? 교육과정이 단편적인 지식과 정보를 습득하는 것에 초점을 맞춘다면 교사는 일방적으로 지식을 전달하는 수업을 진행하게 될 가능성이 높아진다. 이러한 수업에서 학생들은 교사가 전달하는 지식을 단순히 암기하는 데 급급하게 될 것이며, 배운 내용을 적용하거나 활용하는 전이, 창의적·비판적 사고력을 발휘하기는 더욱 어려워질 것이다.

최근 AI 분야는 전문가들도 따라잡기 힘든 속도로 발전하고 있다. 자신이 AI 관련 전문가가 되려고 한다면 AI와 관련해 매일 같이 쏟아지는 새로운 지식을 모으고 암기하는 것보다 AI의 핵심 개념과 원리를 이해하는 것이 훨씬 더 효과적인 학습 방향이다. AI에 대한 개념과 원리를 이해하면 오래 기억할 수 있고, AI에 관련된 지식과 기술을 비판적으로 수용하며 창의적으로 활용할 수 있다. 소멸적 지식이 아닌 영속적 지식에 초점을 맞춰야 하고 영속적 지식은 내가 가진 지식과 합쳐지고 상호작용하면서 시간이 흐를수록 '지식의 복리 효과'를 낸다.[23]

정보의 폭증 시대에는 인터넷과 AI라는 무한한 공간과 도구를 통해 수집된 지식을 개념과 원리에 연결하고 조정하면서 나만의 독자적인 이해를 도출하는 방향으로 학습이 이루어져야 한다. 모든 것이 변하는 시대에는 변하지 않고 오래도록 가치 있으며 고유한 것이 더욱 빛나고 귀하게 여겨진다. 시대를 초월하고 다양한 상황과 문화에 걸쳐서 적용할 수 있는 개념과 그 관계에 대한 이해와 전이를 추구하는 교육과정은 우리가 지식과 정보의 바다에서 길을 잃지 않고 나아가게 하는 북극성이 될 것이다.

둘째, 개념적 이해는 사람이 학습하는 방식에 적합하다. 1990년대 사고나 학습에 관한 뇌 연구의 발전은 교육과정, 교수법, 평가, 환경 등에 많은 영향을 미쳤다. 학습과학 연구들은 학습이 일어나는 방식을 신경 가소성neuroplasticity이라는 과정을 통해 뇌에서 구조적 변화가 일어나고, 뉴런이 학습에 반응해 형성된 신경학적 연결망이 학습자가 효과적으로 적용할 수 있게 하는 지식 구조를 형성하는 것으로 설명한다. 또한 소사의 연구에 따르면 뇌의 작업 기억 용량이 줄어드므로 더 적은 학습 내용을 학생들이 깊이 토론하고 기억할 수 있도록 해야 한다고 주장하고 있다.[24]

최근 AI 기술의 발전은 인간의 학습 방식을 모방하려는 시도가 포함되어 있다. 이러한 기술들은 뇌의 신경망이 형성하는 방식을 기반으로 알고리즘을 개발하여 AI가 빅 데이터를 통해 패턴을 만들고 지식을 도출한 후에 적용할 수 있는 능력을 빠르게 향상시키고 있다. 인간의 학습 방식을 모방한 AI 기술이 빠르게 발전하는 것은 개념적 이해를 중심으로 한 학습이 단순 암기나 기계적인 반복을 통한 습득보다 훨씬 더 효과적임을 보여 주는 한 예시이다.

학습은 단순히 지식을 집어넣고 꺼내는 것이 아닌 개념들을 서로 연결하고 패턴을 만들어 가는 과정이다. 인지심리학자들은 사람들이 새로운 지식을 접할 때 반응하는 방식을 '동화'와 '조절'로 설명해 왔다.

동화는 새로운 정보가 개인이 지닌 기존 아이디어 및 신념과 대체로 일치하고 기존 지식과 쉽게 결합하며 기존 관점을 강화할 때 일어난다. 만약 새로운 정보가 기존 아이디어와 상충한다면 학습자는 기존의 신념을 바꿔야 하는데 이를 조절이라고 한다. 인지심리학자들이 학습을 설명하는 방식은 뇌 연구를 통해 알게 된 사고와 학습의 방식과 관련 있다. 소수의 핵심 개념에 초점을 맞추고 개념 간의 연결고리를 형성할 수 있는 개념적 이해를 만들어 가는 개념적 접근은 효과적인 교수·학습 방법이다.

셋째, 전이가 가능하고 고차원적 사고력을 기르는 데 적합하다. 위긴스와 맥타이는 브랜스포드, 브라운, 코킹의 책 『How People Learn: Brain, Mind, Experience, and School』의 내용을 토대로 개념을 중심으로 깊이 있게 학습하는 것이 전이와 학습에 효과적이며 전문가들은 핵심 개념을 중심으로 사고한다고 말한다.

- 개념과 원리를 이해할 때 전이 가능성이 가장 높다 : 단순 암기보다는 개념과 원리를 이해하는 것이 새로운 상황에서의 문제 해결 능력을 높인다. 이해를 바탕으로 학습하면 지식을 다양한 상황에 적용할 수 있는 능력이 강화된다.
- 깊이 있는 학습이 중요하다 : 많은 주제를 피상적으로 다루는 것보다는 적은 주제를 깊이 있게 학습하는 것이 더 효과적이다. '넓이는 1마일, 깊이는 1인치'인 교육과정은 지식의 연결성을 방해한다.
- 전문가는 핵심 개념을 중심으로 사고한다 : 전문가들은 문제를 해결할 때 큰 아이디어나 핵심 개념을 바탕으로 사고한다. 반면, 초보자는 정답이나 공식을 찾는 데 집중한다. 이는 전문가들이 문제를 더 깊이 이해하고 창의적으로 접근할 수 있는 이유이다.

(Wiggins & McTighe, 2011: 5 재구조화)

개념적 이해란 맥락 내에서 개념들과 그 관계를 이해하는 것을 뜻하며, 단순히 사실이나 절차의 암기를 넘어선다. 이는 지식을 다양한 상황에서 유연하게 적용하여 사용할 수 있도록 하는 것이기 때문에 매우 중요하다. 학생들이 두 개 이상의 개념을 이해하고 서로 관련지어 설명할 수 있다면, 그 이해를 새로운 상황에 적용하고 활용할 수 있는 능력이 개발되는 것이다. 이해를 새로운 상황에 전이할 수 있다는 것은 두 개 이상의 개념 간의 관계인 개념적 이해이다.[25] 예를 들어 학생이 수학에서 일차 방정식 $y=mx+b$를 배울 때, 단순히 m이 기울기이고 b가 y절편임을 암기하고 문제를 기계적으로 푸는 것을 넘어, 이 방정식이 그래프상에서 직선의 위치와 기울기를 어떻게 나타내는지 이해하면, 이 지식을 물리학에서 위치, 거리, 속도, 시간 간의 관계를 설명하는 데에도 활용할 수 있다.

개념적 이해는 왜 그런 일이 일어나는지, 어떻게 일어나는지를 생각하게 함으로써 학생들이 더 깊은 사고와 탐구를 하도록 유도하며, 이를 통해 고차원적 사고력을 기를 수 있다. 고차원적 사고는 지식 전이 측면, 비판적 사고 측면, 문제 해결 측면으로 나누어 정의할 수 있다. 전이는 학습 내용을 새로운 상황에 적용하고 활용하는 것을 뜻하며, 비판적 사고는 무엇을 믿고 행해야 할지 결정하는 것이다. 마지막으로 문제 해결은 목표 달성을 위해 비자동적 전략을 구상하는 것이다.[26] 비판적 사고와 문제 해결은 전이의 틀 안에서 바라볼 수 있는 사고력이다. 고차원적 사고력을 기른다는 것은 단편적 사실이나 주제에 대한 피상적 학습이 아닌 핵심적인 개념에 대한 이해를 토대로 전이, 비판적 사고력, 문제 해결력을 기르는 것이다. 단순한 사실을 암기하고 기술을 습득하는 반복을 넘어서 사실과 정보를 토대로 개념 간의 연결을 이해했을 때 지혜롭게 판단하고 행동할 수 있으며 삶에서 마주하는 복잡한 문제를 해결할 수 있다.

세계적인 석학들과 혁신적인 비즈니스 리더들의 사고방식만 살펴봐도 개념적 이해의 중요성에 대해 더 잘 알 수 있다. 그레이엄 엘리슨의 『예정된 전쟁』은 개념적 이해가 전이, 비판적 사고, 문제 해결로 연결되는 고차원적 사고력을 기른다는 것을 보여 주는 좋은 사례이다. 이 책은 고대 역사가 투키디데스가 펠로폰네소스 전쟁에 관해 서술한 다음 문장으로 시작한다. 이 문장은 이 책을 관통하는 일반화로 볼 수 있다.

"전쟁이 필연적이었던 것은 아테네의 부상과 그에 따라 스파르타에 스며든 두려움 때문이었다."

'투키디데스의 함정'이라고 불리는 이 책의 주제는 신흥국의 부상에 대한 패권국의 두려움이 전쟁으로 이어진 열두 사례와 전쟁을 피했던 네 사례를 토대로 현재 중국과 미국의 관계를 탐구한다. 이 책은 중국과 미국의 관계가 전쟁으로 귀결되지 않고 평화롭게 해결되는 다섯 번째 사례가 되기 위한 지혜를 제시하는데, 이러한 고차원적 사고는 단순한 역사적 사실의 암기를 넘어서는 개념적 이해에서 비롯된다.

개념적 이해를 바탕으로 한 사고는 혁신적인 발상을 촉진하고 복잡한 문제를 해결하는 역할을 한다. 유발 하라리의 『사피엔스』와 일론 머스크의 '제1원칙 사고'는 이를 잘 보여 준다. 유발 하라리의 『사피엔스』는 인류의 역사를 거시적인 관점에서 재해석한 책이다. 하라리는 사피엔스가 세상을 지배하게 된 이유를 '수없이 많은 이방인과 유연하게 협동할 수 있는 유일한 동물이며, 이는 언어를 통해 신화, 국가, 인권 같은 가상의 실재를 만들고 믿을 수 있는 독특한 능력 때문이다.'라는 일반화를 근거로 서술한다. 유발 하라리의 주장에 대해 반론과 논란이 있지만 인류의 역사를 독창적으로 재해석한 그의 책은 깊은 통찰을 제공한다.

일론 머스크는 문제 해결에 '제1원칙 사고'를 사용한다. 이는 물리학에 기반을 두고 어떤 문제에 접근할 때 기존의 관습이나 통념에 얽매이지 않고 근본부터 새롭게 고민하는 사고방식이다. 예를 들어 머스크는 로켓 비용이 높다는 기존의 가정을 단순히 받아들이지 않고, 필요한 원자재의 실제 비용을 직접 계산하며 실제로 로켓 비용이 훨씬 저렴할 수 있다는 것을 입증했다. 이를 바탕으로 그는 재사용 로켓을 개발하여 식어 버린 우주 탐사에 대한 인류의 관심을 다시 불러일으켰다. 또한 제1원칙 사고는 배터리 비용을 줄이고, 자동차 제작 공정을 혁신하여 전기차를 대량으로 생산할 수 있게 만들었으며 이는 지속 가능한 에너지로의 전환을 가속화하는 데 중요한 역할을 하고 있다. 머스크의 제1원칙 사고는 불가능하다고 여겨지는 문제들에 대해 기존의 제약을 벗어나 창의적이고 혁신적인 해결책을 찾는 방법론이자 머스크가 운영하는 기업의 문화로 자리 잡았다.

넷째, 개념적 이해를 통해 학생 주도성과 교사 주도성을 발휘할 수 있다. 학생들이 사고와 탐구를 통해 개념과 일반화에 대한 이해를 내면화해야 이를 삶의 맥락과 다른 학습의 맥락에 적용하고 활용할 수 있다. 개념적 이해를 추구하는 수업에서 학생이 질문에 대해서 깊이 고민하고 탐구하는 것은 학생 주도성을 함양할 수 있는 교육을 구현하는 방법이다. 개념적 이해를 추구하는 수업은 학생 주도성을 함양하여 평생학습자로서의 역량을 기르는 데 기여할 수 있다.

개념적 이해를 추구하는 수업을 하려면 반드시 교사의 주도성이 발휘되어야 한다. 교사는 지식과 기능에 중심을 둔 2차원적 교육과정을 넘어서서 개념, 일반화 및 원리를 포함하는 3차원적 교육과정을 설계해야 하기 때문이다. 이 과정에서 교사는 주어진 성취기준과 내용 체계, 핵심 아이디어를 토대로 개념을 탐색하고 일반화를 작성해야 한다. 개념과 일반화는 학생들의 실태와 특성, 교사의 철학 등에 따라 달라지고, 이에 따라 수업의 내용과 방법도 다양하게 구성된다. 교사의 주도적인 역할은 학생들의 개념적 이해에 깊이를 더한다.

Ⅰ 깊이 있는 학습, 무엇을 가르치고 배우나

지식의 구조와 과정의 구조

깊이 있는 학습을 위해서 가르치고 배워야 할 내용은 '개념적 이해'이다. 개념적 이해와 관련된 교육과정 설계 이론에는 위긴스와 맥타이의 '이해 중심 교육과정'과 에릭슨과 래닝의 '개념 기반 교육과정'이 있다. 두 교육과정 이론 모두 교과의 교육 내용이 핵심 개념과 원리로 구성되어야 한다고 말하며, 이해에 도달한 개념과 원리를 새로운 상황에 적용하는 전이를 강조한다. 이해 중심 교육과정은 교과에 대한 심층적인 이해와 전이를 강조하며 이해를 평가하기 위해 교육과정-평가-수업의 역순 설계와 수행 과제 개발을 강조하고 있다. 개념 기반 교육과정은 이해 중심 교육과정이 깊은 이해에 도달하는 과정을 실질적으로 잘 안내하지 못하고 전이를 뒷받침할 학습 원리를 제시하지는 못하는 점에 의문을 제기한다. 깊은 이해는 사실적 지식과 기능만 학습한다고 되는 것이 아니므로 사실적 지식과 과정에 의해 뒷받침되는 개념을 통한 개념적 이해 conceptual understanding가 동반되어야 한다는 뇌 기반 학습 원리를 바탕으로 지식을 범주화해서 습득해야 하다고 보는 것이다.[27]

개념 기반 교육과정은 이해 중심 교육과정보다 주제 및 사실, 과정과 개념적 이해에 대한 관계를 더 구체적으로 드러내고 있다. 에릭슨의 지식의 구조를 살펴보면 개념 간의 관계를 이해하기 위해 사실적 지식이나 예시들을 상향식으로 추상화함으로써 개념적 이해가 구축된다는 것을 보여 준다.[28] 여기서 유의해야 할 것은 사실적 지식을 가르치는 것을 경시하거나 개념적 이해를 가르치는 것과 이분해서는 안 된다는 것이다. 개념 기반 교육과정은 고차원적 사고력을 기르고 학습 동기를 유발하기 위해서 저차원적 사고(사실, 주제, 과정)와 고차원적 사고(개념적 이해: 개념, 일반화, 원리, 이론)의 상호작용을 강조한다.[29] 이는 사실적 지식에만 초점을 맞추는 수업이 교수·학습 방법에 관계없이 저차원적 사고에 머무를 수 있음을 뜻한다. 또한 학생들이 사실적 지식에 대한 사고와 탐구를 통해 개념적 이해에 도달하고, 개념적 이해를 또 다른 사실적 지식을 통해 확장하여 깊이를 더하도록 수업을 설계해야 한다는 것을 시사한다. 지식의 구조에서 볼 수 있는 저차원적 사고와 고차원적 사고의 상호작용은 과정의 구조에서도 동일하게 적용된다.

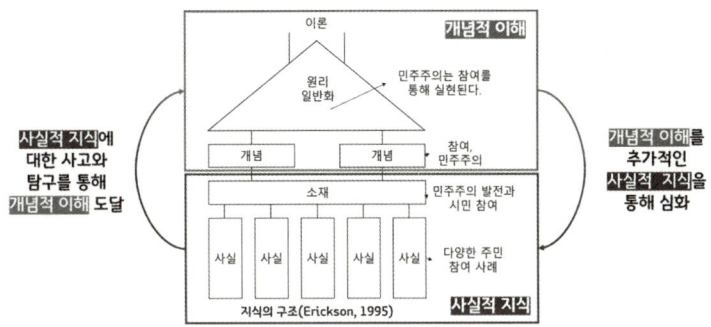

예를 들어 '민주주의는 참여를 통해 실현된다.'는 일반화를 이해시키기 위해서는 민주주의에서 주민 참여와 관련된 다양한 사례를 탐구

하여 학생들 스스로가 민주주의와 참여의 관계를 도출하도록 한다. 또한 학생들이 형성한 일반화에 대한 이해를 님비NIMBY와 핌피PIMFT 사례를 통해 바람직한 주민 참여 태도에 대해 고민하고, 이를 바탕으로 일반화에 대한 이해를 심화할 수 있다. 학생들의 개념적 이해를 확인하기 위한 평가 과제로 교사는 다음과 같은 서·논술형 평가 과제를 제시할 수 있다.

> 민주주의는 참여와 어떤 관계가 있다고 생각하는지 수업 시간에 조사했던 2가지 이상의 주민 참여 사례를 들어 이에 대한 생각을 논술하시오.

개념적 접근을 추구하는 IB에서도 저차원적 사고와 고차원적 사고의 상호작용을 통해 학생들의 이해를 드러낼 수 있는 수업과 평가를 실시하는 것으로 알려져 있다. 다음은 IB 디플로마 프로그램의 2014년 기출문제 국어(모국어) 시험 예시이다. '작품 속에 제시되는 대화가 등장인물의 특성을 묘사한다.'는 일반화를 학생들이 학습했던 작품을 토대로 서술하도록 요구하고 있다.

> 지금까지 공부한 작품 중 두 작품을 골라 작품 속에 제시되는 대화가 등장인물의 특성을 묘사하는 데에 어떻게 효과적으로 사용되는지 비교하고 대조하시오.

(이혜정, 이범, 김진우, 박하식, 송재범, 하화주, 홍영일. 2019: 99)

지식의 구조와 과정의 구조에 대해서 더 살펴보자. 지식의 구조는 우리가 가르치는 소재와 사실들, 소재와 사실을 바탕으로 도출되는 개념, 두 개 이상의 개념이 결합하여 형성되는 일반화와 원리로 구성된다. 사실은 인물, 장소, 상황 혹은 물건의 구체적인 예로 시간, 장소, 상황에 한정적이다. 소재는 구체적인 인물, 장소, 상황 혹은 물건들을 다루는 사실을 관련짓는다. 사실과 소재는 전이되지 않는다는 것이 공통적인 특징이다. 개념은 소재로부터 도출된 구성체로 추상적이고 보편적인 한두 단어 혹은 짧은 구다. 일반화는 두 개 이상의 개념 간의 관계를 하나의 문장으로 진술한 것이다. 개념과 일반화는 시간, 장소에 제한받지 않고 보편적·추상적이며 전이가 된다. 원리는 학문의 기초를 이루는 진리로 간주된다. 원리 또한 영속적인 혹은 핵심적인 이해 또는 빅 아이디어로 불린다. 이론은 현상이나 실천 양상을 설명하기 위해 사용되는 개념적인 아이디어의 집합 혹은 가정이다.

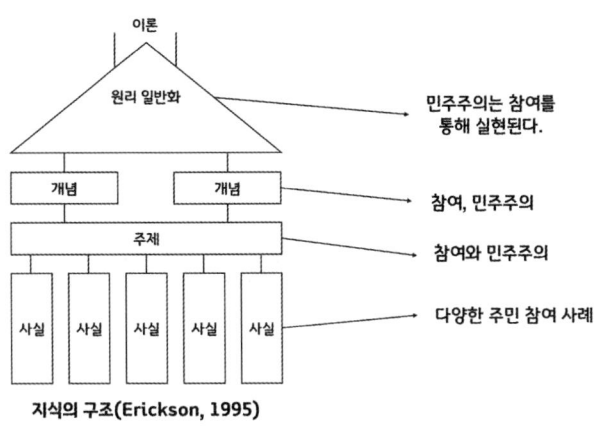

지식의 구조(Erickson, 1995)

과정의 구조는 학생들이 무엇을 수행하는지에 그치지 않고, 그 수행을 왜 하는지 이해할 수 있게 만든다. 기능 교과의 경우 지식을 다루지 않는다고 생각하는 경우가 많은데 기능 교과는 지식을 다루지 않는 것이 아니라 주로 절차적 지식을 다룬다고 볼 수 있다.[30] 과정의 구조는 기능, 전략, 개념, 일반화, 원리의 관계를 보여 준다. 개념 수준에 도달하면 학생들은 그것을 '하는 것'으로부터 왜 그것을 하는지 '이해' 하게 된다. 과정은 전략과 기능을 포함하기 때문에 가장 광범위하면서 복잡하고, 그다음이 전략이고 마지막이 기능이다. 개념은 과정, 전략, 기능 중 어느 것에서도 추출될 수 있다. 과정은 글쓰기 과정, 문제 해결 과정과 같이 결과를 만드는 행위이고 연속적이며 단계를 거쳐 진행된다. 다양한 단계를 거치면 결과는 원래 계획하거나 기대한 것과 다른 모습으로 나타날 수 있다. 전략은 학습자가 자신의 학습 수행을 향상시키기 위해서 의식적으로 적용하고 점검하는 체계적인 계획으로, 여러 기능이 들어 있어 복잡하다. 기능은 전략에 내재된 가장 작은 행동이나 조작들로 적절하게 적용하면 전략을 작동시킬 수 있다.

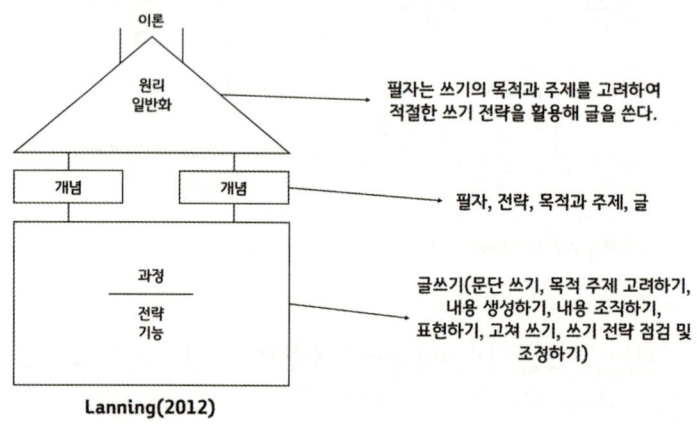

과정의 구조도 지식의 구조와 마찬가지로 개념과 일반화로 추상화되며, 학습자가 지식의 구조 속 구체적인 사실들을 습득하는 것과 마찬가지로 과정의 구조 속 여러 전략과 기능이라는 절차적 지식을 수행하며 경험한다. 과정의 구조를 통해 개념적 이해를 추구하는 교육과정은 수학, 사회, 과학처럼 내용 지식이 많은 교과뿐만 아니라 국어, 음악, 미술, 체육과 같이 수행해야 할 과정, 전략, 기능 위주의 교과에도 적용된다는 것을 알 수 있다.

개념과 일반화를 어떻게 도출할 것인가

깊이 있는 학습은 '학생의 사고와 탐구를 기반으로 사실 및 기능과 개념 및 일반화의 상호작용을 통해 전이 가능한 개념적 이해에 도달하는 수업'을 통해 가능하다. 성취기준과 우수한 교수·학습 자료인 교과서는 주제 및 사실, 과정(전략, 기능 포함)에 머물러 있는 경우가 많다. 깊이 있는 학습을 위해서는 사실, 기능과 더불어 개념적 이해에 해당하는 개념과 일반화를 도출할 수 있어야 한다. 교육 내용 적정화를 위한 교육과정 개정에도 불구하고 여전히 교사들이 가르쳐야 할 다양한 교과와 수많은 성취기준을 고려했을 때 모든 수업을 개념적으로 접근하는 데에는 현실적으로 한계가 있다. 따라서 모든 교과, 단원, 성취기준에 대해 개념적 접근을 시도하기보다는 교사가 개념적 이해를 추구하고 싶은 학습 내용을 중심으로 시작해 보고, 관련된 역량과 경험을 충분히 쌓아 점진적으로 확대해 나가는 것이 좋다.

그렇다면 어떻게 개념과 일반화를 도출할 수 있을까? 이를 위해 교사는 국가 교육과정의 성취기준과 내용 체계를 활용할 수 있다. 2015 개정 교육과정 내용 체계에서는 핵심 개념과 일반화된 지식을 중심으로 내용 요소와 기능을 제시하고 있고, 2022 개정 교육과정은 내용 체계를 핵심 아이디어를 중심으로 지식·이해, 과정·기능, 가치·태도로 구조화했다.

영역	핵심 개념	일반화된 지식	내용 요소			기능
			초등학교		중학교	
			3~4학년	5~6학년	1~3학년	
사회·문화	연구 방법	사회·문화 현상에 대한 정확하고 올바른 탐구를 위해 다양한 관점과 연구 방법이 활용된다.		자료 수집, 자료 분석, 자료 활용		조사하기 비교하기 존중하기 분석하기 비평하기 참여하기
	개인과 사회	개인은 사회를 통해서 성장하며 사회는 개인의 역할 수행을 통해 유지, 존속된다.	가족 구성원의 역할 변화		사회화, 사회적 지위와 역할, 역할 갈등, 사회집단	
	문화	생활양식으로서의 문화를 이해하고 향유하기 위해서는 다양한 모습에 나타나는 문화 다양성 및 변동 양상에 대한 올바른 인식이 중요하다.	문화, 편견과 차별, 타문화 존중		문화, 문화의 이해 태도, 대중매체, 대중문화	
	사회 계층과 불평등	다양한 양상으로 나타나는 사회 불평등과 관련 문제를 해결하기 위해 개인과 사회 차원의 노력이 필요하다.		신분 제도, 평등 사회	차별, 갈등, 사회문제	
	현대의 사회 변동	사회 변동 양상에 대한 정확한 이해와 대응을 통해 지속가능한 사회가 실현된다.	가족 형태의 변화, 사회 변화, 일상생활의 변화	지속가능한 미래	사회 변동, 현대사회의 변동, 한국 사회의 변동	

범주			내용 요소		
핵심 아이디어			·인간은 사회 속에서 성장하면서 사회적 지위를 가지고 역할을 수행하며, 다양한 갈등과 차별을 인식한다. ·우리는 일상생활에서 여러 문화를 접하고 있으며, 이로 인해 다양한 문화를 이해하고 존중하는 태도가 필요하다. ·우리 사회는 급격한 사회 변동과 다양한 사회문제를 경험하고 있으며, 이에 대응하기 위해서는 시민의 역할이 중요하다.			
			초등학교		중학교
			3~4학년	5~6학년	1~3학년
지식·이해	사회생활		-	-	·사회화의 의미와 자아 정체성 ·사회적 지위와 역할, 역할 갈등 ·사회적 갈등과 차별
	문화 이해		·다양한 문화의 확산 효과와 문제 ·문화 다양성	-	·문화의 사례, 의미와 특징 ·미디어와 문화 ·다양한 문화와 문화 이해 태도
	사회 변동		·사회 변화의 양상과 특징 ·생활 모습의 변화	·지구촌의 문제 ·지속가능한 미래	·사회 변동과 우리 생활 ·오늘날의 사회문제 ·국내외의 대응과 시민의 역할
과정·기능			·다양한 문화의 사례 조사하기 ·문화 다양성으로 인한 문제를 해결하기 ·사회 변화의 양상과 특징을 조사하기		·사회 및 문화 현상 탐구 및 자료 수집 방법 파악하기 ·사회 및 문화 현상의 탐구에 필요한 자료 수집하기 ·자료 및 정보의 타당성과 신뢰성 검토하기 ·자료 및 정보를 분석하여 결론 도출하기 ·다양한 관점과 이론을 비판적으로 평가하기 ·사회 및 문화 현상 개선을 위한 합리적인 대안 마련하기
가치·태도			·문화 다양성을 존중하는 태도 ·상대주의 관점에서 문화를 이해하는 태도 ·사회 변화에 주체적으로 대응하는 태도		·사회 및 문화 현상에 대한 자신과 타인의 관점 파악과 존중 ·인류 보편적 가치와 우리 사회의 기본 가치에 대한 존중 ·자신과 다른 입장을 가진 타인과 소통하고 협력하는 자세 ·논쟁 문제 해결을 위한 민주적인 절차에 대한 존중 ·다른 문화의 가치에 대한 존중과 문화 다양성 보존을 위한 노력 ·사회적 소수자에 대한 공감과 배려

<위: 2015 교육과정 내용 체계, 아래: 2022 개정 교육과정 내용 체계>

깊이 있는 학습의 토대는 '핵심 아이디어'에 있다. 핵심 아이디어는 영역을 아우르면서 해당 영역의 학습을 통해 일반화할 수 있는 내용을 핵심적으로 진술한 것이다. 핵심 아이디어를 통해 해당 영역 학습의 초점을 맞출 수 있으며 깊이 있는 학습의 토대를 마련할 수 있다. 2022 개정 교육과정에서는 교육과정 설계 및 실행의 초점을 핵심 아이디어와 성취기준 모두에 주목한다. 따라서 핵심 아이디어에 대한 바른 이해가 필요하다. 2022 개정 교육과정 해설서에서는 핵심 아이디어에 대해 다음과 같이 서술한다.

- 핵심 아이디어는 교과 기저의 근본(fundamental, core, big)이며, 학습의 토대가 되는 개념들을 의미한다. 이는 영역별로 학습에 대한 초점을 부여함으로써 깊이 있는 학습의 토대를 마련하며, 영역을 구성하는 학습 내용의 세 차원(지식·이해, 과정·기능, 가치·태도)의 기준이 된다.
- 핵심 아이디어는 교과 학습을 통해서 궁극적으로 내면화, 자기맥락화해야 할 아이디어로서, 추상적이고 광범위한 수준에서 표현된다. 따라서 학습자가 그 의미나 가치를 분명히 이해하기 위해서는 깊이 있는 학습이 요구된다.
- 각 교과의 핵심 아이디어는 학교급 전체를 관통하는 핵심적인 학습 내용으로서, 서로 다른 학교급에서 같은 수준으로 반복되는 것이 아니라 학생의 발달 단계에 따라 체계적으로 제공되어야 한다. 동일한 핵심 아이디어라고 할지라도 학년이 거듭될수록 그 내용의 폭이 넓어지고 이해 수준이 깊어지게 된다. 이렇게 축적되는 경험을 통해 학생은 교과 내 지식을 충분히 이해하고, 교과 역량을 갖출 수 있게 한다.

(교육부, 2022:49)

핵심 아이디어의 서술은 개념 기반 교육과정의 개념적 렌즈, 일반화 및 원리와도 연결되고 이해 중심 교육과정의 빅 아이디어, 영속적 이해와도 연결된다. 결국 핵심 아이디어가 개념적 이해를 위한 기반이자 도구로서 작동된다는 것을 알 수 있다.

> - 개념적 렌즈(Erickson, Lanning, & French, 2017/2019: 33) : 새로운 지식을 거는 데 필요한 옷걸이(고차원적 개념)이다. 어떤 아이디어나 개념(일반적으로 큰 개념)으로서 학습에 초점을 제시하고 깊이를 더한다. 개념적 렌즈를 통해 이해의 전이가 촉진되고 시너지를 내는 사고가 일어난다.
> - 빅 아이디어(강현석, 이지은, 유제순, 2021: 87-89) : 교육과정, 수업, 평가의 초점으로 제공되어야 하는 핵심 개념, 원리, 이론을 뜻한다. 빅 아이디어의 네 가지 역할은 다음과 같다.
>   - 내용의 우선순위를 결정하는 '개념 렌즈'를 제공
>   - 중요한 사실, 기능과 행동을 연결하는 조직자의 역할
>   - 전이 가능한 아이디어를 구체화하며 다른 맥락으로 전이
>   - 심층적 학습이 가능하도록 함.
> - 영속적 이해(강현석, 이지은, 유제순, 2021: 89) : 빅 아이디어에 기초한 것으로 학문의 핵심이며, 새로운 상황에 전이 가능한 것으로 교사가 학생에게 보다 명확하게 제시하기 위해 일반화된 문장으로 진술하도록 한다.

2022 개정 교육과정 내용 체계에서는 핵심 아이디어가 여러 학년에 걸쳐서 통합적으로 제시되고 있다. 따라서 핵심 아이디어 자체를 일반화 및 원리(영속적 이해)로 활용하는 것은 무리이다. 또한 핵심 아이디어가 각 교과의 영역별로 제시되어 있어 교과 간 연계는 물론 교과 내 연계를 위해서는 별도의 개념 및 일반화 도출이 필요하다. 교사는 핵심 아이디어를 수업의 초점을 마련해 주는 관점으로 바라보고, 내용 체계, 성취기준을 함께 살펴보면서 해당 학년 교육과정에서 학생들이 이해하기를 바라는 개념을 탐색하고 일반화를 도출해야 한다. 이에 대한 구체적인 방법의 사례는 뒤의 Chapter3에서 다루겠다.

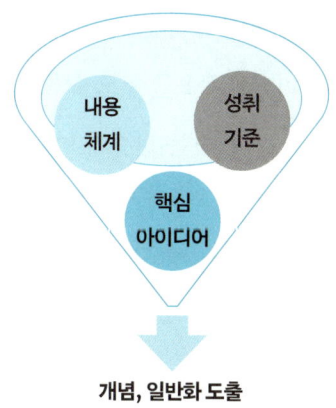

개념, 일반화 도출

깊이 있는 학습, 어떻게 가르치고 배우나

깊이 있는 학습과 관련된 교육과정 이론

  깊이 있는 학습은 '무엇을 가르치고 배울 것인가?'라는 질문에 대한 답으로 개념적 이해에 주목하고 있다. 그렇다면 '어떻게 가르치고 배울 것인가?'라는 질문에 대한 답도 어렵지 않게 찾을 수 있다. 2022 개정 교육과정의 교수·학습은 깊이 있는 학습을 통한 역량 함양을 추구한다. 2022 개정 교육과정에서 추구하는 역량은 전이 능력을 말하는데 전이는 학습한 것을 일반화한 형태로 전환하여 특정한 맥락이나 상황에서 적용하고 활용하는 높은 수준의 사고이자 문제 해결 능력이다.[31] 즉 깊이 있는 학습을 통해 역량을 함양하려면 전이 가능한 개념적 이해에 도달할 수 있도록 가르치고 배워야 한다는 뜻이다.

  개념적 이해와 전이를 추구하는 교육과정 이론인 이해 중심 교육과정과 개념 기반 교육과정이 추구하는 수업의 방향에 대해 살펴보자. 이해 중심 교육과정은 이해에 목표를 두고 교육과정을 설계한다. 이해 중심 교육과정에서 말하는 '이해'는 단순히 아는 것과 구별된다. 이해란 학생들이 스스로 탐구하고 추론을 통해 의미를 터득하는 것이며, 이는 실제적인 상황에 적용하는 전이를 통해 드러난다. 이해 중심 교육과정의 별칭인 '백워드 설계Backward Design' 2.0 버전 템플릿을 살펴보면 이해 중심 교육과정은 핵심 지식과 기능에 대한 습득을 기반으로 핵심 질문을 활용해 이해에 도달하고 이를 토대로 전이까지 나아가는 것을 추구한다는 것을 알 수 있다.

1단계-원하는 결과		
목표 설정하기	전이	
이 단원은 어떤 내용 기준과 프로그램 혹은 과제 관련 목표를 다룰 것인가? 이 단원은 어떤 마음 습관과 교차 학문 목표(예: 21세기 기술, 핵심역량)를 다룰 것인가?	학생들이 학습한 것을 독립적으로 ~하는 데 사용할 것이다. 어떤 유형의 장기적·독립적 성취가 바람직한가?	
	의미	
	이해 학생들은 ~를 이해할 것이다. 학생들이 이해하기를 바라는 것은 구체적으로 무엇인가? 학생들은 어떤 추론을 만들어야 하는가?	핵심 질문 학생들은 ~을 숙고할 것이다. 어떤 사고 형성 질문이 탐구, 의미 형성, 전이를 촉진할 것인가?
	습득	
	학생들은 ~을 알게 될 것이다. 학생들은 어떤 사실과 기본 개념을 알고 기억할 수 있어야 하는가?	학생들은 ~에 능숙해질 것이다. 학생들은 어떤 기능과 절차를 활용할 수 있어야 하는가?

(Wiggins & McTighe, 2011: 16)

백워드 설계는 목표를 확인하고 목표에 얼마나 도달했는지를 확인하기 위한 평가를 계획하며 마지막에 수업 내용과 방법을 계획한다. 수업 이전에 평가를 설계하는 것은 교육과정-수업-평가의 일관성을 강화한다. 평가를 설계할 때에도 학생들이 삶의 맥락 또는 다른 학습의 맥락에서 이해를 적용하고 활용할 수 있는 전이를 확인하기 위한 수행 과제를 설계한다.

개념 기반 교육과정의 수업은 지식의 구조와 과정의 구조에서도 명확히 드러나듯 사실과 기능을 기초로 학생들이 개념적 이해에 이르고, 개념적으로 이해한 것을 다른 맥락에서 적용하는 전이를 추구한다. 특히 사실과 기능을 기초로 형성한 개념을 통해 개념 간의 관계인 일반화를 도출할 때 귀납적 접근을 강조한다. 교육이 늘 기대하는 바는 학생들이 수업에 높은 동기를 가지고 적극적으로 참여하는 것, 학습에 책임감을 가지고 스스로 이끌어 가면서 전이할 수 있는 이해에 도달하고 사고력을 기르는 것이다. 학생들에게 사고와 탐구의 기회를 제공하여 학생들이 자신만의 이해를 만들고 삶에 배운 것을 적용·활용하는 역량을 기르는 수업은 많은 교사가 그리는 수업의 이상향이다. 이를 위해서는 학생들이 스스로 개념적 이해를 만들어 갈 수 있도록 지원하는 것이 중요하다.

교사와 학생 모두가 적극적인 질문을 사용하는 탐구 기반 학습과 전이 가능한 이해를 추구하는 개념 기반 학습을 통합한 '개념 기반 탐구 학습'은 7단계의 개념 기반 탐구 사이클을 제공한다. 이 사이클은 지식의 구조 및 과정의 구조에서 제시된 저차원적 사고(주제, 사실, 과정)와 고차원적 사고(개념, 일반화, 원리)를 상하로 오가며 전이 가능한 이해를 촉진하는 전략을 담고 있다. 개념 기반 교육과정은 개념적 이해를 추구하는 이유와 교육과정을 설계하는 방법에 대해 잘 설명하고 있지만, 구체적인 수업 방법에 대해서 명확히 제시하지 않는다. 반면, 개념 기반 탐구 학습은 학생의 사고와 탐구를 통해 개념적 이해에 도달하는 수업을 어떻게 실행할 수 있는지 구체적인 단계와 전략을 잘 소개하고 있다.

탐구 단계	목적
관계 맺기 (Engage)	• 사전 지식 활성화하고 이미 알고 있는 것과 연결하면서 동기부여하기 • 초기 질문 모으기
집중하기 (Focus)	• 개념 형성 전략을 사용하여 단원의 개념적 렌즈나 주도적인 개념 이해 발전 • 개념과 예시를 연결하여 학생들이 계발하기를 원하는 일반화와 잘 연결되어 정렬될 수 있도록 하기
조사하기 (Investigate)	• 개념적 렌즈와 주요 개념을 이해한 후 사례 연구를 통해 개념에 대한 이해 확장 및 학습 기능 개발 • 일반화를 정당화하고 진술할 수 있는 준비
조직 및 정리하기 (Organize)	• 배운 것들 속에 존재하는 패턴을 살펴보면서 사실적·개념적 수준에서 사고를 정리하는 기회 제공 • 조사한 데이터를 정리하고, 습득한 개념을 설명하여 생각을 통합
일반화하기 (Generalize)	• 패턴을 발견하고, 개념들 사이의 관계를 식별해 일반화 도출 • 사실과 기능을 바탕으로 개념적 이해를 설명
전이하기 (Transfer)	• 사실을 활용해 일반화 테스트 및 정당화 • 일반화를 전이하고 활용 - 새로운 사건과 상황 이해 - 예측 및 가설을 형성하는 데 활용 - 새로운 생각, 상품 또는 프로젝트를 창조

성찰하기 (Reflect)	• 각 단계에 모두 포함 • 학생이 학습의 주체라는 인식 부여 • 학생이 자신의 학습 과정을 계획하고 통제 • 메타인지적 사고를 통해 학습된 지식, 기능, 이해가 각자의 생각과 태도를 어떻게 변화시키는지 분석

(Marschall & French, 2018/2021: 43-50 요약)

개념 기반 탐구 사이클은 크게 '개념 형성, 일반화, 전이'라는 학습 계단을 오르는 과정으로 볼 수 있다. 관계 맺기와 집중하기 단계에서는 사실과 기능을 바탕으로 주요 개념을 형성하고, 조사하기와 조직 및 정리하기에서는 다시 개념과 관련된 사실을 재검토하면서 개념을 강화하고, 개념 간의 연결을 통해 개념적 사고를 통합할 수 있는 기반을 마련한다. 일반화 단계에서는 패턴을 발견하고 개념들 사이의 관계를 식별해 일반화를 도출한다. 도출한 일반화를 사실과 기능을 증거로 설명하게 하는 것은 저차원적 사고와 고차원적 사고의 시너지를 만든다. 전이하기 단계에서는 일반화를 새로운 상황에 적용하고 활용하면서 일반화를 정당화하고 심화한다. 탐구 사이클 전반에서 강조되는 성찰은 학습자의 메타인지 발휘를 촉진한다. 학생들은 학습을 계획하고, 모니터링하고, 평가하는 과정을 거치며 자신의 학습을 개선하는 경험을 통해 학생 주도성을 기르고 발휘할 수 있게 된다.

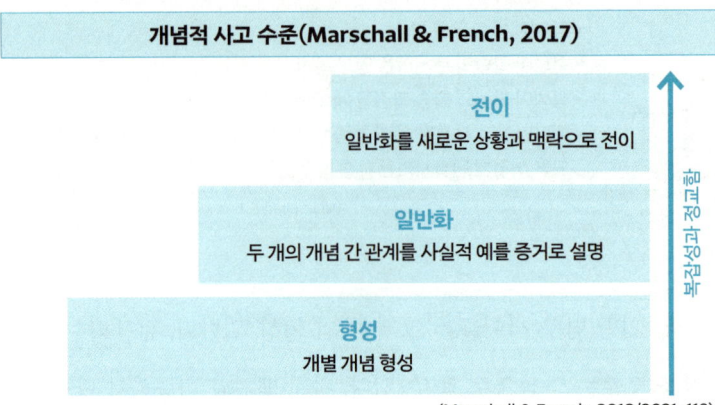

(Marschall & French, 2018/2021: 119)

그렇다면 탐구 과정에서 학생과 교사의 역할은 어떻게 설정되어야 할까? 다음의 교수 연속체에서 최근 주목받는 학생 주도성을 고려하면 학생 중심의 개방형 탐구로 나아가는 것이 가장 효과적이면서 추구해야 할 접근 방식으로 보인다.

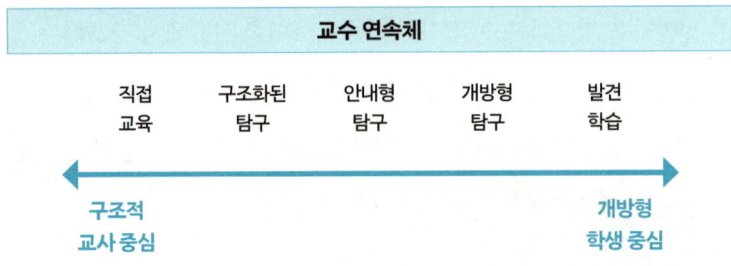

(Marschall & French, 2018/2021: 22)

그러나 학생 중심의 개방형 탐구가 이상적이라고 하여 이를 맹목적으로 적용한다면 오히려 '학생들의 개념적 이해'라는 중요한 목표와 더 멀어질 수 있다. 예를 들어, 학생들이 탐구 학습에 익숙하고 탐구와 관련된 역량이 충분히 갖추진 경우 학생들이 주도적으로 학습의 과정을 이끌고, 자신의 질문을 탐구하며, 자율적으로 문제를 해결하는 학습 방식을 추구할 수 있다. 하지만 탐구 학습에 익숙하지 않거나 역량이 갖춰지지 않은 경우 교사는 학생들에게 더 많은 지침을 제공하고, 탐구에 활용할 수 있는 자료를 제시하며, 학습 과정을 단계별로 안내해야 한다. 또한 학생들의 역량은 고정된 것이 아니기 때문에 수업 및 탐구 상황에 따라 교사가 유연하게 적용해야 하며, 수업 과정 중에 다양한 접근을 넘나들 수 있어야 한다. 어떤 접근 방식이든 가르침의 형태와 역할이 달라질 뿐 학생의 배움을 위한 교사의 존재는 늘 중요하다.

교육에 있어 가장 효과적인 접근 방식이 있다는 생각은 위험하다. 개념 기반 탐구 학습에서 귀납적 접근이 중심이 된다고 해서 맹목적으로 귀납적 접근만을 적용하면 안 된다. 학생들이 주체적으로 사실과 기능을 탐색하고 패턴을 찾아 자신의 일반화를 구성하고 표현하기 위해서 귀납적 접근이 강조되는 것은 타당하다. 하지만 학생들이 형성한 일반화를 검증하고 확장하기 위해서는 새로운 사실을 활용하는 연역적 접근이 필요하다. 또한 일반화 전 단계인 개념 형성 단계에서는 개념에 따라 귀납적 접근과 연역적 접근 모두 활용할 수 있다. '사랑'이라는 추상적이고 사람에 따라 다양하게 정의가 존재할 수 있는 개념의 경우 귀납적 접근이 적절하다. 반면 개념이 명확하게 정의되며 다양한 예시와 비예시가 있는 경우에는 개념의 정의를 제시하고 개념에 해당하는 예시와 비예시를 탐색하고 구분하는 연역적 접근이 효율적이다.[32] 학생들이 자신만의 지식과 과정의 구조를 만들어 갈 수 있도록 교사가 수업 과정, 학생의 배움과 성장을 모니터링하면서 귀납적 접근과 연역적 접근을 적절하게 활용해야 한다. 중요한 것은 학생들이 자신만의 강력한 개념적 이해를 구축해 가도록 교사가 지원해야 한다는 것이다.

전이 가능한 이해를 촉진하는 질문

개념 기반 교육과정은 이해 중심 교육과정과 마찬가지로 개념적 이해와 전이를 위한 '질문'의 역할을 강조한다. 교사가 학생들에게 무엇을 이해해야 하는지 직접 설명하는 것보다 질문을 제시하는 것, 더 나아가 학생들이 단원과 관련된 질문을 탐색하도록 하는 것이 학습에 대한 흥미와 관심을 불러일으키고 의미 있는 사고와 탐구를 촉진시킨다. 개념적 이해와 전이가 가능한 교육을 위해서는 사고와 탐구를 촉진하는 교육과정 설계와 방법이 필요하다. 이를 위한 가장 생산적인 방법은 각 단원마다 몇 가지 핵심 질문을 기반으로 하는 것이다. 맥타이와 위긴스는 학생의 사고와 탐구를 활성화시키고 이해와 전이를 촉진시킬 수 있는 '핵심 질문 개발'을 학습의 핵심 목표를 세우는 데 포함시켜야 한다고 했다. 좋은 핵심 질문은 다음과 같은 특징을 지닌다.

- 개방형 질문 : 하나의 최종적인 정답이 없음.
- 사고를 촉발하고 지적으로 몰입하게 하는 질문 : 종종 토론과 논쟁 유발
- 고차원적인 사고(분석, 추론, 평가, 예측)를 요구하는 질문
- 한 과목 안에서(혹은 하나의 과목을 초월해) 중요하고 전이 가능성이 있는 아이디어를 향해 있는 질문
- 부가적인 질문을 제기하고 추가적인 탐구 활동을 촉발하는 질문
- 단지 답만이 아니라 정당한 근거와 이유를 요구하는 질문
- 시간이 지나면서 되풀이되는 질문

(McTighe & Wiggins, 2013/2016: 26)

핵심 질문은 '총체적 핵심 질문, 한정적 핵심 질문, 초인지적이고 성찰적인 핵심 질문'으로 나눌 수 있다. 총체적 핵심 질문과 한정적 핵심 질문은 핵심 질문을 크기와 범위에 따라 구분한 것이다. 초인지적이고 성찰적인 핵심 질문은 학생의 자기주도적 학습 역량을 길러 주기 위해 꼭 필요한 질문이다. 핵심 질문의 종류, 특징, 예시를 정리하면 다음과 같다.

구분	특징	예시
총체적 핵심 질문	특정 단원의 주제나 기능, 심지어 교과 과정의 경계를 뛰어넘어 보다 보편적이고 전이 가능한 이해를 가능하게 함.	구조와 기능은 어떻게 연관되는가? 무엇이 체계를 만드는가?
한정적 핵심 질문	특정 단원의 주제 및 기능과 관련하여 특별한 이해를 이끌어 내는 질문	다양한 곤충의 구조는 그들의 생존에 어떤 영향을 미치는가? 우리의 다양한 신체 체계는 어떻게 상호작용하는가?

초인지적이고 성찰적인 핵심 질문	• 학교 안팎으로 효과적인 학습과 성과를 위해 필수적으로 생각이 깊고 자기 성찰적인 개인에게서 확인됨. • 전 학년을 아우를 뿐 아니라 학교가 아닌 곳에서도 평생에 걸쳐 제기되고 고려될 수 있음.	• 나는 무엇을 알고 있고 무엇을 더 알아야 하는가? • 내가 배운 것은 무엇인가? • 어떻게 나의 학습 성과를 향상시킬 수 있는가? • 다음에는 무엇을 다르게 해야 하는가?

(McTighe & Wiggins, 2013/2016: 35-38: 재구조화)

개념 기반 교육과정에서도 학생들이 도출하기를 기대하는 일반화를 작성한 이후에 안내 질문을 만드는 단원 설계 흐름을 제시한다. 안내 질문은 학생들의 사고를 촉진하여 일반화로 향하게 한다. 안내 질문의 종류는 '사실적 질문, 개념적 질문, 논쟁 가능한 질문'이 있다. 학생들이 저차원적 수준의 학습과 개념적 수준의 학습에 적절히 참여할 수 있도록 사실적 질문과 개념적 질문의 균형을 유지하고, 논쟁 가능한 질문을 포함하여 학생들의 흥미를 높이고 도전적인 사고를 하는 데 동기를 부여해야 한다. 개념적 질문은 개념 간의 관계, 영향, 효과, 상호작용에 대해 묻는 것이어야 한다.

2022 개정 교육과정의 깊이 있는 학습을 위한 교수·학습 방향

2022 개정 교육과정에서는 깊이 있는 학습을 통한 핵심역량 함양을 위해 다섯 가지를 제시하고 있다. 첫째, 각 교과목의 핵심 아이디어를 중심으로 지식·이해, 과정·기능, 가치·태도의 내용 요소를 유기적으

로 연계하여 학생의 발달 단계에 따라 학습경험의 폭과 깊이를 확장할 수 있도록 수업을 설계해야 한다. 둘째, 교과 내 영역 간, 교과 간 내용 연계 수업을 통해 학생들의 통합적 사고와 창의적 문제 해결 능력을 함양할 수 있도록 해야 한다. 셋째, 학습 내용을 실생활 맥락 속에서 이해하고 적용할 수 있는 기회를 제공하여 학습에게 학생의 삶에 의미 있는 경험이 되도록 해야 한다. 넷째, 학생에게 여러 교과의 고유한 탐구 방법을 익히고 학습 과정의 전반에서 자신의 학습 과정과 전략을 점검하고 개선하는 기회를 제공해야 한다. 다섯째, 깊이 있는 학습의 기반이 되는 언어·수리·디지털 기초소양을 함양해야 한다.

 2022 개정 교육과정은 깊이 있는 학습과 함께 능동적 수업 참여와 학습의 즐거움 경험을 강조한다. 능동적 참여란 나와 세상에 대한 개념적 이해를 형성하는 과정에 적극적이고 주도적으로 참여하는 것을 뜻한다. 학습의 즐거움은 단순한 흥미나 동기부여가 아니라 탐구 질문을 통해 학습 내용에 관심을 갖고, 스스로 문제를 해결하는 경험을 바탕으로 생겨나는 것이다. 탐구 질문은 학생들의 호기심을 자극하고, 의미 있는 탐구와 비판적 사고로 이끈다.

 종합하면 깊이 있는 학습은 탐구 질문에 기반한 학생의 능동적 참여를 통해 저차원적 사고와 고차원적 사고의 상호작용 속에서 개념적 이해에 도달하고 이를 새로운 상황에 적용하는 것을 추구한다.

 깊이 있는 학습은 단편적 사실과 지식을 단순 암기하거나 기능을 단순히 익히는 수업, 흥미와 재미 위주의 활동 중심 수업을 지양하고,

사실과 지식을 바탕으로 개념과 개념 간의 관계인 일반화에 대한 이해와 전이를 추구한다. 예를 들어 환경 수업에서 기후 위기 문제와 해결 방안을 암기하거나 단순히 환경 관련 체험활동에 참여하는 것은 깊이 있는 학습이 추구하는 방향이 아니다. 가령 '인간과 자연은 어떤 관계가 있을까?'에 대한 질문을 다양한 사례를 토대로 탐구하면서 인간과 자연에 대한 일반화를 만들어 가며 이를 활용해 삶에서 환경과 관련된 쟁점을 해결하는 식의 전이까지 나아가는 것이 깊이 있는 학습의 추구 방향이다.

CHAPTER 2

깊이 있는 학습을 위한 평가

▎무엇을 평가할 것인가

깊이 있는 학습과 관련하여 앞서 논의한 바를 요약하여 정리하면 다음과 같다.

- 무엇을 가르치고 배울 것인가? : 전이 가능한 개념적 이해
- 어떻게 가르치고 배울 것인가? : 질문에 기반한 학생의 능동적 참여를 통해 저차원적 사고와 고차원적 사고의 상호작용 속에서 개념적 이해에 도달하고 이를 새로운 상황에 적용하는 전이가 일어나는 수업을 추구

전이 가능한 개념적 이해를 추구하는 교육과정과 수업은 평가와의 유기적 연결을 통해 완성된다. 평가가 변화하지 않는다면 개념적 이해와 전이를 추구하는 교육과정과 수업은 제대로 뿌리를 내릴 수 없다.

학생들이 개념적 이해를 도출하고 전이할 수 있도록 교육과정과 수업을 설계하고 실행해도 평가가 기억과 재생에 초점을 맞춘다면 교육과정과 수업은 '평가'라는 블랙홀에 빠지고 말 것이다. 평가가 학생의 진로에 미치는 영향이 커질수록, 평가라는 블랙홀의 크기와 힘은 커진다. 대한민국 교사들은 수능 제도가 현장에서의 교육 혁신을 어떻게 집어삼키는지 너무나 잘 알고 있다.

오늘날의 교육과정은 불확실성 앞에서 나와 세상에 대해 스스로 질문을 던지고 답을 찾으며, 자기주도적으로 길을 개척해 나가는 학생, 핵심적이고 오래 기억될 수 있는 전이 가능한 개념적 이해를 도출하고 이를 활용해 나와 세상을 변화시키는 학생으로 성장하도록 돕는 것을 추구하고 있다. 그럼에도 불구하고 여전히 수능은 사실적 지식의 암기와 문제 풀이 기술 습득에 초점을 맞추고 있다. 수학계의 노벨상으로 불리는 필즈상을 수상한 허준이 교수는 서울대학교 유튜브 채널에서 "지금 다시 수능시험을 본다면 수학 빼고 다 자신 있다. 수능 수학은 문제 풀이 훈련이 필요하다."고 이야기했다. 세계 최고 수학자의 '수능 수학은 자신 없다'는 말은 수능 수학이 수학의 개념, 원리, 법칙에 대한 이해를 토대로 수학적으로 사고하고 소통하며 문제를 창의적으로 해결하는 역량을 평가하는 것이 아니라, 변별력을 위해 어렵게 꼬아 놓은 문제를 짧은 시간에 빠르고 정확하게 해결할 수 있는 문제 풀이 기술을 평가하는 시험이라는 비판으로 읽힌다.

수능을 준비하는 학생들이 기르는 능력은 현재와 미래 사회가 요구하는 역량과는 거리가 멀다. 만약 수능이 현재와 미래 사회가 요구하는 역량을 길러 주며 그러한 역량을 충실히 측정하고 있다면, 수능 영역과 관련된 분야에서 높은 수준의 역량을 발휘하는 전문가들의 수능 시험 결과는 그들의 전문성과 정비례해야 할 것이다. 2024년 방영된 '교실이데아'에서는 2024학년도 대학수학능력시험 기출문제를 국어와 수학 영역은 관련 분야의 직업을 가진 전문가에게, 영어 영역은 영어를 모국어로 사용하는 우수한 학습 능력을 지닌 대학생과 고등학생에게 풀어 보게 한 다음 그 결과를 공개했다.

영역	시험 참가자들의 직업 및 학교	평균
국어	작가, 영화감독, 아나운서, 기자	55.4
수학	박사, 국방과학연구소 연구원, 수학과 교수	55.5
영어	옥스퍼드대학교, 다포드 그래머 스쿨 학생	88.3(2등급)

<교실이데아 1부(2024.04.21.) 재구성>

현업에서 국어, 수학에 대한 전문성을 기르고 발휘하며 그 능력을 인정받은 전문가들의 점수가 낮고, 영어를 모국어로 사용하는 엘리트 학생들의 수능 점수의 평균이 2등급이라는 사실은 수능에서 평가하는 능력이 다음의 국어, 수학, 영어 교육과정이 추구하는 목표 및 현재와 미래 사회가 요구하는 역량과 불일치함을 드러낸다.

- 국어 : 국어 의사소통 맥락과 요소를 이해하고 다양한 의사소통의 과정에 협력적으로 참여하면서 언어생활을 성찰하고 국어문화를 향유함으로써 미래 사회에서 요구되는 높은 수준의 국어 능력을 기른다.
- 수학 : 수학의 개념, 원리, 법칙을 이해하고 수학의 가치를 인식하며 바람직한 수학적 태도를 길러 수학적으로 추론하고 의사소통하며 다양한 현상과 연결하여 정보를 처리하고 문제를 창의적으로 해결하는 수학 교과 역량을 함양한다.
- 영어 : 영어과의 궁극적인 목표는 다변하는 미래 사회를 대비하여 언어와 문화의 배경이 다른 세계인과 영어로 의사소통하는 능력을 기르는 것이다.

(교육부, 2022)

수능 준비 과정에서 습득한 지식과 기술은 주로 시험을 잘 보기 위한 도구가 된다. 학생들은 수능 시험을 위해 방대한 지식을 암기하고 문제를 풀기 위한 기술을 익히는 데 집중하며, 실제 삶에서 필요한 역량을 기를 기회를 놓치고 있다. 예를 들어 축구선수를 기르고 선발하기 위한 평가가 승리를 위해 축구와 관련된 지식과 기능을 어떻게 적용하고 활용하는지, 얼마나 팀원과 협력을 잘하는지, 지고 있는 상황에서도 포기하지 않고 끝까지 최선을 다하는지 평가하는 것이 아니라, 45m 한강을 횡단해서 과녁을 제한된 시간에 얼마나 맞추는지를 평가한다고 가정해 보자.

축구선수를 기르고 선발하는데?

✓ 승리를 위해 축구와 관련된 지식과 기능을 어떻게 적용하고 활용하는지, 얼마나 협력을 잘하는지 평가하지 않고
✓ 고난이도 축구 관련 미션으로 뽑는다면?(45미터 한강을 횡단해서 과녁 맞추기)

[사진 출처] 슛포러브(2016.3.15.) 안정환 45m 한강횡단슛. 공 궤적 보소 ㄷㄷㄷhttps://youtu.be/0WroiGt94zB7si=hX7OTN8.pp6Yus9Ai.

이러한 평가는 축구선수로서의 역량을 기르고 측정할 수 있는 평가라고 볼 수 없고, 이 평가를 통해 선발된 축구선수가 경기에서 좋은 결과를 만들어 내리라 기대하기 어렵다. 또한, 시험에서 좋은 성적을 거두기 위해 반복적인 고난이도 축구 미션을 수행하는 기술을 익히는 교육은 실력 있는 축구선수를 기르는 교육과는 거리가 멀다. 문제는 이런 말도 안 되는 평가가 객관적이고 신뢰할 수 있으며, 변별력 있는 시험이라는 편견에 의해 계속해서 이루어지고 있다는 것이다. 2023년 대통령의 수능 킬러문항 배제 발언 이후 교육부와 한국교육과정평가원은 킬러문항을 배제하고 변별력을 확보하기 위해 홍역을 치뤘다. 하지만 학생들을 촘촘하게 줄 세우는 목적으로 실행되는 수능의 기본 철학과 객관식이라는 수능의 구조가 바뀌지 않는 이상 킬러문항의 배제가 현 수능이 지닌 문제점을 해결하는 근본적인 대책이 되지 못할 것이다.

평가는 변화를 통해 완성된다. 교육과정과 수업의 변화에 맞추어 평가도 변화해야 한다. 얼마나 많이 외우고 빠르게 꺼낼 수 있는지, 문제 풀이 기술을 활용해 고난이도 문제를 잘 풀 수 있는지 확인하는 평가에서 벗어나야 한다. 이제는 나의 생각, 즉 개념적 이해를 꺼내고 이를 다양한 상황과 문제에서 적용하고 활용할 수 있는지 확인하는 평가로 전환해야 한다. 주어진 질문에 잘 답하는 능력은 AI가 인간을 능가할 것이다. 어떤 질문을 할 수 있는가가 더 중요한 역량이 되고 있으며, 우리나라 학생들이 Fast Follwer을 넘어 나의 삶과 세상을 주도하는

First Mover로서 성장할 수 있도록 평가가 전환되어 교육의 변화를 완성해야 한다.

전이 능력으로서의 역량을 위한 평가는 학생이 학습한 상위 수준의 지식을 다른 학습이나 삶의 맥락에 적용하고 활용할 수 있는 능력에 대한 것이어야 한다. 교사는 학생이 단순히 학습한 내용을 기억하거나 재생하는 것을 넘어서, 다양한 맥락 속에서 해결책을 모색하게 만드는 과제나 문제를 제시해야 한다. 2022 개정 교육과정에서는 이를 위해 수행평가를 내실화하고 서술형과 논술형 평가의 비중을 확대할 것을 요구하고 있다.

개념적 이해와 전이를 위한 서술형·논술형 평가는 어떻게 제시되어야 할까? 첫째, 개념적 이해를 사실적 지식을 토대로 설명하거나 논하도록 한다. 이러한 형태는 IB 평가에서 자주 접할 수 있다. 다음은 IB 국어와 역사 외부평가 문제 예시이다.

- IB 국어 외부평가 문제 예시 : 공부했던 작품에서 어떤 이유로 문학작품은 허구임에도 불구하고 진실을 추구한다고 말할 수 있는지 구체적인 예를 설명하시오.
- IB 역사 외부평가 문제 예시 : '민주주의 국가의 정부 정책들은 부의 분배에 거의 영향을 미치지 않는다'는 명제에 대해 2가지 이상의 역사적 사례를 제시하고 본인의 생각을 논해 보시오.

<교실이데아 2부(2024.04.28.) 재구성>

IB 국어 외부평가 문제 예시의 경우 '문학작품은 허구임에도 불구

하고 진실을 추구한다.'는 일반화를 공부했던 작품을 토대로 설명하도록 요구하고 있다. 학생들이 구체적으로 사실적 지식을 토대로 일반화를 설명하도록 하는 것은 학생들의 개념적 이해 수준을 드러내고 평가할 수 있는 좋은 방법이다. IB 역사 외부평가 문제 예시는 '민주주의 국가의 정부 정책들은 부의 분배에 거의 영향을 미치지 않는다'는 명제의 일반화가 가능한지 사례를 토대로 학생의 생각을 논리적으로 서술하도록 한다. 이러한 평가 문제는 학생이 단순히 사실적 지식을 암기한다고 답할 수 없으며, 교육과정을 통해 형성한 자신만의 지식 구조가 있어야만 답할 수 있다. 자신의 생각과 관점을 얼마나 논리적이고 창의적으로 드러낼 수 있는지가 좋은 성적을 거두는 데 중요하며, 이러한 평가를 준비하기 위해서는 학생들이 자신만의 지식 구조를 형성하고 표현하는 학습을 지속해야 한다.

  둘째, 질문을 토대로 학생이 도출한 일반화를 사례 중심으로 설명하도록 한다. 앞서 소개한 IB 평가는 사실적 지식을 토대로 일반화를 검증하고 증명하는 연역적 사고를 주로 사용한다면, 다음의 평가 방식은 귀납적 사고가 주로 활용된다. 이는 학생들이 수업 과정에서 개념적 이해를 도출할 때 효과적으로 활용할 수 있는 방법이다. 예를 들어 시에서 비유가 어떤 기능을 하는지 다양한 사례를 토대로 학습하고, 수업이 마무리되는 시점에 다음과 같은 질문을 통해 학생들이 자신만의 개념적 이해를 드러내도록 할 수 있다.

개념적 이해를 드러내는 서·논술형 평가

- 시에서 비유는 어떤 기능을 하나요?
- 오늘 사용한 표현을 토대로 설명하세요.

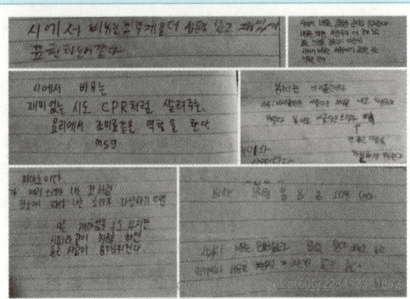

 다음은 학생들이 사회 시간에 가계와 기업의 관계에 대해 이해할 수 있는 다양한 사실을 탐구하고 교사가 제시한 질문에 답한 일반화 문장을 붙임쪽지에 기록해서 이젤패드에 게시한 것이다. 서·논술형 평가를 어렵게 접근하지 않고 수업 목표로 질문을 제시하여 학생들이 사고할 수 있도록 안내한 후 학생들이 다양한 사실을 토대로 탐구한 다음 질문에 답하는 방식으로 수업을 전개할 수 있다. 이렇게 하면 질문, 사고와 탐구, 개념적 이해로 이어지는 수업을 쉽게 실행할 수 있다.

개념적 이해를 드러내는 서·논술형 평가

가계와 기업은 어떻게 연결되는가?

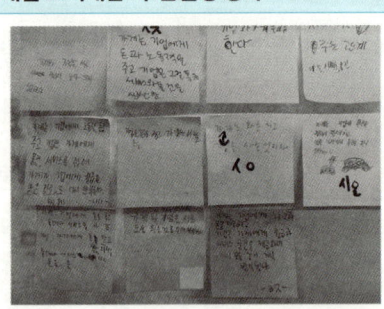

셋째, 전이를 위한 과제로서 서·논술형 평가를 제시한다. 전이를 위한 평가 방법으로 서·논술형 평가만 활용할 수 있는 것은 아니다. 구술, 실기, 관찰, 보고서, 포트폴리오 등 다양한 방법이 있다. 다음은 사회 공동 문제의 원인과 해결 방안을 편지글의 형태로 공공기관에 제안하는 과제이다.

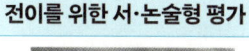

전이를 위한 서·논술형 평가

해결이 필요한
사회 공동 문제의
원인과 해결 방안을
편지글의 형태로
제안해 봅시다.

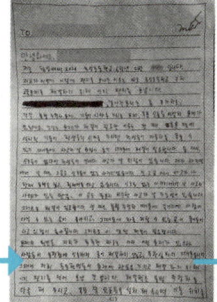

학생들이 제출한 과제를 공공기관에 전달했고, 공공기관에서 답변을 받아 학생들과 함께 등굣길 교통안전 캠페인을 실시했다. 기관에서는 학생들이 제안한 사회 공동의 문제에 대해 적절한 해결 방안을 제시하고 약속해 주었다. 이와 같이 학생들의 삶과 연결하는 수업은 현장에서 어렵지 않게 찾아볼 수 있다. 학생들의 개념적 이해를 다른 학습과 삶의 맥락으로 적용하고 활용할 수 있는 기회를 제공하는 것은 개념적 이해를 내면화하는 효과적인 방법이다.

개념적 접근을 추구하는 수업에서는 서·논술형 평가만이 아니라 다양한 방법을 활용할 수 있다. 교사는 '늘 의도가 형식에 우선한다.'는 것을 기억해야 한다.[33] 이는 맥타이와 위긴스가 고차원적 질문을 만들 때 질문의 의도가 형식에 우선한다는 것을 강조하기 위한 표현이지만 사실상 교육에 보편적으로 적용할 수 있는 통찰이 있는 말이다. 서·논술형 평가를 실시해도 그 의도가 교사가 가르친 수많은 지식을 그대로 기억하고 재생하는 데 중점을 둔다면 개념적 이해를 도출하고 전이하는 것을 돕는 평가가 아니다.

마지막으로 서·논술형 평가의 강조가 다른 평가 유형(선택형 문항, 단답형 문항, 완성형 문항)의 무용론으로 이어져서는 안 된다. 모든 학생 평가 유형은 강점과 한계가 있다. 학습목표에 따라 보다 적합하고 효율적인 학생 평가 유형을 선택할 수 있으며, 하나의 평가 유형이 다른 평가 유형을 완벽히 대체할 수도 없다.[34] 선택형 평가의 경우 학생의 개념적 이해를 드러내거나 고차원적 사고력을 발휘하는 것을 측정하기는 어렵지만, 교사가 의도하는 것이 핵심적인 개념을 제대로 이해하고 있는지, 반복적인 훈련을 통해 자동화시켜야 할 기능(예 : 구구단)을 습득했는지 확인하기 위한 것이라면 선택형 평가나 단답형 평가 유형이 효과적일 수 있다. 완성형 평가도 교사의 의도가 정답을 맞추는 데 있는 게 아니라 학생 자신의 이해를 드러내는 것을 위한 것이라면 빈칸이 있는 문장 구조를 제시하고 빈칸에 적절한 단어나 구를 집어넣도록 하는 것도 가능하다. 이러한 방법은 개념적 접근이 어려운 저학년 학생들이나 일반화 문장을 처음 만들어 보는 학생에게 적용할 수 있다. 결국 어떤 평가 유형을 사용하는가보다 평가를 통해서 무엇을 기르고자 하는지, 무엇을 측정하고자 하는지가 중요하다. 정해진 답을 찾는 평가가 아니라 학생 고유의 이해를 드러내고 학생들의 고차원적 사고력을 기르기 위한 목적으로 평가를 어떻게 활용할 것인지 고민해야 한다.

배움과 성장의 열쇠, 평가와 피드백

평가와 피드백, 왜 중요한가

평가의 패러다임이 선별적 평가관에서 발달적 평가관으로 전환하고 과정중심평가가 현장에 도입된 지 많은 시간이 흘렀다. 과거에는 학생들을 배치, 진급, 합격에 대한 판단을 하는 학습 결과에 대한 평가로 접근했다. 하지만 이제는 학생의 배움과 성장을 위해 피드백을 제공하거나 교사의 수업을 개선하는 토대가 되는 학습을 위한 평가, 학생이 자신의 학습 과정을 평가하고 피드백하면서 학습을 주도하고 개선하는 학습 과정으로서의 평가를 추구하고 있다.

평가 접근 방법의 변화			
접근 방법	목표	기준점	주요 평가자
학습 결과에 대한 평가	배치, 진급, 자격에 대한 판단	다른 학생, 기준 또는 기대(expectations)	교사
학습을 위한 평가	교사들의 수업에 대한 의사결정 (피드백, 학습 활동 수정 등)을 위한 정보	외적 기준 또는 기대 (expectations)	교사
학습 과정으로서의 평가	자기 모니터링(self-correction)과 자기 교정 또는 자기 조정(self-adjustment)	개인의 목표와 외적 기준	학생

(Earl, 2013/2022: 55)

    2022 개정 교육과정에서도 평가의 역할을 학습을 위한 평가와 학습 과정으로서의 평가로 접근할 것을 요구하고 있다.

> 가. **평가는 학생 개개인의 목표 도달 정도를 확인하고, 학습의 부족한 부분을 보충하며, 교수학습의 질을 개선하는 데 주안점을 둔다.**
>   1) 학교는 학생에게 평가 결과에 대한 적절한 정보를 제공하고 추수 지도를 실시하여 학생이 자신의 학습을 지속적으로 성찰하고 개선할 수 있도록 한다.
>   2) 학교와 교사는 학생 평가 결과를 활용하여 수업의 질을 지속적으로 개선한다.
> 나. 학교와 교사는 성취기준에 근거하여 교수·학습과 평가 활동이 일관성 있게 이루어지도록 한다.
>   1) 학습의 결과만이 아니라 결과에 이르기까지의 학습 과정을 확인하고 환류하여, 학습자의 성공적인 학습과 사고 능력 함양을 지원한다.
>   2) 학교는 학생의 인지적·정의적 측면에 대한 평가가 균형 있게 이루어질 수 있도록 하며, **학생이 자신의 학습 과정과 결과를 스스로 평가할 수 있는 기회**를 제공한다.

(교육부, 2022: 12)

    평가 패러다임이 전환되면서 국가 교육과정에서도 계속 발달적 평가관에 따른 평가의 역할을 강조하고 있다. 하지만 여전히 평가에 대한 잘못된 이해와 인식으로 배움과 성장을 지원하는 평가가 온전히 자리 잡지 못하고 있다. 발달적 평가관에 따른 평가와 피드백은 의사가 병을 진단하고 치료하는 것에 빗대어 생각하면 쉽게 이해할 수 있다. 의사는 다양한 진찰과 검사를 통해 환자의 병을 정확하게 진단하고 적절한 치료 방법으로 환자가 건강을 회복할 수 있도록 한다. 의사가 병을 진단하는 것은 다양한 평가 방법을 통해 학생의 배움과 성장을 확인하는 평가의 역할과 같고, 진단 결과를 토대로 적절한 치료 방법을 강구하는 것은 평가 결과를 토대로 적절한 피드백을 제공하는 것과 같다. 의사가 병을 진단하고 치료를 하지 않는 것을 상상할 수 없는 것처럼, 발달적 평가관에 따르면 평가와 피드백은 뗄 수 없는 관계이다. 배움과 성장을 지원하는 평가의 핵심은 피드백에 있다. 환자의 건강 회복을 위해서 정확한 진단과 효과적인 치료가 필요한 것처럼 학생의 배움과 성장을 촉진하기 위해서는 수업 과정 중의 다양한 평가를 토대로 학생의 학습 수준을 파악하고 이를 토대로 효과적인 피드백이 제공되어야 한다.

평가와 피드백을 진단과 치료로 비유해 보면, 과거에 내가 실천했던 평가에서 무엇이 잘못되었는지를 명확히 이해할 수 있다. 과거 일제식 정기고사는 평가 자체는 물론이고 평가 이후에 이루어지는 피드백에도 많은 문제가 있었다. 피드백 관점에서만 문제점을 구체적으로 살펴보자. 일제식 정기고사 이후에 학생에게 주어지는 피드백은 석차, 점수, 등급이 전부인 경우가 많았다. 이는 의사가 환자의 병을 진단한 이후 다음과 같은 정보만 제공하고 정작 환자에게 더 중요하고 필요한 치료는 이루어지지 않은 것과 같다.

> - 환자님의 건강 상태가 100명 중에 45등입니다.
> - 환자님의 건강 등급이 3등급입니다.
> - 환자님의 건강 점수가 40점입니다.

발달적 평가관에 의한 과정중심평가가 도입되고 지필평가 대신에 수행평가가 활발하게 이루어지고 있다. 하지만 수행평가가 지필평가를 대신해도 평가 결과를 토대로 피드백을 제공하기보다 평가 결과를 학생생활기록부에 입력하는 데 초점을 맞춘다면, 진단 도구가 달라졌어도 여전히 제대로 된 치료는 이루어지지 않는 것과 같다. 배움과 성장을 지원하는 평가는 평가를 통해 수집된 증거를 토대로 학생의 동기와 성취를 증진시키기 위해 피드백을 제공하는 것이다. 이러한 평가는 학습을 위한 평가Assessment for Learning, 형성Formative 평가, 과정중심평가, 성장중심평가라는 다양한 이름을 가지고 있는데 용어의 차이만 있을 뿐 추구하는 바는 모두 같다.

교사에게 평가와 피드백이 많아진다는 것

평가와 피드백의 유기적인 연결이 중요하다는 것은 알지만, 평가와 피드백이 양적으로 증가한다는 사실은 교사에게 부담으로 다가온다. 또한 어느 시기에 어떻게 평가를 활용해야 하는지도 고민이 된다. 배움과 성장을 지원하는 평가에 정해진 시기와 방법은 없다. 교사가 학생의 배움과 성장을 지원하기 위해 교수·학습의 모든 과정에서 학습목표에 부합한 평가 방법을 활용해 학습 증거를 수집하고 피드백을 주고받으며 수업을 조정하면 된다. 평가는 시기와 방법에 따라 다음과 같이 구분할 수 있다.

평가 시기에 따른 구분		평가 방법에 따른 구분	
		형식적 평가	비형식적 평가
수업 전	진단평가	• 선택형 평가 • 구성형 평가(완성형, 단답형, 서·논술형) • 수행평가	• 관찰, 질문, 수업 분위기
수업 중	형성평가		
수업 후	총괄평가		

교사들이 평가에 부담을 느끼는 이유는 '형식적 평가'라는 틀로 바라보기 때문이다. 평가도구 개발, 시험 및 채점, 결과 분석 및 피드백으로 이어지는 형식적 평가의 과정을 고려하면 교사가 평가에 부담을 느끼는 것은 당연하다. 또한 질 높은 평가를 위해서는 타당도, 신뢰도가 높은 평가 과제와 루브릭을 만들어야 한다는 압박이 배움과 성장을 지원하는 평가와 피드백의 실천을 가로막기도 한다. 그러나 실제로 많은 교사는 인식 여부와 관계없이 평가와 피드백을 잘 실천하고 있다. 형식적 평가뿐만 아니라 비형식적 평가로 확장하여 비형식적 평가의

중요성을 인식하면 평가에 대한 균형을 맞추고 학습을 위한 평가의 실행을 촉진할 수 있다.

　운전면허시험의 경험을 떠올리면 비형식적 평가의 중요성과 역할을 쉽게 이해할 수 있다. 운전 수강생의 운전 실력 향상은 기능주행 및 도로주행 시험일이 아닌 운전 강사와 함께 연습하는 과정에서 일어난다. 기능주행 및 도로주행 시험은 형식적 평가에 해당하며, 운전 강사와의 연습 과정은 비형식적 평가에 해당한다. 운전 강사는 수강생의 운전 능력을 관찰하면서 적절한 피드백을 제공하고, 수강생은 이 피드백을 바탕으로 운전 실력을 향상시킨다. 기능주행 및 도로주행 시험은 수강생이 도달해야 할 목표로 설정되며, 이를 통해 수강생은 자신의 운전 실력이 일상생활에서 주행이 가능한 실력인지 점검할 수 있다. 형식적 평가와 비형식적 평가 모두 각자의 역할이 있다. 중요한 것은 어떤 형식의 평가든 학생의 배움과 성장을 지원한다는 목적을 가지고 실행해야 한다는 것이다.

　비형식적 평가가 중요하다고 해서 형식적 평가의 부담이 사라지는 것은 아니다. 형식적 평가를 개발할 때 평가 과제와 루브릭 자체의 질을 높이는 데 많은 시간과 에너지를 투입하게 된다. 평가도구를 개발하는 데 교사에게 가장 큰 부담이 되는 것은 평가 루브릭(평가 기준)이다. 많은 장학자료와 책에서는 총체적 루브릭 또는 분석적 루브릭을 개발해서 활용할 것을 권장하지만, 현장의 실천과는 괴리가 있다. 다음에 제시되는 3가지 루브릭에 대해 2가지 질문을 중심으로 고민해 보자.

평가 루브릭에 대한 고민

①, ②, ③, 중 평가의 타당도, 신뢰도, 객관도가 가장 높은 것은?
- 타당도: 평가가 측정하고자 하는 것을 얼마나 충실하게 측정하는지의 정도
- 신뢰도: 평가가 오차 없이 정확하고 일관되게 측정하는 정도
- 객관도: 채점의 신뢰도(채점자 간 신뢰도, 채점자 내 신뢰도)

①, ②, ③, 중 현장에서 교사가 개발하고 활용하기 가장 용이한 것은?

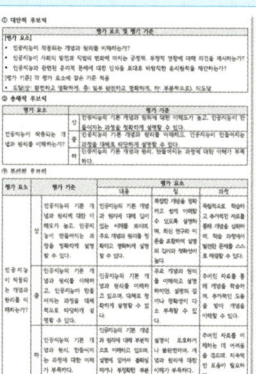

①번 루브릭은 평가 요소를 질문으로 제시하고, 각 요소에 같은 평가 기준을 적용하여 범용성과 효율성을 높였다. 개인적으로 개발해서 활용하고 있는 루브릭이다.

① 대안적 루브릭
평가 요소 및 평가 기준에 따른 구분

[평가 요소]
- 인공지능이 작동되는 개념과 원리를 이해하는가?
- 인공지능이 사회의 발전과 직업의 변화에 미치는 긍정적, 부정적 영향에 대해 의견을 제시하는가?
- 인공지능과 관련된 윤리적 문제에 대한 인식을 토대로 바람직한 윤리 원칙을 제안하는가?

[평가 기준] 각 평가 요소에 같은 기준 적용
- 도달(상: 완전하고 명확하게, 중: 일부 완전하고 명확하게, 하: 부분적으로), 미도달

②번 루브릭은 ①번 루브릭의 첫 번째 평가 요소를 총체적 루브릭으로 개발한 것이다. 평가 요소에 대한 평가 기준을 상, 중, 하로 나누어 문장으로 기술했다. 상과 중을 구분하는 기준은 주로 형용사(높고, 정확하게 등)와 부사(대체로 등)의 차이로 구분했다.

② 총체적 루브릭

평가 요소		평가 기준
인공지능이 작동되는 개념과 원리를 이해하는가?	상	인공지능의 기본 개념과 원리에 대한 이해도가 높고, 인공지능이 만들어지는 과정을 정확하게 설명할 수 있다.
	중	인공지능의 기본 개념과 원리를 이해하고, 인공지능이 만들어지는 과정을 대체로 타당하게 설명할 수 있다.
	하	인공지능의 기본 개념과 원리, 만들어지는 과정에 대한 이해가 부족하다.

③번 루브릭은 분석적 루브릭으로서 ②번 루브릭에서 제시된 각 평가 기준을 평가 요소(내용, 질, 과정)로 세분화해서 서술했다. 하지만 각 요소의 상, 중, 하를 구분하는 것은 여전히 대부분 형용사와 부사의 차이이다.

③ 분석적 루브릭

평가 요소	평가 기준	평가 요소		
		내용	질	과정
인공지능이 작동되는 개념과 원리를 이해하는가?	상 / 인공지능의 기본 개념과 원리에 대한 이해도가 높고, 인공지능이 만들어지는 과정을 정확하게 설명할 수 있다.	인공지능의 기본 개념과 원리에 대해 깊이 있는 이해를 보이며, 주요 개념과 원리를 정확하고 명확하게 설명할 수 있다.	복잡한 개념을 정확하고 쉽게 이해할 수 있도록 설명하며, 최신 연구와 이론을 포함하여 설명의 깊이와 정확성이 높다.	독립적으로 학습하고 추가적인 자료를 통해 개념을 심화하며, 학습 과정에서 발견한 문제를 스스로 해결할 수 있다.
	중 / 인공지능의 기본 개념과 원리를 이해하고, 인공지능이 만들어지는 과정을 대체적으로 타당하게 설명할 수 있다.	인공지능의 기본 개념과 원리를 이해하고 있으며, 대체로 정확하게 설명할 수 있다.	주요 개념과 원리를 이해하고 설명하지만, 설명의 깊이나 정확성이 다소 부족할 수 있다.	주어진 자료를 통해 개념을 학습하며, 추가적인 도움을 받아 개념을 이해할 수 있다.
	하 / 인공지능의 기본 개념과 원리, 만들어지는 과정에 대한 이해가 부족하다.	인공지능의 기본 개념과 원리에 대해 부분적으로 이해하고 있으며, 설명에 있어서 불확실하거나 부정확한 부분이 있다.	설명이 모호하거나 불완전하며, 개념과 원리에 대한 이해가 부족하다.	주어진 자료를 이해하는 데 어려움을 겪으며, 지속적인 도움이 필요하다.

①에서 한 문장이던 평가 요소가 ③으로 이동할수록 문서의 양이 기하급수적으로 증가하며, 이에 비례하여 교사에게 요구되는 시간과 에너지도 증가한다. 또한 루브릭이 구체적일수록 교사는 학생들의 평가 과제 및 문항을 채점하는 데 많은 시간을 소모하게 되어 무엇보다 중요한 피드백과 수업 개선이 뒤로 밀릴 수 있다. 그렇다면 ①에서 ③으로 이동할 때 평가의 타당도, 신뢰도, 객관도도 함께 비례하여 증가할까? 평가의 타당도는 평가가 측정하고자 하는 것을 얼마나 충실하게 측정하는지의 정도를 나타낸다. 신뢰도는 평가가 오차 없이 정확하

고 일관되게 측정하는 정도를 뜻한다. 즉, 동일한 대상에 대해 반복적으로 측정했을 때, 평가 결과가 얼마나 일관되게 나오는지를 나타낸다. 마지막으로 객뢰도는 채점의 신뢰도를 의미한다. 채점자 간 신뢰도와 채점자 내 신뢰도가 있다.

①, ②, ③번 루브릭 모두 평가의 타당도 측면에서 본다면 같은 평가 요소를 측정하고 있기에 차이가 없다. 평가의 신뢰도를 추정하기 위해서는 재검사신뢰도, 동형검사 신뢰도, 반분신뢰도, 문항내적 합치도를 사용할 수 있다. 평가 신뢰도 측정은 중요한 결정이나 삶에 큰 영향을 미치는 대학 입학 시험 같은 표준화 시험, 고용 평가에서는 필수적이지만 일상의 교실 평가에서 이러한 통계적 절차를 활용해 평가도구의 신뢰도를 판단하는 것은 적합하지 않다.

마지막으로 객뢰도이다. 채점자 간 신뢰도는 한 학생의 수행에 대해서 복수의 채점자들이 산출한 점수 간의 일치도를 뜻하고, 채점자 내 신뢰도는 한 명의 채점자가 시간차를 두고 한 학생의 수행을 채점했을 때 두 번의 채점 결과 간의 일치도 또는 한 명의 채점자가 여러 명의 학생을 채점하는 동안 동일한 엄격성을 유지하는 정도를 뜻한다. 특히 수행평가나 서·논술형 평가는 채점 신뢰도가 강조되고, 채점 신뢰도 확보를 위해서는 정확한 평가 루브릭을 마련하는 것이 중요하다. 하지만 정확한 평가 루브릭은 채점 신뢰도의 필요조건이지 충분조건은 아니다. 평가 루브릭의 평가 요소에 따른 평가 기준을 정확하게 세분화하더라도, 특정 형용사와 부사의 차이로 구분되는 경우가 대부분이다. 즉,

교사가 교육적 감식안을 가지고 학생들의 평가 과제를 질적으로 판단해야 하는 것은 달라지지 않는다. 평가의 채점 신뢰도를 높이기 위해서는 분석적인 평가 루브릭보다는 채점자 훈련이 더 중요하다. IB 평가가 공신력 있는 평가로 인정받는 이유는 채점자를 훈련하고 관리하는 체계적인 시스템 때문이다.

> - 대부분의 교실 맥락에서 평가도구의 질을 타당도, 신뢰도 및 측정 오차 등과 같은 복잡한 기술적 질의 만족 정도로 측정하는 것은 적절성이 떨어진다. 그 이유는 평가 목적이 다르기 때문이다. 교실 평가의 가장 핵심적인 기준은 '해당 정보가 학생들에게 어떤 영향을 미치는가?'이다. 교실 평가의 질을 판단할 때는 검사 도구 자체에 대한 상세한 검토보다 '평가 결과의 활용과 영향' 및 '평가가 학생들에게 무엇을 하게 하였는지'에 초점을 더 두게 된다.
> - 질 높은 교실 평가는 학생의 학습과 동기를 향상시키고 확인할 수 있는 평가 결과를 산출하고, 더불어 교수 과정의 의사결정에 필요한 정보를 제공할 수 있어야 한다.
>
> (McMillan, 2014/2015: 84)

맥밀란은 질 높은 교실 평가의 핵심이 평가 결과를 토대로 피드백과 수업 조절을 통해 학생의 배움과 성장을 향상시키는 데 있음을 강조한다. 그렇다고 평가도구의 타당도와 신뢰도를 무시해서는 안 된다. 타당도와 신뢰도를 갖춘 평가도구 개발에 초점을 맞추어 정작 중요한 피드백과 수업 조절이 뒤로 밀리면 안 된다는 것이다. 발달적 평가관에 따르면 평가 루브릭을 만드는 핵심적인 이유는 학습목표와 연계한 평가 요소를 구체화하여 피드백의 질을 높이기 위함이다. 즉, 평가 루브릭은 학생들에게 점수를 부여하거나 등급을 부여하기 위한 것이 아닌 교수·

학습 과정 중에 학생들의 배움과 성장을 지원하기 위한 목적으로 개발되어야 한다. 개인적으로 이를 위해 ①번과 같은 대안적 루브릭을 개발해서 활용하고 있다. 하지만 이 또한 하나의 사례일 뿐이고 선생님들마다의 지혜를 발휘한다면 더 효과적이고 효율적인 루브릭을 다양하게 개발할 수 있을 것이다.

피드백, 피드백, 피드백

배움과 성장을 지원하는 평가에서 피드백은 평가 과정의 핵심 요소이다. 피드백의 목적은 학생의 현재 학습 수준과 도달하고자 하는 학습목표 사이의 불일치를 줄이기 위한 것으로 학생의 배움에 가장 지대한 영향을 준다.[35] 교사는 수업의 전 과정 속에서 다양한 형식적, 비형식적 평가를 통해 학생이 얼마나 이해하고 수행할 수 있는지 확인한다. 평가를 통해 수집한 학습 증거를 토대로 교사와 학생, 학생과 학생 간의 다양한 상호작용을 통해 학습목표와 현재 학습 수준의 차이를 줄이기 위한 피드백을 제공해야 한다. 피드백을 통해 학생의 학습을 개선하는 것과 더불어 학생의 학습목표 도달 수준을 토대로 다음 단계의 수업 방향(재교육 또는 다음 단계의 교육)을 결정하고 교사의 수업을 개선하는 수업 조절도 필요하다. 피드백의 궁극적 목적은 교사가 제공하는 피드백 정보를 통해 학생이 수동적으로 학습을 개선해 가는 것을 넘어, 스스로 배움과 성장을 위해 학습 수준을 모니터링하고 조절해 가는 자기주도적 학습자로 학생을 성장시키는 것이다. 교사뿐만 아니라 학생도 학습의 목표가 무엇인지, 학습목표와 관련한 현재 나의 이해와 수행의 수준은 어떠한지, 학습목표에 도달하기 위해 무엇을 어떻게 배워야 할지 지속적으로 모니터링하고 스스로에게 피드백하면서 학습을 이끌어 가는 역량을 길러야 한다.

교사가 효과적으로 피드백을 제공하고 활용하기 위해서는 피드백의 주체, 전략, 내용 등에 대한 큰 얼개를 그릴 수 있어야 한다.

피드백 전략과 내용

피드백 제공 주체	피드백 전략		피드백 내용				피드백 제공 대상
• 교사 • 학생(동료) • 학생(자기) • 컴퓨터(AI)	구두 서면 시연	즉각적 지연적	긍정적 부정적	평가적 조언적	확인적 정교화	규준 참조 준거 참조 목표 참조 자기 참조	과제 수준 과정 수준 자기 조절 자아 수준	• 개인 • 소그룹 • 전체

교수·학습의 맥락(전, 중, 후)에서 피드백 제공

(이은총, 2022: 115)

교사뿐만 아니라 학생도 피드백을 제공하는 주체가 될 수 있다. 피드백의 제공 주체가 학생인 경우는 평가 주체가 자신이 되는 자기평가, 서로를 평가하고 피드백하는 동료평가가 있다. 급속도로 발전하고 있는 AI 기술은 학생의 학습 수준을 분석하고 평가하며 이를 토대로 학생에게 맞춤형 피드백을 제공하는 도구로 큰 기대를 받고 있다. 피드백 제공 대상은 개인, 소그룹, 전체가 될 수 있다.

피드백 전략은 방법과 시기로 구분할 수 있다. 피드백 방법은 구두 피드백, 서면 피드백, 시연 피드백이 있다. 구두 피드백은 수업에서 가장 많이 활용되며 즉각적으로 제공할 수 있어서 효과적이다. 서면 피드백은 구두 피드백처럼 즉각적이지 않지만 교사가 시간을 가지고 깊이 있는 피드백을 제공할 수 있다. 학생의 과제에 피드백 내용을 직접 기록하거나 다양한 온라인 협업 툴이나 LMS를 활용할 수도 있다. 시연 피드백은 주로 음악, 체육, 미술 시간에 활용하는데 말이나 글로 설명하기 어렵고 예시를 제공하는 것이 효과적일 때 사용하면 좋다. 피드백의 시기는 즉각적 피드백과 지연적 피드백으로 구분된다. 즉각적 피드백은 평가가 이루어진 후 즉각적으로 이루어지는 피드백이다. 지연적 피드백은 평가가 완료된 이후 시차를 두고 제공되는 피드백이다. 즉각적 피드백과 지연적 피드백 모두 상황과 학생의 학습 수준, 역량에 따라 효과적으로 활용할 수 있다.

피드백의 내용은 상황, 기능, 복잡성, 참조 유형, 초점으로 나눌 수 있다. 이 중 참조 유형과 초점에 대해서 구체적으로 살펴보자. 피드백은 참조 유형에 따라 규준 참조 피드백, 준거 참조 피드백, 목표 참조 피드백, 자기 참조 피드백으로 구분할 수 있다. 규준 참조 피드백은 다른 학생과 비교하여 상대적인 학습 성과와 서열을 비교하는 것이다. 규준 참조 피드백은 경쟁의 소재로 이용될 가능성이 있어 바로 옆의 친구가 아닌 전체적인 집단을 기준으로 비교하는 것이 좋다. 준거 참조 피드백은 성취기준 등과 같은 준거와 비교하여 학생의 학습 수준에 대한 정보를 제공하는 것이다. 목표 참조 피드백은 학습목표를 기준으로 학생이 어느 정도 학습했고 어떤 목표를 향해 가고 있는지에 대한 피드백이다. 자기 참조 피드백은 학생의 이해 및 수행을 과거 또는 앞으로 기대하는 이해 및 수행과 비교하여 제공하는 피드백이다.

피드백 내용의 초점을 어디에 맞추는가로 구분하면 과제 수준 피드백, 과정 수준 피드백, 자기 조절 수준 피드백, 자아 수준의 피드백으로 나눌 수 있다. 과제 수준 피드백은 과제를 얼마나 잘 이해하고 수행했는지에 대한 정보를 제공하는 피드백이다. 과정 수준 피드백은 과제를 수행하며 사용하는 전략, 기술 등의 과정에 주목하는 피드백이다. 자기 조절 수준 피드백은 자기평가에 활용되는데 자신의 활동에 대해 스스로 돌아보고 점검하는 피드백이다. 자아 수준의 피드백은 개인적 특성 또는 수준에 대해 평가하고 판단하는 피드백으로 효과가 낮다. 피드백은 '지킬 박사와 하이드' 같은 긍정 또는 부정적인 효과가 공존한다.[36] 그럼 어떤 피드백이 좋은 피드백일까?

좋은 피드백이 갖추어야 할 6가지 조건을 살펴보자. 첫째, 좋은 피드백은 교사-학생 및 학생-학생 간의 좋은 관계가 기반이 되어야 한다. 좋은 관계란 학습을 위해 상호 간 소통할 수 있는 협력적인 관계를 말한다. 관계가 좋지 않을 때 교사가 학생에게 전달하는 피드백이나 학생과 학생 간의 피드백은 상대방에 대한 공격으로 인식될 수 있다. 피드백이 학습과 성장을 촉진하는 역할을 하려면 교사가 제공하는 피드백을 학생이 '선생님이 나의 학습과 성장을 위해 제공하는 정보'로 인식해야 한다. 또한 학생과 학생 간의 피드백인 경우에는 '함께 학습하는 동료로서 서로의 학습과 성장을 위해 주고받는 소통의 과정'으로 생각해야 한다. 이를 위해 교사와 학생, 학생과 학생 상호 간의 서로를 존중하고 배려하는 문화를 형성하는 것이 중요하다. 상호 간의 소통과 협력을 강화하고, 서로를 지지하며 성장할 수 있는 환경이 조성되면 피드백은 더욱 큰 효과를 발휘하여 학생들의 학습과 성장을 촉진시킬 수 있다.

둘째, 피드백의 골든타임은 수업 시간이 되어야 한다. 수업이 진행되는 과정 중에 제공되는 피드백은 학생들에게 학습 개선을 도울 뿐 아니라, 귀중한 통찰력, 지침 및 동기를 제공할 수 있는 강력한 도구 역할을 하며 학생들의 학습경험을 향상시킬 수 있다. 피드백의 효과를 극대화하려면 '평가-피드백-재도전'이 통합된 순환 프로세스 설정이 필요하다. 예를 들어 국어 수업에서 교사가 작문 과제를 평가하고 피드백을 제공하면 학생들이 그 피드백을 활용해 다시 과제를 수정하도록 안내하는 과정이다. 이러한 방식을 통해 학생들은 피드백을 적극적으로 활용해서 학습을 개선할 수 있다. 재도전의 기회를 제공하는 것은 학생이 피드백을 이해하고 자기 것으로 만드는 데 도움이 되고, 교사가 수정된 과제를 확인하면서 학생의 배움과 성장을 확인할 수 있는 기회가 된다. 피드백은 평가 활동이 끝날 때만 전달되는 것이 아니라 과제를 수행하는 과정 중에도 제공되어야 한다. 수업이 진행되는 동안 피드백을 제공함으로써 학생들은 자신의 학습 수준을 인식하고 개선할 부분을 식별하며 즉각적인 조정을 통해 이해와 수행을 향상할 수 있다.

학생에게 제공되는 피드백은 건설적이고 구체적이며 실행 가능해야 한다.

셋째, 맞춤형 피드백이 효과적이다. 여러 학생에게 동시에 피드백을 제공하는 것도 학생의 배움과 성장에 도움이 되며 시간을 효율적으로 사용할 수 있다는 장점이 있다. 하지만 일반적으로 학습자의 특성과 수준을 고려한 개별화된 피드백이 훨씬 효과적이다. 스포츠나 악기를 배울 때 개인 레슨이 그룹 레슨보다 더 효과적인 경우가 많다. 이는 각 학생의 학습 수준과 학습 속도에 맞게 수업과 피드백을 맞춤화할 수 있기 때문이다. 2022 개정 교육과정을 비롯한 미래교육의 방향은 점점 개별화와 다양화에 집중되고 있다. 이러한 변화는 개인화되고 맞춤화된 교육이 학생의 학습과 성장에 효과적이기 때문이다. 하지만 한 명의 교사가 다수의 학생을 가르치는 현재 구조에서 각 개인에게 개별화된 피드백을 제공하기는 몹시 어렵다. 이러한 한계를 해결하기 위한 대안은 자기평가와 동료평가에 있다.

자기평가는 학생들이 자신의 학습 여정에 능동적으로 참여할 수 있도록 돕는다. 자기평가를 통해 학생들은 자신의 학습 수준 및 개선 영역에 대해 이해할 수 있다. 학생들은 평가 루브릭을 사용하여 자신의 성과를 평가하고, 학습목표와 자신의 학습 수준 격차를 식별한 후에 이러한 격차를 해소하기 위한 조치를 고민하고 실행할 수 있다. 명확하게 안내된 수업목표 및 루브릭에 따라 진행되는 자기평가를 통해 학생들은 자신의 학습에 대한 주인의식을 갖고 목표를 이루기 위해 적극적으로 노력할 수 있다.

동료평가는 학생들이 학습목표 또는 루브릭을 기반으로 동료들로부터 피드백을 주고받도록 권장하는 또 다른 귀중한 피드백 도구이다. 이것은 학생들이 서로에게서 배우고 함께 성장하는 협력적인 학습 환경을 조성한다. 동료평가가 효과적으로 이루어지려면 사전 교육과 연습이 필요하다. 학생들은 건설적이고 의미 있는 피드백을 제공하는 방법에 대해 안내받아야 하며, 제공하는 피드백이 유용하고 구체적이며 학습목표와 일치하는지 확인해야 한다.

기술, 특히 AI의 발전은 교육에서 개별화된 평가와 피드백을 지원할 가능성을 확대하고 있다. 교사는 AI 기술을 활용하여 학생 개개인의 학습 수준을 정확하게 측정하고 분석하며 이에 대한 맞춤형 피드백과 재도전 과제를 제시할 수 있다. AI를 활용한 미래교육은 뒤에서 좀 더 자세히 다루겠다.

넷째, 배려가 담긴 따뜻한 피드백이 되어야 한다. 학생이 피드백을 받는 것은 자신의 현재 학습 수준이 원하는 목표에 미치지 못한다는 것을 나타낼 수 있다. 피드백은 학습 개선에 필수적이지만 간절히 기대하기보다는 불편하게 여겨질 수 있다. 자신의 부족함을 인식하고 인정하는 것이 힘들고 불쾌할 수 있다. 학습 또는 성장에 대한 동기가 높고 피드백을 전해 주는 교사에 대한 신뢰가 높다면 다소 가혹한 피드백을 받더라도 학생은 적극적으로 수용한다. 하지만 모든 학생이 학습에 대한 높은 동기를 가지고 있고 피드백 제공자를 깊이 신뢰하며 수업에 참여하는 것은 아니므로 학생들이 건설적인 비판을 수용하고 이를 성장의 기회로 보는 환경을 조성하는 것이 중요하다.

학생들이 받은 피드백을 활용하여 학습을 개선하려면 배려가 담긴 따뜻한 피드백을 제공해야 한다. 학생의 학습 수준에 대해서 단순히 판단하는 평가적 피드백보다 학습 개선에 도움이 되는 정보를 제공하는 조언적 피드백이 효과적이다. 또한 부정적 표현의 피드백보다 긍정적 표현의 피드백을 더 많이 하는 것이 좋다. 아쉬운 점, 노력할 점, 부족한 점 등의 부정적인 감정을 전달하는 언어보다는 좋은 점, 더 좋게 할 수 있는 점 등의 성과와 개선 영역을 인식하는 데 초점을 맞춘 긍정적인 언어를 사용하면 건설적이고 동기부여가 되는 분위기를 조성할 수 있다.

피드백은 언어적 소통에만 국한되지 않는다. 시선, 표정, 말투와 같은 비언어적 요소도 중요한 역할을 한다. 교사는 피드백을 제공할 때 따뜻한 미소와 지지하는 말투를 사용해야 한다. 이러한 비언어적 요소는 학생들을 응원하고 격려하는 피드백 경험을 만든다. 긍정적이고 수용적인 피드백 문화를 촉진함으로써 교육자는 학생들이 피드백을 성장을 위한 귀중한 도구로 받아들이는 환경을 만들 수 있다. 학습 과정의 필수적인 부분으로 피드백을 중시하는 마음가짐은 학생들이 성장을 지향하는 태도를 가지고 지속적인 개선을 위해 노력하게 만든다.

다섯째, 성장 마인드 셋을 담은 피드백을 제공해야 한다. 캐롤 드웩은 저서 『마인드 셋』에서 인간의 능력에 대한 믿음을 고정 마인드 셋fixed mindset과 성장 마인드 셋growth mindset으로 나누어 설명한다. 고정 마인드 셋은 인간의 능력은 변하지 않는다는 믿음이고, 성장 마인드 셋은 인간의 능력은 성장하고 변화한다는 믿음이다. 학생과 교사가 가진 마인드 셋에 따라 가르침과 배움을 대하는 마음가짐은 달라지고, 학생의 배움과 교사의 가르침에 많은 영향을 미친다.

성취도가 높은 학생들이 고정 마인드 셋을 가지고 있을 때 종종 도전적인 과제를 피하는 경향이 있다. 이러한 회피는 똑똑하고 유능하다는 평판을 더럽히는 것에 대한 두려움 때문이다. 또한 그들은 피드백을 부정적으로 인식하는 경향이 있으며 이를 자신의 고유한 결함을 나타내는 것으로 해석한다. 한편 학업 성취도가 낮은 학생이 고정 마인드 셋을 지녔을 때 지능이나 가정환경 등 외부 요인을 극복하는 것이 불가능하다고 판단하여 학습에 대한 의지와 노력을 스스로 제한하는 경향이 있다. 반대로 성장 마인드 셋을 지닌 학생들은 학습과 성장이 유전이나 가족 환경에 의해 미리 결정되지 않는다고 굳게 믿는다. 대신 끈질긴 노력을 통해 자신이 원하는 만큼 배우고 성장할 수 있다고 믿는다. 이 학생들은 성적에만 집중하기보다 학습 자체를 주요 목표로 보고 어려운 도전을 용기 있게 받아들이며, 학습을 향상시키기 위해 적극적으로 피드백을 수용하고 활용한다.

교사의 태도는 학생들의 긍정적 학습 분위기 형성에 중요한 역할을 한다. 교사가 고정 마인드 셋 대신 성장 마인드 셋을 채택하면 학습과 성장의 잠재력에 대해 긍정적인 믿음을 가지고 학생들의 학습 동기와 의지에도 긍정적인 영향을 미친다. 교사가 고정 마인드 셋으로 피드백에 접근하면 학생들의 학습 의욕에 해로운 영향을 미치고 학습의 과정에 참여하는 학생들의 관심과 의지를 약화시킬 수 있다. 교사가 성장 마인드 셋을 지니면 학생의 학습과 성장의 잠재력에 대한 긍정적인 믿음을 토대로 학생의 발전을 지원하기 위해 적극적으로 노력한다. 또한 싱장 시향적인 피드백을 제공함으로써 학생들이 도전을 받아들이고 배움과 성장을 지속하도록 격려한다. 성장 마인드 셋은 학생과 교사 모두 잠재력을 최대한 발휘하도록 하여 개선을 위한 지속적 노력과 학습에 대한 사랑으로 연결되도록 한다.

평가와 피드백은 인지적 학습목표에 초점이 맞춰지는 경우가 많다. 하지만 태도, 동기, 자아개념, 자아 효능감 같은 비인지적 특성은 학습과 분명히 밀접한 관계가 있다. 특히 특정 과제나 지식의 영역을 배울 수 있다는 믿음인 자아 효능감은 학습과 동기의 심장이라 할 수 있다. 자아 효능감은 성장 마인드 셋과도 연결되는데 긍정적인 자아 효능감을 지닌 학생들이 끈질기며 학습에 더 열중하는 경향이 있다.[37] 노벨 경제학상 수상자인 해크먼 교수는 인지기능과 더불어 우리가 소홀히 여겼던 자존감, 자기 효능감, 참을성(끈기), 성실성, 개방성, 정서적 안정, 그리고 삶을 통제할 수 있다는 믿음 같은 비인지적 기능이 성공적인 삶으로 이끄는 중요한 요소임을 연구로 밝혀낸다.[38]

결국 최고의 피드백은 '사랑'이다. 아무리 평가와 피드백에 대해 개념적으로 잘 이해하고 기술적으로 뛰어나더라도 학생들에 대한 따뜻한 관심과 사랑이 뒷받침되지 않으면 학생들의 마음을 움직이지 못한다. 학생들의 모든 의견을 귀하게 여기고, 학생들의 실수와 실패를 따뜻하게 품어 주며, 학생들의 배움과 성장에 대한 믿음과 신뢰가 담긴 교사의 피드백이 학생들의 마음에 성장 마인드 셋 또는 자아 효능감과 같은 배움과 성장의 씨앗을 심어 줄 수 있다. 교사는 학생들에게 배움 친화적인 학습환경을 제공하고, 도전을 두려워하지 않고 성장할 수 있는 힘을 길러 주어야 한다. 사랑은 학생들이 자신을 믿고 발전할 수 있도록 돕는 가장 강력한 원동력이다.

평가 및 피드백 중심 수업 루틴

피드백의 효과를 극대화하기 위해서는 수업이 진행되는 과정 중에 평가와 피드백을 수시로 제공해야 한다. 예를 들어, 수영을 배우는 과정에서는 수영장에서 교수자가 학습자의 수영 동작을 지속적으로 평가하고 피드백을 제공한다. 이러한 피드백을 토대로 학습자는 동작을 개선하고 다시 도전할 수 있다. 하지만 수영 수업이 모두 끝난 후에 피드백을 제공하면 피드백을 즉시 활용해 보지 못하기 때문에 효과가 떨어진다. 해티와 팀펄리는 '학습 향상을 위한 피드백 모델'에서 효과적인 피드백에 대해 세 가지 질문을 제시하고 있다.

피드업 Feed Up : 목표는 무엇입니까?
피드백 Feed Back : 얼마나 잘하고 있습니까?
피드포워드 Feed Forward : 다음은 어디로 가야 합니까?

'효과적인 피드백을 위한 3가지 질문'을 보면 효과적인 피드백을 위해 목표를 분명하게 이해시키고 수업 과정 중에 '평가-피드백-재도전'의 순환 프로세스가 잘 이루어져야 한다는 것을 알 수 있다. 이를 반영한 평가 및 피드백 중심의 수업 루틴은 다음과 같다.

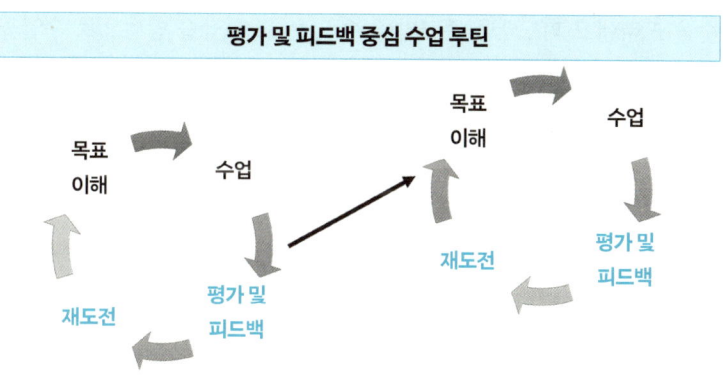

평가 및 피드백 중심 수업 루틴

① 목표 이해 : 이 과정에서는 명확하고 구체적인 학습목표를 설정한다. 목표는 학습 내용, 기대하는 학습 결과물 등을 포함할 수 있다. 학생들이 목표를 이해하고 스스로 도전할 수 있는 의지를 갖도록 한다. 교사가 제시하는 학습목표는 명확하고 이해하기 쉬우며, 도전적이면서 달성할 수 있는 것이어야 한다. 목표를 학생과 함께 설정할 수 있다.

② 수업 : 수업은 학생들이 목표와 관련한 학습 수준을 기꺼이 드러낼 수 있도록 허용적이어야 하며, 틀리고 실패해도 괜찮다는 분위기가

형성되어야 한다. 또한 학생들이 수업에서 학습한 내용에 대한 이해를 다양하게 드러내고 피드백을 주고받을 수 있도록 학생 중심으로 구성하며, 다양한 교수·학습 방법과 자원을 활용하여 학생들이 적극적으로 참여하도록 한다. 예를 들어 소통과 협력을 기반으로 한 토의·토론은 동료평가와 피드백에 효과적으로 활용할 수 있다. 학생의 학습 수준을 드러내고 피드백을 주고받을 수 있는 교수·학습 방법으로 수업을 설계하면 효과적인 평가 및 피드백을 통해 학생의 배움과 성장을 촉진할 수 있다.

③ 평가 및 피드백 : 이 과정은 2단계의 수업과 분리되지 않고 수업의 과정 중에 자연스럽게 이루어진다. 교사는 수업 과정 중에 다양한 형식적 평가와 비형식적 평가를 활용하여 학생들의 이해 및 수행 수준, 능력, 진행 상황을 파악하고 개선점을 발견하여 전달해야 한다.

④ 재도전 : 이 과정도 수업, 평가 및 피드백이 자연스럽게 통합되어 이루어진다. 학생들은 평가와 피드백을 받은 후 부족한 부분을 인식하고 다시 도전할 기회를 얻는다. 이 과정에서 학생들은 이전의 평가 과제와 교사의 피드백을 바탕으로 더 나은 결과를 얻기 위해 노력한다. 만약 재도전 결과로 학급의 학생들이 교사가 의도한 목표에 도달했다면 수업은 한 단계 더 높은 수준으로 진행될 수 있다. 그러나 많은 학생이 목표에 도달하지 못할 경우, 목표와 관련한 추가적인 수업이 필요하다.

평가 및 피드백 중심 수업 루틴 사례

다음에 소개할 수업 사례는 '[4국01-04] 적절한 표정, 몸짓, 말투로 말한다.'와 관련한 것으로 학생들의 발표 역량을 기르려는 의도로 설계한 수업이다. 개념적 이해를 추구하는 수업은 아니었고 발표 기능 향상에 초점을 맞추었다. 수업의 흐름은 다음과 같다. 음영으로 표시된 수업은 평가-피드백-재도전의 흐름을 차시 수준에서 설계한 것이다.

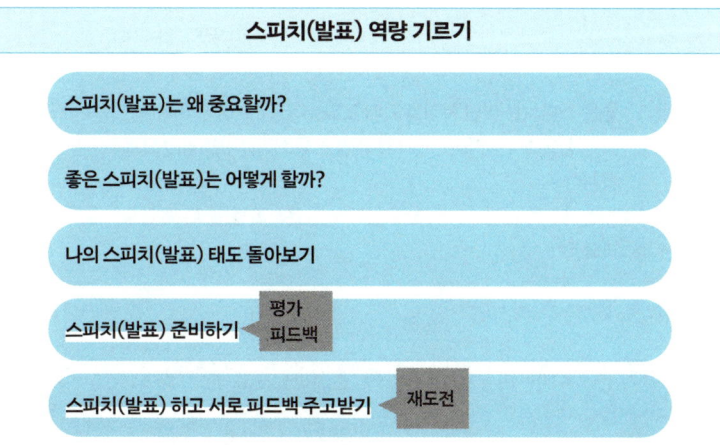

① 목표 이해하기

목표 이해하기 활동은 학생들의 수업 목표 이해 및 평가 과제 인식, 학습 동기유발을 위해 설계했다. 다양한 자료와 학생들의 삶의 경험을 통해 요즘 시대에 왜 발표(스피치) 역량이 주목받는지 탐구했다. 수업의 목표이자 평가 과제로 관심 있는 주제를 발표(스피치)한다고 소개했다.

우리는 SNS(유튜브 등)를 통해 나의 일상, 생각, 관심사를 공유하고 소통하는 스피치 전성시대에 살고 있습니다. 이번 수업에서는 스피치의 중요성을 탐구하고, 좋은 스피치가 어떤 목소리, 태도, 내용을 가져야 하는지 함께 알아보고자 합니다. 스피치에 대한 탐구를 바탕으로 여러분은 평소 관심 있는 주제에 대해 우리 반 친구들과 선생님 앞에서 스피치 할 기회를 가지게 됩니다. 여러분의 삶에 꼭 필요한 역량을 키우는 데 이번 수업에 관심을 가지고 적극적으로 참여해 주시기 바랍니다.

평가 과제를 소개하고 학생들과 함께 발표와 관련된 평가 루브릭을 모범 사례 토대로 탐구하고 개발했다.

- 질문 1 : 좋은 스피치는 어떤 특징을 가지고 있을까요? 선생님이 제시한 우수한 스피치 영상을 보면서 좋은 스피치 방법을 목소리, 태도, 내용으로 나누어 찾아봅시다.
- 질문 2 : 개인적으로 정리한 내용을 모둠에서 공유하고 이를 다시 전체와 공유해 볼까요?

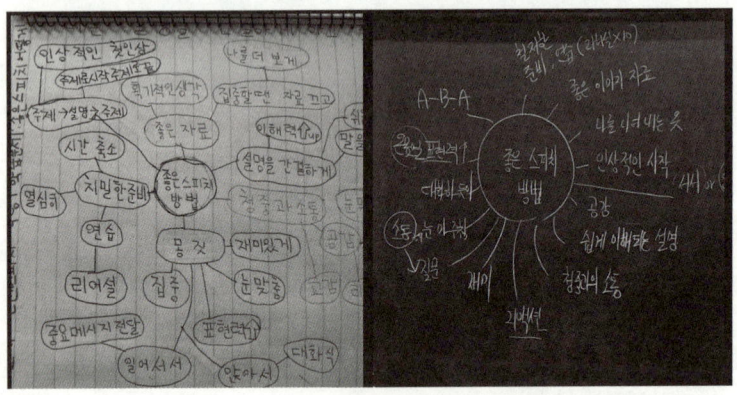

함성새싹 스피치 루브릭		
목소리	태도	내용
모두가 잘 들을 수 있는 목소리	모든 청중과 눈 마주치기	A-B-A
대화하듯이 자연스러운 목소리	제스처 활용하기	자료 활용
	리액션 (반응과 소통)	인상적인 시작
명확한 발음으로 전달하기	겸손과 존중의 태도	간결하고 흥미진진한 내용

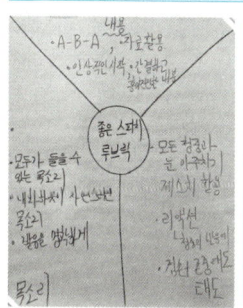

② 수업-평가 및 피드백

학생들은 평가 루브릭을 활용해 자신의 발표에서 좋은 점과 개선할 점을 찾아 스스로 평가해 보는 시간을 가졌다. 자기평가 이후에는 전체 앞에서 발표할 내용을 연습하고, 모둠에서 동료 피드백을 주고받도록 했다. 최종적으로는 교사의 평가 및 피드백을 받도록 했다. 교사에게 통과를 받은 학생은 또래 교사로서 발표 연습에 어려움을 겪는 친구를 도와주었다.

목소리	태도	내용
모두가 잘 들을 수 있는 목소리	모든 청중과 눈 마주치기	A-B-A
대화하듯이 자연스러운 목소리	제스처 활용하기	자료 활용
	리액션 (반응과 소통)	인상적인 시작
명확한 발음으로 전달하기	겸손과 존중의 태도	간결하고 흥미진진한 내용

① 모둠별로 연습하고 피드백을 주고받은 후에 선생님께 피드백 받습니다.
② 통과한 학생은 친구 발표를 피드백 합니다.

③ 재도전

학생들은 다양한 평가(자기평가, 동료평가, 교사평가)를 토대로 피드백을 주고받으며 자신의 발표를 개선했다. 마지막 재도전이자 최종 평가 과제로서 전체 발표를 했다. 학생들의 발표가 끝날 때마다 평가 루브릭을 근거로 친구 발표의 좋은 점, 더 좋게 할 수 있는 점에 대한 의견을 나누며 피드백을 주고받았다.

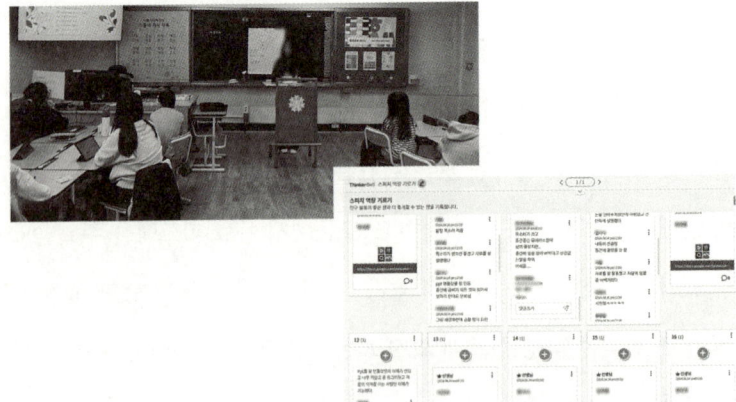

피드백과 재도전

연습
(평가 및 피드백)
- 도달 학생: 또래 교수 활동 시작
- 미도달 학생: 교사의 직접적인 피드백, 보조교사 있으면 좋음.

스피치
(재도전)
- 실제 스피치의 과정에 연습에 대한 재도전의 과정
- 미도달 학생이 없도록 연습의 과정에서 피드백 제공
- 서로 좋은 점, 더 좋게 할 수 있는 점 피드백 주고받기

AI를 활용한 미래교육의 핵심은 평가와 피드백

학생 맞춤형 교육을 위한 AI 기술의 적용

평가와 피드백에 대한 중요성을 알고 수업에 녹여 내려 해도 교사가 마주하는 가장 큰 어려움은 너무 많은 에너지와 시간이 필요하다는 것이다. 또한 학생 역량과 속도에 완벽하게 맞는 맞춤 학습을 제공하는 것은 불가능하다. 다음 수학 수업을 상상해 보자.

> [단원] 6학년 1학기 분수의 나눗셈
> [성취기준]
> - [6수01-10] '(자연수)÷(자연수)'에서 나눗셈의 몫을 분수로 나타낼 수 있다.
> - [6수01-11] 분수의 나눗셈의 계산 원리를 이해하고 그 계산을 할 수 있다.
>
> [평가 활동]
> - (분수)÷(자연수) 원리 설명하고 계산하기
>
> [수업 활동]
> - (자연수)÷(자연수)의 몫을 분수로 나타내기
> - (분수)÷(자연수)를 알아보기
> - (분수)÷(자연수)를 분수의 곱셈으로 나타내기
> - (분수)÷(자연수) 구하기

해당 단원의 수업을 위해 교사는 수학익힘책을 활용해 진단평가를 실시했다. 6학년 1학기 분수의 나눗셈의 원리를 이해하고 계산하기 위해서는 분수의 약분과 통분, 분수의 곱셈을 이해하고 있어야 한다. 평가 결과를 확인하기 위해 수학익힘책을 다 푼 학생들은 교사에게 가져와서 확인받도록 한다. 빠르게 푼 학생들이 먼저 가져와서 확인을 받는데 19명 중 12명의 학생은 분수의 나눗셈을 학습하는 데 전혀 문제가 없다. 문제는 7명의 학생들이다. 학생들의 학습 수준이 모두 제각각이다. 사실 다른 것이 당연하다. 이들을 위해 개별지도를 시작했는데, 나머지 12명의 학생들이 무작정 기다려야 하는 문제가 생겼다. 수업을 시작하기엔 7명의 학생들이 단원 학습을 시작할 수 있는 상황이 아니다. 7명 중 4명은 약분과 통분, 분수의 곱셈을 이해하지만 계산이 숙달되지 않았다.

이 학생들은 또래 교수를 활용해 계산 연습을 시켰다. 나머지 2명은 개념과 연산 모두에서 어려움을 겪고 있어 방과 후 보충지도를 통해 약분과 통분, 분수의 곱셈을 이해하고 연산을 능숙하게 할 수 있도록 지원했다. 1명의 학생은 부모님의 낙인 효과를 염려하여 방과 후 보충지도를 원하지 않아 수업 시간 중 개별 지도에 집중할 수밖에 없었다.

드디어 단원을 시작했다. 단원을 진행하는 내내 크게 벌어져 있는 학생들의 수준과 속도 차이로 인해 고민이 많아진다. 이해도가 높은 학생들에게는 심화 과제를 제시하고 또래 교수를 부탁했다. 낮은 수준 학생들에게는 지속적인 개별 피드백과 보충 지도를 제공했다. 결국 모든 학생들이 단원의 성취기준에 도달할 수 있도록 했지만, 교사 1명이 모든 것을 담당하다 보니 에너지와 시간 소모가 컸다. 특히 개념적 이해를 추구하는 수업을 시도하고 싶었지만, 학생들의 개별 평가와 피드백에 많은 시간을 할애하다 보니 분수의 나눗셈과 관련된 개념적 이해를 위한 수업을 진행할 수 없었다.

교사 1명이 다수의 학생을 가르쳐야 하는 현실에서 개별 학생에게 적합한 수업을 실행하는 것은 한계가 있다. 물리적·시간적 여건에 대한 어려움에 더해 타당한 평가도구 개발, 채점의 신뢰도 확보를 위한 훈련, 구체적이고 적시성을 확보한 평가 기록과 통지까지 고려하면 질 높은 평가와 피드백이라는 벽은 더 높아진다. 교사들도 모두 개별 맞춤형 교육을 꿈꾸지만 지금의 교실 환경에서는 맞춤 교육이 어렵기에 평균 학생 학습 수준에 맞추어 가르치는 것을 현실적인 방안으로 여긴다.

학생 맞춤형 교육을 위한 AI 기술의 적용이 많은 관심을 받고 있다. 학생 맞춤형 교육은 개별 학생에게 적합한 학습경험을 제공하여 모든 학생이 학습에 성공하도록 하는 것이다. 개별 학생에게 적합하고 효과적인 학습경험을 제공하는 것의 핵심은 평가와 피드백이다. 상술한 진단평가, 형성평가, 총괄평가와 연계한 수업을 개별 학생 모두에게 적합하게 제공할 수 있다면 좋겠지만, 교사가 다수의 학생을 가르치는 일반적인 교실의 모습에서 학생들의 평가 결과에 따라 개별화된 학습경험과 피드백을 제공하는 것은 불가능했다. 그런데 AI 기술이 발전하고 AI가 우리의 삶에 스며들기 시작하면서 AI를 개별 학생들의 평가와 피드백을 지원하는 도구로 사용할 수 있는 미래를 그릴 수 있게 되었다.

AI를 학생 맞춤형 교육에 활용하고자 하는 이유를 일상 속 SNS의 사용 경험만 떠올려 봐도 쉽게 알 수 있다. 페이스북이나 인스타그램에서는 나와 비슷한 관심사를 가진 친구를 추천하고, Netflix나 YouTube는 내가 시청하는 영상을 토대로 추천 콘텐츠를 제공한다. 빅테크 기업들은 AI를 활용한 추천 알고리즘을 통해 점점 더 정확하고 정교한 맞춤형 콘텐츠를 제공하며, 이용자들을 자신들의 플랫폼에 머물게 하고 있다. 추천 알고리즘의 핵심은 이용자들의 SNS 사용 경험을 AI가 분석하여 개별 이용자들이 좋아하고 원하는 사용 경험을 추천하는 평가와 피드백의 과정에 있다.

AI는 기존의 획일화되고 표준화된 교육의 패러다임을 전환할 수 있는 기술로 주목받고 있다. AI를 활용한 학습 앱과 생성형 AI를 이용한 학습 아이디어가 확산되고 있으며, 기업들도 생성형 AI를 활용한 교육 사업 진출을 모색하고 있다. 전 세계적으로 AI에 대한 관심을 불러일으킨 OpenAI는 2024년 5월 14일 유튜브 채널을 통해 ChatGPT-4o를 활용한 수학 학습을 공개했다. 이 영상에서는 Khan Academy의

창립자 살만 칸이 아들과 함께 ChatGPT-4o를 활용한 수학 학습을 시연한다. 기존의 생성형 AI는 텍스트 기반 상호작용만 가능했지만, 이 영상에서는 AI와의 언어적 의사소통이 마치 사람과 소통하는 것처럼 자연스럽고, 학생이 태블릿 PC에 터치 펜을 사용해 문제를 풀이하는 과정도 인식하면서 동시에 적절한 피드백을 제공한다. 이는 마치 교사가 학생 옆에서 학습 과정을 지켜보며 실시간으로 평가와 피드백을 제공하는 것과 같다. 살만 칸이 AI에 지시하는 프롬프트를 토대로 학습자와 AI가 주고받는 대화를 보면, AI를 활용한 학생 맞춤형 교육의 미래가 가까이 오고 있다는 느낌을 지울 수 없다.

다음은 살만 칸, 학습자, AI가 학습하는 과정 중에 대화한 내용을 일부 번역한 것이다.

- 살만 칸: 안녕하세요, 여기 제 아들과 함께 있습니다. 이 수학 문제를 아들에게 가르쳐 주세요. 하지만 답을 알려 주지 마시고 질문을 던지고 올바른 방향으로 유도해 주세요. 스스로 이해하는 것이 중요합니다. 아들이 방에 있으니 직접 이야기해도 됩니다.
- AI : 물론 도와드리겠습니다. 함께 문제를 살펴볼까요? 먼저 삼각형의 각 알파에 대해 대변, 인접변, 빗변이 무엇인지 확인해 볼까요?
- 학습자 : 이 각이 알파라고 확신합니다. 맞나요?
- AI : 맞습니다. 이제 삼각형을 보면서 어느 변이 빗변인지 생각해 보세요.
- 학습자 : 음, 잘 모르겠지만 이 변일 것 같아요. 하지만 확신은 없습니다.
- AI : AC 변은 각 알파에 대한 인접변입니다. 빗변은 직각삼각형의 가장 긴 변이며 직각의 바로 맞은편에 있습니다. 어느 변이 빗변인지 찾을 수 있나요?
- 학생 : 아, 이제 이해했어요. A에서 B로 이어지는 이 긴 변이 빗변인 것 같아요. 맞나요?

(OpenAI, 2024)

AI는 문제에 제시된 그림을 활용해 직각삼각형의 변을 표현하는 용어들을 익힐 수 있도록 학생에게 적절한 질문을 통해 평가를 실시하고 학생의 응답을 토대로 피드백을 제공하면서 학생이 빗변과 인접변의 개념을 이해할 수 있도록 하고 있다. 이후에는 삼각비를 구하는 학습으로 넘어간다. 기업의 기술을 홍보하기 위한 영상이기에, 실제 사용 시 시연 영상과 같은 평가와 피드백을 AI에게 기대하는 것은 아직 시기상조일 수 있다. 그러나 최근 AI 기술의 발전 속도를 고려하면 우리의 예상보다 더 빠르게 AI가 교육의 조력자이자 튜터로서 수업에 활용될 가능성이 크다.

AI 기반 맞춤형 학습을 위한 체제 전환은 많은 국가에서 시도하고 있으며, 우리나라도 발 빠르게 움직이고 있다. 2023년부터 교육부가

추진하고 있는 디지털 기반 교육 혁신 방안은 AI를 교육에 활용하기 위한 도구로서 AI 코스웨어와 AI 디지털교과서를 제시한다.

- AI 코스웨어(교육부, 2023) : 학습자 진단 및 수준별 학습 콘텐츠를 제공하는 AI 기반의 교과 과정 프로그램(Course + Software)
- AI 디지털교과서의 정의와 특징(교육부, 2024)
  - 정의 : 학생 개인의 능력과 수준에 맞는 다양한 맞춤형 학습 기회를 지원할 수 있도록 인공지능을 포함한 지능정보기술을 활용하여 다양한 학습 자료 및 학습 지원 기능을 탑재한 교과서
  - 특징 : AI에 의한 학습 진단과 분석, 개인별 학습 수준과 속도를 반영한 맞춤형 학습, 학생의 관점에서 설계된 학습 코스웨어

AI 코스웨어와 AI 디지털교과서 모두 학생의 학습 수준과 속도에 적합한 맞춤 학습을 위해 AI를 비롯한 디지털 기술을 적용한다. 교사는 질 높은 평가와 피드백을 실행하기 위해 마주하는 평가 개발, 채점 및 분석, 피드백, 기록 및 통지의 과정에서 AI의 도움을 받을 수 있고, 객관적 데이터에 기반한 피드백과 수업을 할 수 있다. 학생은 AI를 통해 학습 수준과 속도에 맞는 맞춤 학습을 지원받을 수 있다. 그렇다면 앞에서 예로 들었던 수학 수업이 AI의 지원을 받을 때 어떻게 변화할 수 있을지 함께 상상해 보자.

학생들은 수학 수업 시작과 함께 태블릿 PC를 이용해 AI 디지털교과서 진단평가를 실시한다. 학생들에게 각자의 평가 결과에 따라 자신의 학습 수준에 맞는 과제가 제공된다. 학생들의 평가 결과와 분석은 실시간으로 교사의 대시보드에 공유된다. 교사는 대시보드를 통해 학습 결손 내용과 성취 수준을 파악하고, 이전 학습 성취 수준이 낮은 학생들을 중심으로 별도의 그룹을 구성하여 교사의 직접적인 지도와 피드백을 제공한다. 그룹 지도 동안 다른 학생들은 AI 디지털교과서를 활용해 자신의 수준과 역량에 맞는 학습을 진행한다. 수업이 끝난 후에도 학습이 충분히 이루어지지 않은 학생들은 AI 디지털교과서를 활용해 성취 수준을 높일 수 있도록 가정 학습 과제를 제시한다. 학생은 가정에서 AI 디지털교과서를 활용한 학습을 하면서 AI의 평가와 피드백을 통해 이해하지 못하는 개념에 대한 설명을 들을 수 있다. 학습의 과정 중에 질문이 있는 경우 AI와 소통하면서 궁금증을 해결할 수 있다. AI는 학생의 풀이 과정을 보고 질문을 던지며 학생이 스스로 개념을 이해하고 문제를 해결할 수 있도록 돕는다.

교사는 진단평가에 대한 AI의 평가 결과와 분석을 통해 학생들의 학습 수준을 편견 없이 파악하여 적절한 학습목표와 수업을 설계한다. 수학처럼 학생 간 수준 차이가 큰 수업의 경우 학생 간 상호작용과 협력을 통한 문제 해결 수업이나 개념 기반 수업은 시도하기 어려웠다. 하지만 AI가 학생 개개인에게 맞춘 학습 경로를 제공해 기본 개념과 연산을 익히는 시간을 효과적으로 줄여 주었다. 이를 통해 교사는 학생들이 고차원적 사고력을 발휘하고 서로 협력하면서 개념적 이해와 전이를 위한 수업, 사회적·정서적으로 상호작용하는 수업에 집중한다.

AI를 통해 분수의 나눗셈에 대한 기본 개념과 원리를 이해한 학생들에게 교사는 분수의 나눗셈과 관련하여 탐구하고 싶은 질문을 고민해 보도록 하고, 이 질문을 중심으로 학습자 수준을 고려한 모둠을 구성한다. 각 모둠에서는 질문에 대한 답을 찾아가기 위한 탐구 활동을 수행한다. 교사는 순회 지도를 하면서 학생들의 탐구 활동을 지원한다. 학생들은 탐구 활동을 진행하는 과정 중에 AI를 활용한다. 다만 AI가 제공하는 정보가 정확하지 않기 때문에 교차 검증을 안내하고 지원한다. 저차원적 사고와 관련된 수업은 AI를 적극적으로 활용하고 고차원적 사고와 관련된 수업은 교사-학생, 학생-학생 간의 상호작용을 통해 이루어진다. 교사와 AI의 협력은 학생 개개인에게 필요한 피드백을 적시에 제공하고, 학생들은 탄탄한 이해를 바탕으로 개념적 이해와 전이까지 이어지는 학습을 주도한다.

AI 디지털교과서는 학생 맞춤형 학습경험을 제공해 주는 것을 넘어서서 교사의 수업 설계에서 AI 조력자 역할을 할 수 있도록 개발되고 있다. 다음은 교육부에서 제시하고 있는 AI 디지털교과서 수업 설계 모델이다. 다소 복잡해 보일 수 있지만 잘 살펴보면 교사가 모든 학생의 배움과 성장을 위한 수업에 AI 디지털교과서AIDT를 어떻게 활용할 수 있는지 제시하고 있다.

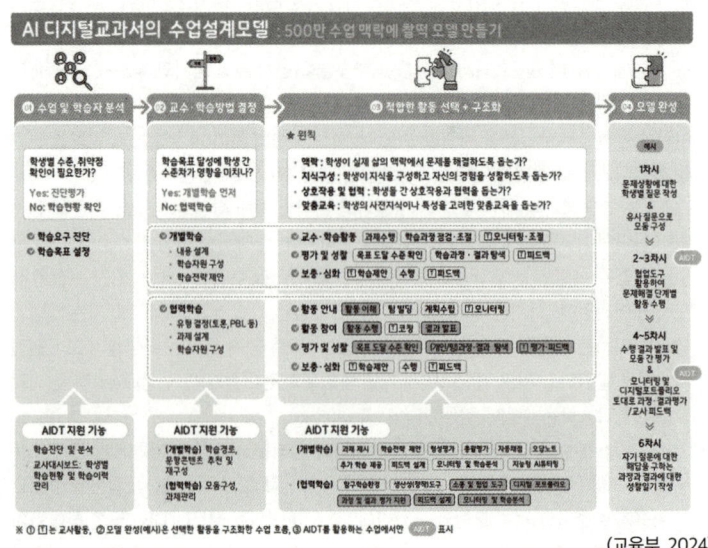

(교육부, 2024)

각 단계별로 살펴보면서 AI 디지털교과서AIDT가 그리는 수업의 미래를 함께 상상해 보자. 첫째, 효과적인 수업 및 학습자 분석이 가능하다. 교사는 학생별 수준, 취약점 진단이 필요한가에 따라서 AIDT를 활용해 진단평가를 실시할 수도 있고 학습 현황만 확인할 수도 있다. 핵심은 학생들의 수준, 필요, 요구를 반영해 학생에게 적합한 학습목표를 설정해 이를 토대로 수업을 설계하는 데 있다. 교사는 대시보드를 통해 학생들의 학습 수준, 필요와 요구 등을 체계적이고 과학적으로 분석하고 확인할 수 있다.

둘째, 교수·학습 방법을 결정할 수 있다. 학습목표 달성에 학생 간 수준 차가 영향을 미치는 정도에 따라 개별학습이나 협력학습을 선택할 수 있다. 학생 간 수준 차가 클 때 협력학습을 실시하는 경우 학습 수준이 낮은 학생들의 학습 결손이 우려되고, 학습 수준이 높은 학생들의 유의미한 협력을 통한 배움과 성장을 기대하기 어렵다. 특히 모든 학습의 기초인 언어·수리·디지털 소양이 갖춰지지 않을 경우 협력을 방해하고, 학습 격차와 결손이 더 커질 수 있다. 학생 간 수준 차가 크거나, 학생들의 학습 수준이 전반적으로 낮다면 개별학습을 통해 학습 수준의 차이를 줄이거나 학습 수준을 높인 후에 협력학습으로 넘어가는 것이 효과적이다. 개별학습에 AIDT를 활용하면 학생들은 자신의 수준과 속도에 적합한 학습 경로를 통해 맞춤 학습을 경험할 수 있다. 또한 학생들이 AIDT를 통한 맞춤 학습을 진행하는 동안 교사는 학습 수준이 낮아 교사의 직접적인 가르침과 피드백이 필요한 학생들에게 집중 지원이 가능하다. AIDT는 협력학습을 위한 모둠 구성이나 과제 관리도 지원할 수 있도록 개발된다.

셋째, 교수·학습 방법에 따른 활동을 선택하고 구조화할 수 있다. 이 과정에서 교사가 고려할 4가지 원칙을 제시한다. 이를 통해 AIDT는 전이 가능한 개념적 이해를 위해 학생들의 사고와 탐구 및 협력을 촉진하고, 맞춤형 교육으로 모든 학생의 성공적인 학습을 지원하는, 교육의 본

질을 위한 도구로 접근해야 한다는 메시지를 읽을 수 있다.

- 맥락 : 학생이 실제 삶의 맥락에서 문제를 해결하도록 돕는가?
- 지식 구성 : 학생이 지식을 구성하고 자신의 경험을 성찰하도록 돕는가?
- 상호작용 및 협력 : 학생들 간 상호작용과 협력을 돕는가?
- 맞춤 교육 : 학생의 사전 지식이나 특성을 고려한 맞춤 교육을 돕는가?

AIDT는 교사가 설계한 교수·학습 방법(개별학습, 협력학습)에 따라 활용할 수 있는 다양한 수업 및 평가 기능을 제시한다. 개별학습에서는 평가와 피드백에 효과적으로 활용할 수 있는 기능들을 제시한다. 협력학습에서는 소통 및 협업을 촉진하고 기록하는 도구를 제공한다. 모든 교수·학습 방법에서 학습 모니터링 및 분석과 피드백 설계가 제공된다. 교사는 AIDT를 활용해 교수·학습 방법에 적합한 교수·학습 활동, 평가, 보충·심화 학습을 설계할 수 있다.

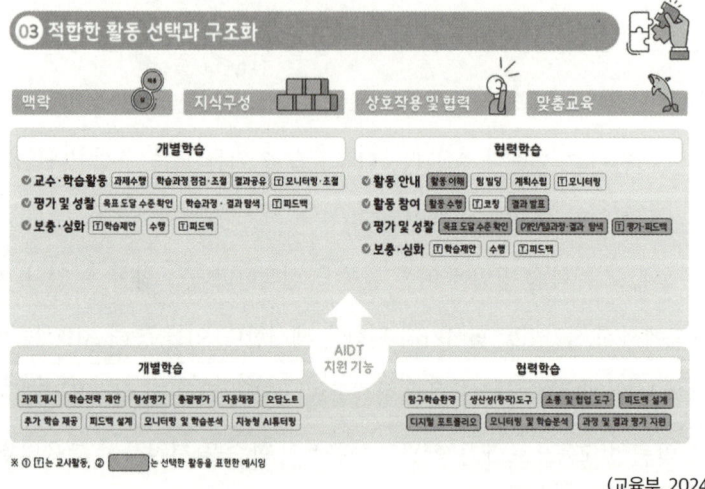

(교육부, 2024)

AI가 교육에 가져올 수 있는 긍정적인 변화를 다음과 같이 정리할 수 있다. 첫째, 개인화된 학습경험을 제공할 수 있다. AI는 학생 개개인의 학습 수준, 학습 속도, 스타일에 맞춘 학습경험을 제공하고, 이를 통해 모든 학생은 자신만의 학습 경로를 걸어갈 수 있다. 이는 그동안 시간적, 물리적 여건으로 불가능했던 학습을 가능하게 하는 모습이다.

둘째, 효과적인 피드백이 가능하다. AI는 학습의 과정을 실시간으로 평가하면서 필요한 피드백을 제공할 수 있는 잠재력을 가지고 있다. 학생들은 잘못된 이해와 수행을 빠르게 인식하고 AI의 추가적인 과제를 통해 수정하면서 학습 효과를 극대화할 수 있다. 대체적으로 즉각적인 피드백이 효과적이지만 학습자의 수준이나 과제의 수준에 따라 지연적 피드백이 효과적인 경우도 있는데 이 또한 프롬프트를 통해서 조절할 수 있을 것이다.

셋째, 교사들의 평가와 피드백에 큰 도움을 줄 수 있다. AI는 평가 및 피드백과 관련한 반복적이고 소모적인 업무(채점 및 분석, 평가 기록 등)를 대신하여 교사들이 질 높은 수업 및 평가 설계, 학생들과의 상호작용에 더 많은 시간을 할애할 수 있게 해 준다. 또한 AI는 학습 데이터 분석을 통해 학생들의 이해도와 학습 상황을 정확하게 파악할 수 있게 도와줄 수 있다. 이러한 평가 데이터는 학생과 학부모와의 공유를 통해 학생의 학습을 효과적으로 지원할 수 있다.

넷째, 교육에 대한 접근성이 향상된다. 전염병의 전 세계적 확산으로 불가피하게 실시한 원격수업은 우리에게 교육의 시공간을 확장할 수 있다는 경험을 주었다. AI를 활용한 교육은 인터넷과 디바이스만 있다면 언제 어디서든 질 높은 교육을 받을 수 있는 기회를 제공한다. 2006년 살만 칸이 만든 비영리 교육 서비스인 칸 아카데미는 개별 맞춤형 수학 학습을 위한 플랫폼으로 널리 알려져 있다. 인터넷을 통해 세계적 수준의 교육을 무료로 제공하는 미션을 추구하는 칸 아카데미는 AI를 결합해 더 효과적인 학습경험을 제공하기 위해 변화하고 있다. 칸 아카데미의 AI 튜터인 Khanmigo는 학생들의 질문에 실시간으로 답하고 학습을 돕는 역할을 수행하고 있다.

AI 코스웨어 수업 실패기 : 인간 시대의 끝이 도래하지 않았다

지금까지 AI를 활용한 교육의 장밋빛 미래를 그리더니, 갑자기 수업 실패기라니 무슨 소리인가 싶을 것이다. AI 코스웨어를 사용해 실패한 수업 사례를 공유한다. 다만 교사가 해당 코스웨어에 대한 이해와 사용법을 숙지하지 못했다는 것을 전제로 읽어 주시길 바란다. '인간 시대의 끝이 도래하지 않았다.'라는 문장은 우리 반 학생이 AI 코스웨어를 활용한 논설문 쓰기 수업을 경험하고 AI 코스웨어에 대한 소감을 남겨 달라고 했을 때 Padlet에 남긴 글이다.

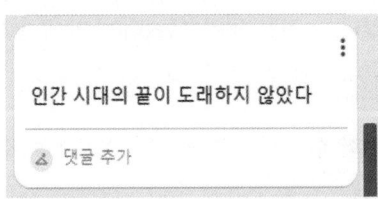

이 수업에서 학생들은 AI 코스웨어를 통해 자신이 작성한 글을 평가받고 AI가 제안한 피드백을 토대로 글을 개선하는 경험을 했다. 교사뿐만 아니라 학생들도 AI의 평가와 피드백에 많은 기대를 품었다. 하지만 글을 작성하고 AI의 평가와 피드백을 토대로 글을 개선하는 과정 중에 학생들의 불만이 쏟아지기 시작했다.

- 선생님, 이 친구는 글을 몇 줄 쓰지 않았는데 왜 저보다 점수가 높아요?
- 선생님, AI가 준 피드백을 토대로 글을 수정했는데, 왜 점수가 낮아져요?
- 선생님, 높은 점수를 받으려고 글을 계속 수정했는데, 막상 수정한 글이 이전 글보다 더 좋지 않은 것 같아요.

학생들에게 제공된 평가와 피드백을 확인해 보니 글의 내용에 대한 AI의 평가와 피드백이 부정확하다는 문제가 있었다. 해당 코스웨어의 경우 AI가 화제 제시, 주장, 근거, 예시, 주장 반박, 반박 재반박, 결론의 구조로 작성되었는지 판단하는 것으로 소개되었다. 하지만 이를 판단함에 있어서 불필요한 접속사(그 이유는)가 있을 때만 내용을 제대로 인식하는 경우가 빈번하게 발생했다. 불필요한 접속사의 사용을 줄이고 명확한 문장으로 글을 작성한 학생이 AI에게 높은 점수를 맞기 위해 과다한 접속사를 넣으며 AI의 점수는 높아졌지만 교사와 학생의 관점에서는 글의 수준은 더 낮아지는 문제가 생겼다. 물론 AI의 평가와 피드백이 정확한 경우도 있었지만, 부정확한 평가와 피드백이 섞여 버리는 순간 학생들은 AI의 평가와 피드백을 어디까지 믿고 활용해야 할지 더 혼란스러워 했다. 결국 교사가 AI의 평가와 피드백을 함께 확인하면서 어떤 평가와 피드백만 활용하면 좋을지 조언해 주어야 했고, 교사의 평가와 피드백까지 더 추가되면서 학생들은 더 혼란스러워 했다. 사실 이 코스웨어를 사용하기 전에 학생들과 함께 개발한 논설문 루브릭을 활용할 수 없어서 불편했음에도 불구하고, 전반적으로 글에 대한 개선이 될 것 같아 기대했지만 결국 실망만 남았다.

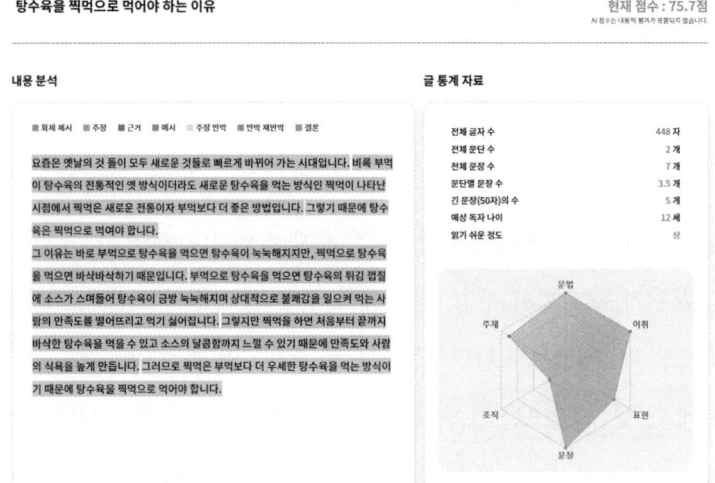

'AI를 활용한 논설문 쓰기'라는 미래 수업을 포기하고 싶지 않아 급하게 코스웨어를 변경했다. 참고로 다양한 코스웨어를 사용할 수 있었던 것은 근무하는 학교가 디지털 선도학교로 운영되고 있었기 때문이다. 변경한 코스웨어는 교사가 입력한 평가 기준에 따라 글에 대한 평가와 피드백이 가능하고 AI의 평가와 피드백을 교사가 수정할 수도 있었다. 학생들과 함께 과제 분석을 통해 만들어 놓은 논설문 평가 기준을 활용할 수 있다는 기대감과 AI가 평가와 피드백이 부족하더라도 교사가 수정할 수 있기 때문에 훨씬 더 좋겠다고 판단했다. 수업 전에 예비 아이디로 로그인해서 글을 입력하고 AI의 평가와 피드백을 확인했다. 이전에 사용한 코스웨어보다 훨씬 더 구체적이고 명확하게 평가와 피드백을 제시해 주어 학생들이 이해하기 쉬울 것 같다고 생각했다. 하지만 내용들을 구체적으로 살펴보니 교사가 입력한 평가 기준에 따른 평가와 피드백이 아닌 전혀 다른 내용이 입력되어 있었고, AI가 평가한 글 점수의 신뢰도도 부족했다. 아래는 실제 장면을 캡처한 이미지이다. 주장과 근거가 창의적이고 독창적인지 판단해 주길 요구했는데 평가와 피드백 내용은 문장 구조와 표현, 문단의 구분이라는 문법적 내용이었다.

- 내용 주장과 근거가 창의적이고 독창적이다.

  80~90점

  [평가 설명]
  동물원에 대한 반대 주장을 근거와 함께 제시하여 주제를 잘 다루고 있어요. 하지만 문장 구조와 표현이 조금 어색하고 복잡하게 느껴져요.

  [수정 제안]
  1) 글의 표현을 좀 더 간결하고 명확하게 수정하면 독자들이 이해하기 쉬울 거예요.

  2) 문단을 구분하여 논리적인 흐름을 만들면 내용이 더욱 구조적이고 명확해질 거예요. 예를 들어, '동물원의 문제점을 제시한 첫 번째 문단 뒤에 그 원인을 설명하는 두 번째 문단을 두면 독자가 논리적인 흐름을 따라가기 쉬울 거예요.'와 같이 서술하면 독자들이 더욱 명확히 이해할 수 있을 거예요.

이제 왜 학생이 '인간 시대의 끝은 도래하지 않았다.'라는 소감을 남겼는지 알 수 있을 것이다. 다시 강조하지만 위 두 사례 모두 교사가 해당 코스웨어에 대해 제대로 이해하지 않고 바로 수업에 적용한 잘못이 컸다. 즉 이 사례는 AI 코스웨어에 대한 비판이 아닌 AI를 학습에 활용할 때 교사가 AI 학습 도구의 한계와 사용법을 제대로 숙지하지 않았을 때 생길 수 있는 문제점에 대한 것이다. 교사 입장에서 평가와 피드백에 들이는 힘과 시간을 절약하고 싶어서 시도했는데, AI의 평가와 피드백이 부족해서 이를 수정하는 과정 중에 결국 교사는 힘과 시간이 더 들고, 학생들은 더 혼란스러울 수 있다는 것을 알게 된 경험이었다. 만약 교사가 평가와 피드백에 대한 바른 이해 없이 AI 코스웨어에 학생의 학습을 온전히 맡길 경우 잘못된 학습으로 안내할 수 있다는 우려도 생겨났다.

AI 기술은 평가와 피드백 과정을 더욱 효율적이고 효과적으로 만들며, 학생 맞춤형 교육이라는 이상을 현실로 만들어 줄 수 있는 혁신적인 도구임은 분명하다. 그렇다고 AI 기술을 과신해서도, 반대로 그 잠재력을 과소평가해서도 안 된다. 최근 국가적으로 AI를 활용한 학생 맞춤형 교육에 집중하며 막대한 자금이 AI 코스웨어와 AI 디지털교과서로 흘러들어 가고 있다. 관련 업체들은 학교의 선택을 받기 위해 치열한 경쟁과 혁신을 지속하고 있다. 바야흐로 AI 코스웨어 및 AI 디지털교과서 춘추전국시대이다.

이러한 상황에서 교사가 평가와 피드백이라는 본질에 대한 이해가 없다면 효과적인 AI 코스웨어를 선택하는 것은 물론이고, 올바르게 활용하는 것 또한 어려울 것이다. AI 시대에도 변함없이 교사의 존재와 역할은 중요하며, AI를 교육에 사용하는 과정에서 교사의 전문성과 판단력은 학생들의 올바른 학습 방향을 결정하는 데 필수적이다. AI 코스웨어나 AI 디지털교과서 모두 도구일 뿐이다. 도구가 목적으로 여겨지고 목적이 도구에 가려질 때 우리는 어떤 문제가 생기는지 너무나 잘 알고 있다. 결국 학생의 배움과 성장을 위한 열쇠는 평가와 피드백의 연결에 있다는 것을 다시 한 번 기억하자. 평가와 피드백에 초점을 맞추면서 학교에서 AI 코스웨어 및 AI 디지털교과서를 선택하고 결정할 때 참고할 수 있는 기준을 고민해 보았다. 이 기준에 선생님들의 경험과 지혜를 더해 활용하기를 바란다.

AI 코스웨어 및 AI 디지털교과서 선정 기준

평가 및 피드백
- 학생의 수준과 속도에 맞는 다양한 학습 경로가 제공되는가?
- 학습 수준에 맞는 적절한 평가 과제와 피드백 제공되는가?
- 교사가 평가 기준을 입력하고 활용할 수 있는가?
- 학습 진행 상황을 추적하고 관리할 수 있는가?
- 평가와 피드백을 학생이 쉽게 이해할 수 있는가?

상호작용
- AI와 실시간으로 상호작용이 가능한가?
- 교사-학생, 학생-학생 간의 상호작용이 가능한가?
- 다양한 수업에 활용할 수 있는가?

인터페이스
- 평가 데이터와 결과를 시각적으로 제공하는가?
- 가입과 등록이 쉬운가?
- 사용자가 직관적으로 쉽게 사용할 수 있는가?
- 개인정보보호와 보안이 철저히 관리되는가?
- 다양한 디바이스와 호환되는가?

| 평가와 피드백의 주체는 누구인가

학습 과정으로서의 평가

평가 패러다임이 변화하면서 학습 결과에 대한 평가Assessment of Learning에서 학습을 위한 평가Assessment for Learning와 학습 과정으로서의 평가Assessment as Learning가 주목받고 있다. 학습 결과에 대한 평가는 학생들의 평가 결과를 토대로 학생들에게 배치, 진급, 자격을 부여하는 역할에 초점이 맞춰진 평가로서 교사는 평가 기준 또는 다른 학생들과의 평가 결과 비교를 토대로 학생을 배치하거나 진급시키고, 특정 자격을 갖추고 있는지 판단한다. 이러한 평가는 학습 자체의 즐거움을 느끼게 하기보다는 학생들 간의 경쟁을 불러일으키거나 학습을 특정 목표를 위한 수단으로 바라보게 하고 평가에 대한 부정적 인식을 확대시켰다. 하지만 학습 결과에 대한 평가 그 자체를 부정적으로 인식하는 것은 잘못된 접근이다. 수업 과정 중에 이루어진 평가와 피드백을 학생의 배움과 성장을 발달시키는 마지막 단계로 바라보면, 학습 결과에 대한 평가는 학생이 주어진 기간 동안 학습한 결과에 대한 증거를 제시하고 앞으로 어떤 방향으로 나아갈지에 대한 정보를 교사와 학생 모두에게 제공할 수 있다. 다만 수업 과정 중에 평가와 피드백을 통한 학습 촉진 과정 없이 한 번의 총괄평가만으로 학습 결과를 판단하고 기록하는 용도로 활용하거나, 총괄평가로 제공되는 결과만으로 점수, 등급, 석차, 합격·불합격의 정보에만 초점을 맞추어 경쟁적인 분위기로 기우는 것을 경계해야 한다.

학습을 위한 평가는 학생의 배움과 성장을 지원하기 위해 평가 결과를 토대로 학생에게 피드백을 제공하거나 학생들의 학습 수준에 따라 교육과정과 수업을 조정하기 위한 목적으로 평가 결과를 활용하는 것이다. 학습을 위한 평가가 교실에서 잘 구현되면 학생의 학습 속도를 두 배로 높일 수 있다는 것은 연구를 통해서도 분명하게 드러나고 있다.[40] 학습을 위한 평가를 효과적으로 실행하기 위해서는 학생들에게 수업의 목표나 과제를 명확하게 제시하고, 교수·학습 과정 중에 실시되는 평가를 통해 학생들이 발전하는 데 발판이 되는 효과적인 피드백을 제공해야 한다. 더 나아가 재도전의 기회를 부여하는 데 피드백을 활용할 수 있도록 해야 한다. 학생들의 학습목표 도달 수준을 토대로 수업의 단계와 활동을 조절해야 한다.

학습 과정으로서의 평가는 학습을 위한 평가의 한 부분으로서 학생이 자신의 학습을 직접 모니터링하고 모니터링을 통해 얻은 피드백을 활용하여 자신이 이해한 것을 조정, 적응, 변화시키는 것이다. 즉 학습자가 자신의 학습에 책임감을 가지고 앞으로 나아갈 방법을 결정하는 메타인지적 과정이다. 학습 과정으로서의 평가는 학생들 스스로 최고의 평가자가 되는 것을 궁극적 목표로 삼는다.[41]

그렇다면 학습 과정으로서의 평가가 왜 필요할까? 첫째, 학습 과정으로서의 평가는 학생들이 평생학습자로서 성장하도록 지원하는 데 중요한 역할을 한다. 교육의 중요한 목적은 학생들을 평생학습자로서 성장시키는 것이다. 평생학습자로서의 성장은 사회의 변화와 요구로 갈수록 더 주목받고 있다. 사회는 빠르게 변화하고 있으며, 우리는 학교교육을 마친 후에도 변화하는 환경에 적응하고 새로운 것을 계속해서 학습해야 하는 시대에 살고 있다. 이러한 사회에 적응하고 주도적인 삶을 위해 학생들은 평생학습자로서의 역량을 갖추어야 한다. 평생학습자는 자신의 목표를 설정하고 스스로 학습을 주도하는 능력을 갖춘 사람이다. 학습 과정으로서의 평가를 통해 학생들은 스스로 목표와 동기를 부여하며 자신의 학습 과정을 성찰하고 피드백을 통해 학습을 개선하며 지속적으로 학습을 이어 간다. 이를 통해 학습의 주체가 되는 역량을 키운다. 학습 과정으로서의 평가는 다음과 같은 기능을 할 수 있으며, 이는 학생 주도성과 긴밀히 연결된다.

- 학생의 학습목표를 명확히 하고, 그 목표를 달성하기 위한 학습 전략을 수립하는 데 도움을 준다.
- 학생이 학습 과정을 주도적으로 이끌고, 자신의 학습을 평가하며 피드백을 통해 학습을 개선할 수 있도록 돕는다.
- 학생에게 학습에 대한 동기를 부여하고, 학습에 대한 자신감을 키워 준다.
- 교사가 학생의 학습 상황을 파악하고, 학생의 학습을 지원하기 위한 교수 방법을 개선하는 데 도움을 준다.

둘째, 학습 과정으로서의 평가는 메타인지를 발달시키고 이는 학습에 효과적이다. 메타인지는 내가 아는 것과 모르는 것을 자각하고 구분해 낼 수 있는 능력이다. 메타인지적 과정인 학습 과정으로서의 평가는 학생이 자신의 학습을 평가하고 피드백을 통해 개선하는 과정이다. 학생들이 자기평가 절차에 대해 직접적인 지도를 받는다면 자기평가는 높은 성취수준에 기여한다.[42] 2010년 방영된 EBS 다큐프라임, 〈학교란 무엇인가〉 8부에서는 상위 0.1% 학생들의 비밀에 대해서 알아보는 실험을 한다. 실험의 과정과 결과는 다음과 같다.

- 학업 성취도와 기억력의 상관성을 알아보는 연구를 진행한다고 소개한다.
- 일반 학생 5명과 0.1% 학생 5명에게 동시에 연관성이 없는 단어 25개(우산, 초인종 등)를 3초 간격으로 제시한다.
- 학생들은 제시된 단어를 보면서 암기하기 위해 노력한다.
- 본인이 기억하고 있다고 예상하는 단어의 개수를 적는다.
- 3분의 시간 동안 기억나는 단어를 최대한 많이 적는다.
- 처음에 예상한 개수와 기록해서 맞춘 단어의 개수를 비교한다.

학생	예상	정답	차이(정답-예상) 절댓값
일반 학생1	10	4	6
일반 학생2	5	6	1
일반 학생3	6	7	1
일반 학생4	10	8	2
일반 학생5	5	8	3
0.1% 학생1	10	11	1
0.1% 학생2	10	10	0
0.1% 학생3	7	7	0
0.1% 학생4	8	8	0
0.1% 학생5	10	10	0

(EBS, 2010: 재구성)

실험 결과를 살펴보면 0.1% 학생들의 예상한 개수와 정답의 개수가 일반 학생들보다 높은 걸 확인할 수 있다. 하지만 정말 큰 차이가 벌어지는 것은 예상과 정답 간의 차이였다. 0.1% 학생들은 1명의 학생만 정답이 예상보다 1문제 더 맞고 나머지는 모두 일치하며, 예상과 정답 간의 차이가 거의 없었다. 하지만 일반 학생들의 경우 예상과 정답 간의 차이가 평균적으로 큰 편이었다. 상위 0.1% 학생들은 일반 학생들보다 기억력도 높았지만 자신이 기억하는 단어 수를 정확하게 예측하는 메타인지가 우수했다. 메타인지가 뛰어난 학습자는 자신의 학습 과정을 보다 체계적으로 관리하고, 효율적으로 학습한다. 이는 학습 성과를 극대화하고, 지속적으로 학습 능력을 향상시킨다. 메타인지가 타고나는 능력이라면 교육이 개입할 여지가 없겠지만 메타인지는 꾸준한 연습과 경험을 통해 계발될 수 있는 능력이다.

　스마트워치를 활용한 운동 경험은 메타인지가 학습에 효과적임을 보여 주는 훌륭한 사례이다. 스마트워치는 운동자의 목표 설정, 진행 상황 모니터링, 피드백 제공 등을 통해 메타인지를 지원한다. 스마트워치를 사용하는 운동자는 자신의 운동 목표를 설정하고, 이를 달성하기 위해 노력한다. 하루에 10,000보 걷기, 일정 시간 동안 뛰기 등의 목표를 세우는 과정은 학습자가 학습목표를 설정하고 이를 달성하기 위한 계획을 세우는 과정과 같다. 스마트워치는 사용자의 목표 도달 여부, 운동량, 운동 시간 등을 분석해서 실시간으로 보여 준다. 이는 사용자가 자신의 운동 과정을 모니터링하고 운동 효과를 파악하는 데 도움을 준다. 설정한 운동 목표에 도달하지 않을 때는 알림을 통해서 사용자가 운동에 참여할 수 있도록 동기를 유발하기도 한다. 학습 과정에서 자신의 이해도와 진행 상황을 직관적이고 분석적으로 파악할 수 있다면 학생들은 자신의 학습 과정과 전략을 조정할 수 있을 것이다.

학습 과정으로서의 평가, 어떻게 실행할까

다음은 학습 과정으로서의 평가의 핵심을 구조화하여 표현한 것이다.

학습 과정으로서의 평가의 핵심

아래 질문에 대한 **주도권**을 점진적으로 학생에게 주는 것

 교사

✓ 스스로 자신에게 학습의 목표와 동기를 부여
✓ 학습 과정을 모니터링하면서 이 과정에서 얻은 피드백을 통해 이해를 동화 및 조절
✓ 자신의 학습에서 앞으로 나아가기

 학생

① 피드업 : 나는 무엇을 배우고 싶은가? 나의 학습 목표는 무엇인가?
② 피드백 : 나는 얼마나 배웠는가?
③ 피드포워드 : 다음에 무엇을 배워야 하나?

학습 과정으로서의 평가를 위해서는 무엇을 배우고 싶은지, 얼마나 배웠는지, 다음에 무엇을 배워야 하는지에 대한 질문의 주도권을 학생에게 이양할 필요가 있다. 자기 모니터링과 평가는 단기간에 자발적으로 계발되지 않는 복잡하고 어려운 기술이며, 이를 위해서는 교사의 모델링과 가르침, 학생의 연습이 필요하다.[43] 학습 과정으로서의 평가를 통해 독립적인 학습자의 발달을 촉진시킨다고 할 때 교사의 역할은 다음과 같다.

- 자기평가(self-assessment) 기능을 모델링하고 가르치기
- 학생들이 목표를 설정하고 목표를 향한 자신의 발전을 모니터링하도록 안내하기
- 교육과정 목표를 담고 있는 사례와 좋은 수행 모델, 수준 높은 활동 결과물을 제공하기
- 좋은 수행의 명확한 기준을 학생들과 함께 만들기
- 학생들이 자기 생각의 타당성을 확인하고 질문하며, 새로운 것의 학습에 있어서 모호함과 불확실함에 익숙해질 수 있도록 스스로 피드백하거나 자기 모니터링하는 방법을 안내하기
- 학생들이 자신감 있고 유능한 자기평가자(self-assesor)가 될 수 있도록 주기적으로 도전적인 연습 기회 제공하기
- 학생들이 학습뿐만 아니라 메타인지 과정을 모니터링하고 서술적 피드백을 제공하기
- 학생들이 안심하고 도전할 수 있으며 쉽게 지원을 받을 수 있는 환경을 조성하기

(Earl, Katz, 2006; Earl, 2013/2022: 86-87)

학습 과정으로서의 평가를 실행하려면, 교사는 교육과정 개발자이자 전문가로서의 역량을 발휘하여 학생에게 유능한 자기평가자가 되는 경험을 제공해 주어야 하고, 학생들의 실패와 실수에 관대한 문화를 만들어야 한다. 또한 스스로 평가할 수 있는 역량과 경험이 없는 학

생들에게 평가의 주도권을 곧바로 이양하기보다는 목표나 기준을 수립하고 이와 관련된 학습의 과정에서 자기 모니터링과 평가에 대한 충분한 연습과 도전의 경험을 제공하여 학생들의 역량을 신장시킨 후에 주도권을 넘겨야 한다.

학습 과정으로서의 평가를 실행하기 위해 교실에서 실천하고 있는 몇 가지 사례를 소개한다. 학습 과정으로서의 평가를 실행하기 위한 준비 과정으로 우선 실패에 관대하고, 최선을 다하며, 학생들의 이야기에 귀를 기울일 수 있는 환경을 디자인하는 것이 필요하다. 학생들과 다음과 같은 4가지 수업 약속을 학년 초에 소개하고 지속적으로 강조한다.

- 약속1 : 틀려도 괜찮아요.
- 약속2 : 최선을 다해 주세요.
- 약속3 : 적극적으로 발표하고 질문해 주세요.
- 약속4 : 선생님과 친구들의 생각과 의견에 경청해 주세요.

자기평가 기능 연습하기에 가장 쉽게 접근할 수 있는 방법은 단위차시 수업에서 간단한 수신호나 도구를 사용하여 학생들이 자신의 이해도를 수시로 파악하도록 하는 것이다. 수업의 말미에는 학생들이 자신의 이해와 수행 수준을 말, 글, 행동 등을 통해 다시 표현하게 한다. 교사가 학생들에게 지속적으로 자신의 학습 수준을 평가해 보게 하면, 학생들은 자신의 학습 과정을 모니터링하고 점검하게 된다. 이러한 연습을 반복하다 보면 학생들은 자기 모니터링과 평가를 스스로 내면화하게 되어, 학습 효율성과 효과성을 높일 수 있다.

자기평가 기능을 심화시키기 위해서는 평가 루브릭을 활용한다. 교사가 개발한 루브릭을 활용할 수도 있고 학생들과 함께 루브릭을 만들어서 활용할 수도 있다. 학생들과 루브릭을 함께 만드는 가장 효과적인 접근은 우수한 과제나 사례를 탐구하면서 특징을 탐색하는 것이다. 이런 사례는 앞서 스피치 수업에서 소개한 바 있다. 우수한 과제나 사례를 탐구하면서 특징을 탐색하는 것 이외에도 다양한 수준의 과제를 제시하고 이를 수준별로 분류한 다음 가장 높은 수준의 과제 특징을 탐구해 보는 방법도 있다.

다음은 '논설문의 설득력은 어떻게 형성될 수 있을까?'라는 질문을 탐구한 수업 사례이다. 학생들이 설득력 있는 논설문의 특징을 파악할 수 있도록, 서로 다른 수준의 논설문 3가지를 구글 클래스룸을 통해 제시하고 이를 상, 중, 하로 분류해 보도록 했다. 과거에는 상, 중, 하 수준의 글을 교사가 직접 작성하는 데 많은 시간과 에너지를 써야 하므로 이러한 시도가 어려웠다. 그러나 이제는 AI라는 생산성 도구가 우리에게 있다. 다시 수업으로 돌아와서, 학생들이 세 가지 수준으로 분류한 글 중 상 수준의 논설문 특징을 내용(주장, 근거, 주장과 근거의 연결)과 표현(문장, 단어, 문법)으로 나누어 파악하도록 했다. 이 과정을 통해 학생들과 함께 만든 논설문 루브릭은 다음과 같다.

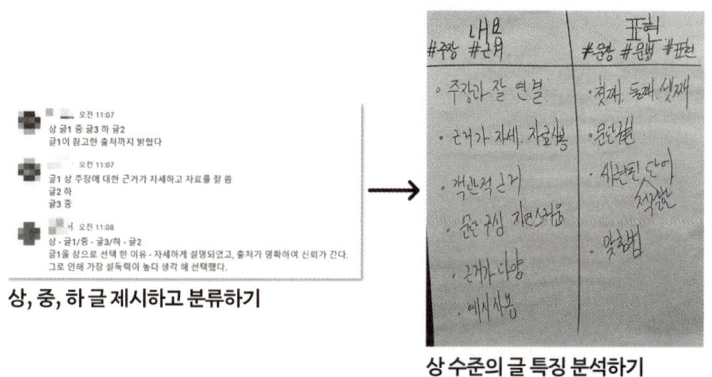

상, 중, 하 글 제시하고 분류하기   상 수준의 글 특징 분석하기

함께 만든 논설문 루브릭	
내용	표현
☐ 주장과 근거가 관련 있다.	☐ 문장이 명확하고 이해하기 쉽다.
☐ 주장을 뒷받침하는 근거가 타당하다.	☐ 단어를 다양하고 적절하게 사용한다.
☐ 근거를 뒷받침하는 자료가 믿을 수 있고, 구체적이며 다양하다.	☐ 문법 및 맞춤법이 정확하다.

 함께 개발한 논설문 루브릭을 활용해서 다른 논설문을 평가하는 기회를 제공했다. 처음에는 학생 개개인이 점수를 주고 이를 교사가 생각하는 점수와 비교하고 토의하면서 최종 점수를 협의했다. 이 단계에서 학생들의 평가 점수는 제각각이다. 학생들에게 또 다른 글을 제시한다. 이번에는 루브릭을 토대로 글에 점수를 개인적으로 부여하고 모둠 토의를 통해 모둠별 점수를 협의하도록 한다. 모둠의 점수를 반 전체와 공유하고 토의하면서 반 전체의 점수를 토의한다. 이러한 과정을

반복할수록 학생들의 점수는 서로 비슷해지고, 교사의 점수와도 비슷해진다. 개인적으로 이러한 과정을 '루브릭 영점 조절'이라고 명명하고 있다. 루브릭 영점 조절 과정은 학생들이 자신의 평가 과제를 객관적으로 판단할 수 있는 능력을 길러 준다.

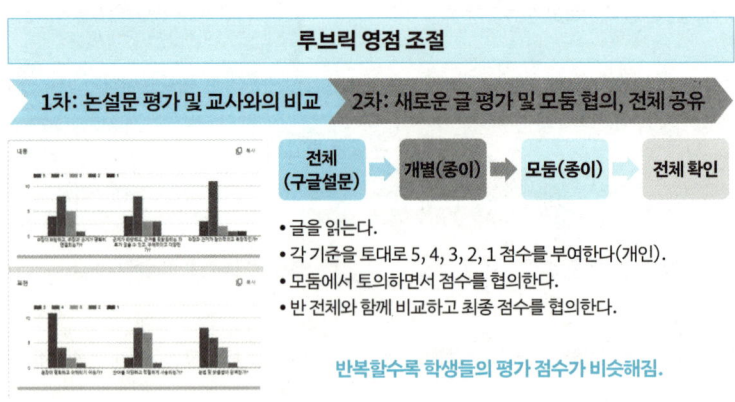

수업을 마무리하면서 학생들에게 '논설문에 대한 루브릭을 활용해 객관적으로 평가할 수 있는 역량을 기르는 것은 나의 글에 어떤 영향을 미치는가?'라는 질문을 던졌다. 학생들이 글을 객관적으로 판단할 수 있게 되면 자신의 글도 판단할 수 있게 되어 결국 자신의 글의 수준이 올라갈 수 있다고 응답했다. 학생들이 루브릭을 활용해 객관적으로 판단할 수 있게 되면 자기 글의 수준을 높이는 것과 더불어 동료평가를 통한 피드백 과정의 질도 높일 수 있다.

> **?!** 논설문에 대한 루브릭을 활용해 객관적으로 평가할 수 있는
> 역량을 기르는 것은 나의 글에 어떤 영향을 미치는가?

- 오후 12:13
  남의 논설문을 판단 할 수 있게되면
  자신의 논설문도 판단 할 수 있는 수준이 되어
  덩달아 자신의 수준도 올라가기 때문이다.

- 오후 12:14
  평가를해서 그 기준을알고 그 기준안에들었나 안들었나 자신이글을 점검학수이다

- 오후 12:14
  객관적으로 판단하면 자기에게도 평가를 잘해서 더 수준높은 글을 쓸 수 있는 능력이 생긴다.

- 오후 12:14
  자신에 의견만 강조하지말고 남도 이해할민하게 써야함

- 오후 12:15
  글을 판단하고 글 쓰는법을 배우고 발전한다

학생들이 학습에 대한 주도권을 발휘하는 경험을 하도록 수업에 대한 학생들의 의견을 경청하고 생각을 나누는 수업 성장 회의 시간도 주기적으로 가진다. 그동안 경험한 수업에 대해 학생들의 생각과 느낌을 나누고, 수업을 개선하기 위한 학생들의 의견을 경청하며, 학생들이 배우고 싶은 것에 대한 필요와 요구를 파악하여 이를 교육과정 운영에 적극적으로 반영한다. 수업 성장 회의는 학생들과 함께 무엇을 배우고 싶은지, 무엇을 배웠는지, 다음에는 무엇을 배울 것인지에 대한 고민을 나누는 성찰의 시간이다.

학생들이 평가자로서의 역량을 갖춰 가고 있다고 생각했을 때 학생 주도 프로젝트를 실시한다. 1부에서 자세하게 소개했던 학생 주도 프로젝트를 다시 언급하는 이유는 학습 과정으로서의 평가가 결국 주도성 함양을 위한 교육과 밀접하게 연결된다는 것을 말하고 싶어서이다. 학생 주도 프로젝트는 독립적인 학습자로서 목표를 설정하고 목표를 향해 스

스로 자신의 발전을 모니터링하면서 나아가는 방향을 결정하는 수업이다. 학생 주도 프로젝트에서는 학습 방법의 학습과 주도성 발휘를 위한 역량을 갖출 수 있도록 수업의 목표이자 루브릭 역할을 할 수 있는 역량별 항목을 정리하고 다음과 같은 질문을 던지며 학생과 함께 고민한다.

- 이번 프로젝트에서 필요한 역량(목표)은 무엇일까요?
- 프로젝트를 진행하며 여러분이 선정한 목표를 토대로 스스로 평가해 봅시다. 잘하고 있는 것과 더 개선이 필요한 것은 무엇인가요?
- 이번 프로젝트 수업을 통해 내가 배우고 성장할 목표가 무엇이라고 생각하나요? 그 이유는 무엇인가요?

자기주도 프로젝트에서 꼭 기억할 목표	
자기관리 역량	• 프로젝트를 진행하면서 재미와 의미를 찾고 있나요? • 프로젝트를 돌아보면서 어떻게 하면 더 잘할 수 있는지 고민하고, 더 나은 프로젝트를 만들기 위해 변화를 시도하고 있나요?
협력적 소통 역량	• 프로젝트 목표를 달성하기 위해 친구들과 잘 협력하나요? • 다른 사람의 의견을 경청하고 아이디어를 공유하면서 함께 문제를 해결하나요? • 의견의 충돌 또는 친구들과의 갈등을 해결하기 위해 수업 시간에 학습한 사회적 기술(협동, 공감, 메라이언의 법칙, 마음 신호등 등)을 사용하나요?
창의적 사고 역량	• 프로젝트 과제를 위해 내가 활용할 수 있는 기술, 나의 경험을 활용해 새로운 것을 만들거나 다른 방식으로 문제를 해결하나요? • 새로운 생각이나 정보의 좋은 점, 아쉬운 점 등을 생각하면서 더 나은 생각을 만들거나 정보를 분석하나요?
지식정보 처리 역량	• 프로젝트와 관련하여 믿을 수 있는 지식과 정보를 검색하고 평가할 수 있나요? • 프로젝트와 관련한 지식과 정보를 구조화하여 정리해서 활용하나요? • 지식과 정보의 출처를 정확하게 밝히고 활용하나요?
심미적 감성 역량	• 다른 사람의 감정과 다른 문화에 대해 공감하고 존중하나요? • 인생에서 중요한 것들을 이해하고 즐기나요?
공동체 역량	• 공동체를 더 좋고 행복한 곳으로 만드는 데 적극적으로 참여하나요? • 공동체의 발전과 행복을 위해 내가 도울 수 있는 방법에 대해 생각하고 이를 실천으로 옮기나요?

학생 주도 프로젝트에서의 평가는 학습 과정으로서의 평가에 초점을 맞추며, 성찰 일기를 통해 학습의 과정을 돌아보고 평가할 수 있는 경험을 제공한다. 이때 학생의 자기평가 결과와 교사평가 결과를 비교하며 학생들의 메타인지 과정에도 피드백을 제공하도록 한다.

메타인지를 기르기 위한 학습 과정으로서의 평가 관점에서 보았을 때 AI를 교육에 적용하는 것에 대해 고민할 지점이 있다.

AI를 활용하는 것에 대한 고민

AI를 통한 맞춤형 학습이
AI의 평가와 피드백에 의존하는 수동적인 학습자를 기르는 교육이 되지 않도록 교사의 지혜와 실천이 필요

교사 ✕ 학생

AI

① 피드업 : 나는 무엇을 배우고 싶은가? 나의 학습의 목표는 무엇인가?
② 피드백 : 나는 얼마나 배웠는가?
③ 피드포워드 : 다음에 무엇을 배워야 하나?

AI 기술이 고도로 발전한다면 무엇을 배워야 하는지, 얼마나 배웠는지, 다음에 무엇을 배워야 할지에 대한 질문에 효과적으로 답할 수 있게 될 것이다. 그러면 높은 수준의 학생 맞춤형 수업이 가능해질 것이다. 이는 학생들의 학습을 크게 향상시킬 가능성이 있지만, 동시에 AI의 맞춤형 학습에 지나치게 의존하는 수동적인 학습자로 전락시킬 위험성도 내포한다.

학생 맞춤형 수업의 궁극적인 목표는 학생들이 메타인지를 스스로 발휘할 수 있는 우수한 학습자로 성장하도록 하는 데 있다. 이것이 불확실성을 견디고 나와 세계에 대한 이해를 바탕으로 나와 공동체의 행복한 삶을 설계해 나갈 수 있는 교육의 핵심이다. AI 기술이 고도화되고 교육에 깊이 침투할수록 학생들이 단순히 AI에 의존하지 않고 AI를 효과적인 도구로 활용하여 삶과 학습을 주도하는 사람으로 성장하도록 돕는 교사들의 깊은 고민과 지혜, 실천이 필요하다.

CHAPTER 3

깊이 있는 학습을 위한 교육과정-수업-평가 설계

| 교사에게도 필요한 이해, 전이, 성찰

앞서도 언급했듯이 깊이 있는 학습과 관련된 교육 이론과 전략으로 개념 기반 교육과정, 개념 기반 탐구 학습, 이해 중심 교육과정, 학습 과정으로서의 평가 등이 주목받고 있다. 교육 이론과 전략에 대해 바르게 이해해야 실천의 질을 높이고 확산시킬 수 있다. 그러나 이론과 전략을 도구가 아닌 목적으로 여기는 순간 오히려 실천을 가로막는 높은 벽이 될 수 있다.

과거 교생실습 때를 돌이켜보면, 각 교과의 수업 모형을 암기하고 기계적으로 절차를 따르려 애썼다. 하지만 실제 교사가 되어 매일 수업을 진행하며, 수업 모형의 절차를 그대로 적용하기보다는 재구성하고 재조정하는 것이 더 유용했다. 수업 모형은 교사가 의도한 목표에 도달하기 위해 선택적으로 활용하는 수단일 뿐이며, 그 자체가 목적이 아님을 알게 되었다.

　교육 이론과 전략을 바르게 이해하는 것은 중요하지만 제시되는 개념, 절차, 과정을 모두 엄격하게 지키려고 한다면 실천과 멀어진다. 2015 개정 교육과정에서 2022 개정 교육과정으로 연결되면서, 학생의 배움과 성장을 지원하고 고차원적 사고력과 역량을 기를 수 있는 평가의 실행을 지원하는 교육과정 이론으로 이해 중심 교육과정이 있다. 이해 중심 교육과정이 현장에서 실천으로 이어지는 것은 보기 드물며 관련된 논문이나 단행본 정도에서만 설계 및 실천 사례를 확인할 수 있다. 그 이유는 일상 수업을 설계하고 실행하는 데 이해 중심 교육과정에서 제시하는 복잡하고 어려운 개념과 절차를 고려하기 어렵기 때문이다.

　다음은 이해 중심 교육과정을 설계하고 실행하기 위해 개인적으로 개발한 설계 틀이다. 이해 중심 교육과정에서 요구하는 개념과 절차를 엄격하게 지키기 위해 노력했다. 하지만 하루에도 다수의 교과와 단원을 가르쳐야 하는 상황에서 한 학기에 한 번 정도 시도하기도 벅찼다.

이해 중심 교육과정

함성새싹 교.수.평 배움 디자인 보드[1)2)]

1단계 : 교육과정 디자인하기

주제	가정의 달 PBL		교육 목표	☐1. 나를 사랑하기, 주도적 삶 ☐3. 4C, 삶 즐기기	■2. 행복한 관계 맺기 ■4. 더불어 행복한 삶 살아가기	
성취 기준 ★핵심	★[4국03-04] 읽는 이를 고려하며 자신의 마음을 표현하는 글을 쓴다. ★[4도02-01] 가족을 사랑하고 감사해야 하는 이유를 찾아보고, 가족 간에 사이좋게 지내야 될 도리와 해야 할 일을 약속으로 정해 실천한다. [4미02-03] 연상, 상상하거나 대상을 관찰하여 주제를 탐색할 수 있다.					
내용 체계 표 분석 바라는 결과	전이 (T)	• 일상생활에서 읽는 이를 고려하여 마음을 전하는 글을 쓸 수 있다. • 가족의 소중함을 이해하고, 행복한 가족을 위해 내가 지켜야 할 도리와 해야 할 일을 계획하고, 실천할 수 있다.				
	의미 (M)	이해		핵심 질문 브레인스토밍		
		• 마음을 전하는 글을 쓰기 위해서는 읽는 이의 여러 가지 상황을 고려해야 한다. • 마음을 나타내는 표현과 이유(생각과 느낌)를 기록하면 마음을 더 잘 전달할 수 있다. • 가족이 행복하려면 가족 구성원 모두가 예절을 지키고, 각자의 역할을 다해야 한다. • 행복한 가정을 이루는 것은 중요하다.		포괄적	제한적	
				• 마음을 전하는 것은 왜 중요한가요? • 가족은 왜 소중할까요?	• 마음을 잘 전하려면 어떻게 글을 써야 할까요? • 가족의 행복을 위해 무엇을 해야 할까요?	
	습득 (A)	핵심지식		기능		태도
		• 마음을 나타내는 말 • 마음을 전하는 글의 형식 (편지) • 가족의 소중함(효, 우애)		• 읽는 이를 고려하여 마음을 전하는 글쓰기 • 가족에 대한 예절 익히기 • 행복한 가족을 위해 내가 할 수 있는 일(말, 행동) 계획하고 실천하기 • 주제를 다양한 방법으로 탐색하기		• 행복한 가정을 위한 실천 의지 다지기 • 프로젝트 수업에 관심과 흥미를 가지고, 적극적으로 참여하기
배움 활동 아이 디어 BR	배움 탐구	• 도입활동 • 핵심질문 소개 및 토와토론하기 • 핵심 질문에 대한 답을 찾기 위한 지식, 기능의 습득 및 탐구		• 가족의 소중함 탐구하기 • 마음을 전하는 글쓰는 방법 익히기		
	배움 표현	• 배움(핵심) 질문에 대한 답을 자신의 언어 또는 행동으로 표현, 공유, 정교화 • 결과물 초안을 만들고 비평하기		• 소중한 가족에게 마음을 전하는 글(초고쓰기) • 행복한 가정을 위해 필요한 말과 행동 계획하기		
	배움 활용	• 배운 내용을 실제 맥락 또는 다른 맥락에서 활용하기 • 결과물 발표 및 핵심 질문에 최종 답하기 • 성찰하기		• 가족에게 마음을 전하는 그림책 만들기 전달하기 • 행복한 가정을 위해 필요한 말과 행동 실천하기		
핵심 질문	배움 탐구	• 가족은 왜 소중할까요? • 마음을 잘 전하려면 어떻게 글을 써야 할까요?				
	배움 표현	• 가족에게 마음을 전하는 글을 써볼까요? • 행복한 가족을 위해 필요한 말과 행동은 무엇일까요?				
	배움 활용	• 가족에게 마음을 전하는 그림책을 만들어볼까요? • 행복한 가족을 위해 필요한 말과 행동을 실천해볼까요?				

---

1) 유영식(2019), 교육과정 문해력, 테크빌 교육
2) 강현석, 이지은, 배은미(2019), 최신 백워드 교육과정과 수업설계의 미래, 교육과학사

2단계 : 평가 디자인하기(수행과제 및 루브릭)

GRAPS 고려(Goal, Role, Audience, Situation, Product, Standards)
□구두 □글로쓰기 □시각·미디어&테크놀로지 □구호물 □제안 또는 계획 □자기평가 □동료평가

평가활동			
배움 탐구	가족의 소중함 탐구하기	[PBL 스토리보드] 가정의 달 5월은 가정의 소중함을 돌아보고 감사함을 전달하며 가족과 함께하는 많은 달입니다. 가족은 평소 너무나 가까이 있기에 소중함을 느끼지 못하고 소홀할 때가 많습니다. 소중한 우리 가족을 위한 2가지 프로젝트를 시작합니다. ①첫 번째 프로젝트는 여러분이 그림책 작가가 되어 부모님께 나의 마음을 전하는 그림책을 만들어 부모님께 전달합니다. 읽는 이를 고려하여 나의 마음을 효과적으로 표현하는 편지를 쓰고, 이 편지를 활용하여 마음을 전하는 그림책을 만들게 됩니다. ②두 번째 프로젝트는 비밀미션을 수행합니다. 행복한 가족을 위해 가족 간에 예절을 지키고, 행복한 가정을 위해 내가 할 수 있는 일을 구체적으로 계획하고 스스로 꾸준히 실천합니다.	
배움 표현	가족에게 마음을 담은 글쓰기		
배움 활용	행복한 가족을 위한 말과 행동 실천하기		

루브릭	성취기준	평가기준		평가요소(내용, 효과, 과정, 질)	
				내용의 적절성	토의의 효과성
	[4도02-01] 가족을 사랑하고 감사해야 하는 이유를 찾아보고, 가족 간에 지켜야 할 도리와 해야 할 일을 약속으로 정해 실천한다.	상	가족이 소중한 이유를 협력적 토의를 통해 생활 속에서 발견하고 설명할 수 있다.	가족이 소중한 이유를 삶 속의 경험을 통해 구체적으로 설명	모둠활동에 항상 협력
		중	가족이 소중한 이유를 토의를 통해 발견하고, 설명할 수 있다.	가족이 소중한 이유를 설명함.	모둠활동에 협력
		하	토의 참여를 통해 가족이 소중한 이유를 발견하고, 이해할 수 있다.	가족이 소중한 이유를 찾는 활동에 적극적으로 참여함.	모둠활동에 이따금 참여함

루브릭	성취기준	평가기준		평가요소(내용, 효과, 과정, 질)		
				읽는 이 상황 고려	내용의 적절성	글의 형식
	[4국03-04] 읽는 이를 고려하여 자신의 마음을 표현하는 글을 쓴다.	상	읽는 이의 흥미나 관심, 입장, 반응 등을 충분히 고려하여 자신의 정서와 감정을 효과적으로 표현하는 글을 정확한 편지 형식으로 쓸 수 있다.	읽는 이의 상황(흥미, 관심, 입장, 반응)을 충분히 고려함	마음을 나타내는 표현과 이유를 효과적으로 드러냄	완전히 정확한 편지 형식으로 글을 씀
		중	읽는 이의 흥미나 관심, 입장, 반응 등을 고려하여 자신의 정서와 감정을 표현하는 글을 쓸 수 있다.	읽는 이의 상황(흥미, 관심, 입장, 반응)을 고려함	마음을 나타내는 표현과 이유를 드러냄	정확한 편지 형식으로 글을 씀
		하	읽는 이의 흥미나 관심, 입장, 반응 등을 부분적으로 고려하여 자신의 정서나 감정을 표현하는 글을 쓸 수 있다.	읽는 이의 상황(흥미, 관심, 입장, 반응)을 부분적으로 고려함	마음을 나타내는 표현과 이유가 효과적으로 드러나지 않음	부정확한 편지 형식으로 글을 씀

루브릭	성취기준	평가기준		평가요소(내용, 효과, 과정, 질)		
				계획의 적절성	실천	의지
	[4도02-01] 가족을 사랑하고 감사해야 하는 이유를 찾아보고, 가족 간에 지켜야 할 도리와 해야 할 일을 약속으로 정해 실천한다.	상	가족 간에 지켜야 할 예절과 행복한 가족을 위해 내가 할 수 있는 일을 구체적으로 계획하고 스스로 꾸준히 실천하며, 행복한 가정을 위한 의지가 아주 강하다.	행복한 가족을 위해 내가 할 수 있는 일(말과 행동)을 구체적으로 계획함.	계획한 말과 행동을 스스로 점검하며 꾸준히 실천함.	행복한 가정을 위한 의지가 아주 강함.
		중	가족 간에 지켜야 할 예절과 행복한 가족을 위해 내가 할 수 있는 일을 계획하고 실천하며 행복한 가정을 위한 의지가 강하다.	행복한 가족을 위해 내가 할 수 있는 일(말과 행동)을 계획함.	계획한 말과 행동을 꾸준히 실천함.	행복한 가정을 위한 의지가 강함.
		하	가족 간에 지켜야 할 예절과 행복한 가족을 위해 내가 할 수 있는 일을 도움을 받아 계획하고, 실천하며 행복한 가정을 위한 의지가 있다.	행복한 가족을 위해 내가 할 수 있는 일(말과 행동)을 도움을 받아 계획함.	계획한 말과 행동을 도움을 받아 꾸준히 실천함.	행복한 가정을 위한 의지가 있음.

3단계 : 수업 설계하기

학생 참여형 수업 자원 목록

	생각(아이디어) 만들고, 공유하기		생각 나누고 키우기(학습 및 발표)		협력적 의사결정하기	
토의·토론	□BR역 BR □만다라트 토의토론 □이미지 활용 □팬덤위드 □6색생각모자 □PMI 토의토론	□브레인라이팅 □라운드벨토의 □디스니 창의성 전략 □SCAMPER □SWOT 토의토론 □생선 뼈	□가치 수직선토론 □신호등 토론 □전문가집단 돌려토론 □모둠 인터뷰 □실뜨기토론	□찬반 월드 뒤집토론 □나무 토론 □나무토토론 □월드받아 하브루타 □피쉬카페 □OX식 토의토론	□피라미드토론 □사칙연산 토의 □창문구조 토의토론 □도넛츠 크림 □의사결정 그리드 양공 □Y, T-Chart	
구조화 필기	□씨글맵/마인드맵 □브레이스 맵	□트리 맵 □브릿지 맵	□버블 맵 □버블 플로우 맵	□더블 버블 맵 □윈도우 패닝	□플로우 맵 □비주얼 씽킹	
형성 평가	□구두 □독서록 □동료평가	□서술논술 □교원연극 ■자기평가	■토의토론 ■흑표 제시하기	■구조화 필기 □입장권	□수업놀이 □신호등 카드	

수업 활동 설계(WHERET 0고리)

W(목표, 방향), H(관심과 흥미), E1(학습경험, 준비), R(성찰), E2(평가), T(학습 스타일)

단계	핵심질문	차시	배움(수업-평가 연계) 활동(코드)	평가(■) 및 피드백(●)
배움 탐구	가족은 왜 소중할까요?	1-2	■PBL 소개하기 : 스토리보드 및 진행과정 확인하기(W, H) ■배움질문 및 배움순서 소개하기 -배움질문 : 가족은 왜 소중할까요? ■[배움1] 그림책 상상하고 경험 공유하기(E1) ■[배움2] 그림책 듣고 마음에 드는 문구 기록하기 ■[배움3] 가족이 소중한 이유 고민하고 토의하기(E2)	●가족의 소중함 탐구하기 ●짝과 친구들의 의견 공유하고, 정리후에 다시 자기 생각 정리, 개별적 피드백(댓글, zoom)
	나의 마음을 잘 전하려면 어떻게 글을 써야 할까?	3-4	■PBL 흐름 다시 확인하기(W, H) ■배움질문 및 배움순서 소개하기 -배움질문 : 나의 마음을 전하는 글을 어떻게 쓸까요? ■[배움1] 마음을 나타내는 표현 이해하기(E1) ■[배움2] 마음을 드러내는 글 쓰는 방법 익히기(E1) ■[배움3] 마음을 전하는 글 쓰기 연습하기(T)	●마음을 드러내는 글쓰기 연습(짝된 친구들의 글 확인)및 개별 피드백(댓글 zoom)
배움 표현	가족에게 마음을 전하는 글을 써볼까?	5-6	■PBL 흐름 다시 확인하기(W, H) ■배움질문 및 배움순서 소개하기 -배움질문 : 가족에게 마음을 전하는 글을 써볼까요? ■[배움1] 마음을 드러내는 글 쓰는 방법 떠올리기(E1) ■[배움2] 마음을 드러내는 글 초직하기(E1) ■[배움3] 마음을 전하는 글 쓰기(E2, R)	●가족에게 마음을 담은 글쓰기 ●동료 댓글 피드백 및 교사의 개인별 피드백
	가족에게 마음을 전하는 그림책을 만들어볼까?	7-10	■PBL 흐름 다시 확인하기(W, H) ■배움질문 및 배움순서 소개하기 -배움질문 : 가족에게 마음을 전하는 그림책을 만들어볼까요? ■[배움1] 편지에서 마음에 드는 문구 선택하기(R) ■[배움2] 마음을 표현하는 낱말에 어울리는 그림 디자인하기(E1) ■[배움3] 그림책 부모님들께 보여드리고 피드백 받아서 공유하기(R)	●부모님들의 피드백 및 자기평가 실시
배움 활용	행복한 가족을 위해 필요한 말과 행동은 무엇일까?	10-12	■PBL 흐름 다시 확인하기(W, H) ■배움질문 및 배움순서 소개하기 -배움질문 : 행복한 가족을 위해 필요한 말과 행동은 무엇일까요? ■[배움1] 가족 간에 필요한 예절 이해하기(E1) ■[배움2] 행복한 가족을 위해 필요한 말과 행동 고민하기(E1)	●토의 과정을 통한 피드백
	행복한 가족을 위해 필요한 말과 행동을 실천해볼까?	13-14	■PBL 흐름 다시 확인하기(W, H) ■배움질문 및 배움순서 소개하기 -배움질문 : 행복한 가족을 위해 필요한 행동을 실천해볼까요? ■[배움1] 행복한 가족을 위해 필요한 말과 행동 계획 및 실천하기 ■[배움2] PBL 성찰하기	●행복한 가족을 위해 필요한 말과 행동 계획 및 실천하기 ●미션 확인 및 격려

개념 기반 교육과정은 11단계의 과정을 가지고 있으며 개념 기반 탐구 학습은 7단계의 사이클을 제시하고 있다. 교육과정 이론을 그대로 현장에서 적용하고 활용한다는 것은 지속 가능하지 않다.

```
┌─────────────────────────────┐
│      이론을 그대로 적용?      │
└─────────────────────────────┘

   ┌──────────┐   ┌──────────┐   ┌──────────┐
   │ 이해 중심 │   │ 개념 기반 │   │ 개념 기반 │
   │ 교육과정  │   │ 교육과정  │   │ 탐구학습  │
   │  3단계   │   │  11단계  │   │7단계 사이클│
   └──────────┘   └──────────┘   └──────────┘
```

　인류의 삶을 변화시킨 핵심 요소 중 하나는 바로 효율성과 생산성의 향상이다. 효율성과 생산성을 높인 기술 혁신은 인류의 삶을 극적으로 변화시켰다. 바퀴의 발명은 적은 힘으로도 무거운 물체를 쉽게 이동할 수 있게 하여 교통수단 발전에 크게 기여했다. 마차에서 내연기관 자동차, 그리고 전기차로 이어지는 발전 과정을 살펴보면, 에너지 효율이 점차 향상되는 방향으로 변화했음을 알 수 있다. 인쇄술의 발전은 책과 문서를 대량으로 생산할 수 있게 하여 지식의 전파와 교육의 보급을 가속화했다. 더 나아가 인터넷의 발전은 더 적은 비용과 시간으로 전 세계 어디서든 정보에 쉽게 접근할 수 있는 변화를 만들었다. 손 안의 인터넷을 가능하게 한 스마트폰은 누구나 지식과 정보에 쉽게 접근하고 생산할 수 있도록 했다. 최근 인공지능 발전과 더불어 로봇에 대한 관심이 높아지는 것은 노동의 효율성과 생산성을 극대화할 수 있는 잠재력을 보여 주고 있기 때문이다. 백신 또한 대량생산을 통한 가격 인하가 이루어져야 보다 많은 인구에게 접종을 확대함으로써 전염병 확산을 막고 향후 추가적인 보건 위기를 예방할 수 있다. AI를 교육에 활용하기 위한 시도와 노력도 결국은 평가와 피드백의 효율성과 생산성을 높이는 데 있다. 인류의 발전이 효율성과 생산성을 높이는 방향으로 발전한 것처럼 수업 혁신도 수업 에너지효율등급을 높이는 방향으로 나아가야 한다.

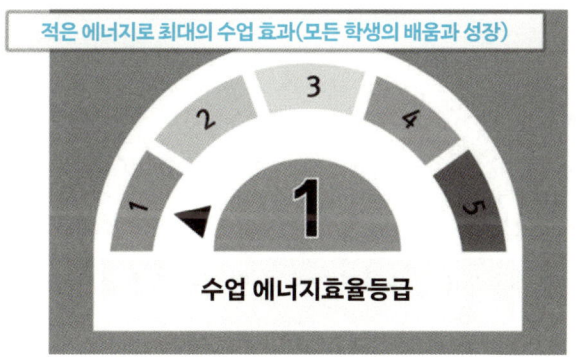

하지만 이런 주장에도 교육 이론의 개념과 절차를 엄격하게 지킨 교육과정 설계가 좋은 수업의 가능성을 높인다는 것은 부정할 수 없는 명제로 여겨진다. 그런데 실제 수업을 돌아보면 교육 이론에서 제시한 개념과 절차를 엄격하게 지켜 설계한 교육과정대로 실행한 수업이 계획대로 흘러가지 않을 때도 많고, 그것이 100% 좋은 수업이라는 보장도 없었다. 더 큰 문제는 이런 식의 수업은 현장에서 지속 불가능하다는 것이다. 모건 하우절은 저서 『불변의 법칙』에서 복잡함과 단순함에 대해 다음과 같은 지혜를 나누고 있다.

- 씁쓸한 것은 이것이다. 사람들은 복잡한 것이 더 가치 있고 훌륭하다고 생각한다 (Edsger Dijkstra).
- 단순함은 무지함으로 착각하기 쉬운 반면, 복잡함은 상황을 잘 통제하고 있다는 느낌을 준다.
- 복잡한 개념이나 주제를 아예 피해 가거나 없애 버리는 것이 아니라, 그것을 이해하기 쉬운 것으로 단순화하는 접근은 매우 유용하다.

(Housel, 2023/2024: 365-375)

    교사가 책, 연수, 학위 취득 과정을 통해서 학습한 이론적 지식을 현장에 그대로 적용하기에는 많은 어려움과 한계가 있다. 이론적 지식을 현장 수업에 적용하고 활용하려면 보다 단순화해서 접근하는 과정이 필요하다. 엘바즈[44]는 실제 상황에 맞도록 교사가 가치관이나 신념을 토대로 종합하고 재구성한 지식을 '실천적 지식'이라 정의한다. 현장 교사의 실천적 지식은 이론적 지식에 비해 과소평가되는 경향이 있다. 하지만 산업계는 이와 다른 모습을 보여 준다. 산업계에서는 이론만으로 이익 창출이 가능한 제품의 생산성을 높이기 어렵고 반드시 현장에서의 실제 적용을 통한 수율(설계 대비 정상품의 비율) 향상이 필요하다. 특히 반도체·배터리 등의 첨단기술산업에서는 매일같이 '수율 높이기 전쟁'이 치열하게 이뤄지고 있다. 실천으로 연결되지 않는 이론은 책 속의 글로만 남을 뿐이다. 교사는 실천적 지식을 통해 교육 현장의 다양성과 복잡성을 이해하고 대처하면서 이론적 지식을 구체적 상황에 맞게 해석하고 적용해야 한다.

최근 수업의 방향은 학생의 사고와 탐구를 통해 개념 및 일반화에 대한 이해를 토대로 삶에 적용하고 활용할 수 있는 전이까지 나아가길 기대한다. 더 나아가 학생들이 수업의 목표를 설정하고, 자기평가와 피드백을 통해 스스로 학습을 개선해 가는 성찰을 강조한다. 학생뿐만 아니라 교사에게도 이해, 전이, 성찰이 중요하다. 교사는 교육 이론과 전략에 대한 무게로 실천이 짓눌리는 것이 아닌 교육 이론과 전략에 대한 깊이 있는 이해를 토대로 현장에 적용하고 활용하는 전이로 나아가야 한다. 또한 교육과정 설계와 실행의 전 과정을 돌아보면서 끊임없이 개선해 가야 한다. 이는 교사 주도성이 발휘되는 모습으로서 미래교육이 추구하는 방향과도 일치한다.

교사 주도성 = 이해 + 전이 + 성찰

교육 이론과 전략에 대한 무게로 실천이 짓눌리는 것이 아닌		교육 이론과 전략에 대한 바른 **이해**를 토대로 실천을 위한 **전이**로 나아가고 **성찰**을 통해 지속해서 개선하는 것이 중요

| 교육과정-수업-평가 설계 틀 만들기

수업 에너지효율등급을 높이기 위해 개발한 깊이 있는 학습을 위한 교육과정-수업-평가 설계 틀을 소개한다.

주제 (단원)	교육과정 살펴보기	시수	평가 및 수업 설계하기	비고
경제 주체의 역할과 특징	[6사06-01] 다양한 경제활동 사례를 통해 가계와 기업의 경제적 역할을 파악하고, 가계와 기업의 합리적 선택 방법을 탐색한다. [6사06-02] 여러 경제활동의 사례를 통하여 자유 경쟁과 경제 정의의 조화를 추구하는 우리나라 경제 체제의 특징을 설명한다. ↓ [개념] • 개념적 렌즈: 연결, 시스템 • 개념: 가계, 기업, 합리적 선택, 자유, 경쟁, 경제 정의 [일반화] • 가계와 기업은 다양한 정보와 가치관에 기반한 합리적 선택을 통해 자원을 효율적으로 배분하고, 이는 가계의 소비와 기업의 생산을 조정한다. • 우리나라 경제 체제는 자유, 경쟁을 통해 개인과 기업의 성장을 촉진하고, 동시에 경제 정의를 실현하여 공정한 경쟁을 유지하고자 한다. [핵심 질문] • 가계와 기업의 합리적 선택은 서로에게 어떤 영향을 미치는가? • 왜 우리나라 경제 체제는 자유, 경쟁, 경제 정의의 작동 원리를 추구하는가? • 공정한 경제활동을 위해 개인, 기업, 정부에게 필요한 노력은 무엇일까?	10	[평가 설계] • 개념 형성 및 일반화를 위한 평가: 가계와 기업의 합리적 선택이 서로에게 어떤 영향을 미치는지 탐구하고 구조화시키기, 우리나라 경제 체제가 작동되는 원리 설명하기 • 전이를 위한 평가: 바람직한 경제활동을 위해 각 주체가 할 수 있는 노력 제안하기 • 성찰을 위한 평가: 나만의 소비 선택 기준 세우기(과거의 기준과 학습 후의 기준 비교) • 평가 루브릭: 도달(상: 완전하고 명확하게, 중: 일부 완전하고 명확하게, 하: 부분적으로), 미도달 [수업 설계] • 배움 초대: 경제와 관련해서 내가 알고 있는 것은 무엇인가? 무엇을 알고 싶은가?(1) • 배움 형성: 가계와 기업은 어떤 일을 하는가?(2) • 배움 형성: 가계와 기업의 합리적 선택은 서로에게 어떤 영향을 미치는가?(1) • 배움 성찰: 합리적 선택을 위해 나의 소비 선택 기준을 어떻게 정립할 것인가?(1) • 배움 형성: 우리나라 경제 체제의 특징은 무엇인가?(1) • 배움 형성: 왜 우리나라 경제 체제는 자유, 경쟁, 경제 정의의 작동 원리를 추구하는가?(2) • 배움 활용: 공정한 경제활동을 위해 개인, 기업, 정부 등이 할 수 있는 노력은 무엇일까?(2)	

학습목표(성취기준, 일반화)를 작성한 후 학습목표 도달 여부를 확인하기 위한 평가를 설계하고 수업을 설계하는 백워드 설계의 순서를 적

용했다. 전이 가능한 개념적 이해를 추구하는 깊이 있는 학습을 위해 성취기준과 내용 체계 분석을 통해 작성한 개념 및 일반화와 더불어 핵심 질문을 기록했다. 성취기준과 관련된 지식과 기능을 학습하는 경우에는 개념, 일반화, 탐구 질문을 작성하지 않고 성취기준만 명시한다. 오른쪽에는 목표에 도달하는 데 필요한 시수를 기록한다. 평가는 개념 형성 및 일반화를 위한 평가, 전이를 위한 평가, 성찰을 위한 평가로 구분하여 서술했다. 성취기준 도달에만 초점을 맞추는 경우 평가도 성취기준 도달 여부를 확인할 수 있는 평가만 설계한다. 마지막으로 수업은 배움 초대, 배움 형성(개념 형성, 조사 및 정리, 일반화), 배움 활용(전이), 배움 성찰을 추구하는 수업 루틴에 따라 설계했다.

이 틀의 장점은 첫째, 학습목표를 명시하여 수업과 평가의 초점을 명확히 할 수 있다. 학습목표에 도달했는지 확인할 수 있는 평가와 더불어 목표 도달에 꼭 필요한 수업만 설계하게 된다. 둘째, 실제 교육과정 운영에 도움이 되지 않는 문서로만 존재하는 자료가 아니라 교사가 깊이 있는 학습을 위한 교육과정-수업-평가를 설계하고 실행하는 데 유용한 자료가 될 수 있다. 학습목표 도달을 확인하기 위한 평가를 먼저 고민하고 평가 과제를 수행할 수 있도록 수업을 설계하기 때문에 교육과정-수업-평가를 유기적으로 연결하고 평가 및 피드백 중심 수업이 가능하다. 또한 변화에 유연하게 대처할 수 있으며, 평가와 수업이 함께 계획되어 있어 별도의 평가 계획이 필요 없다.

| 교육과정 살펴보기

교육과정을 살펴보는 과정에서 교사는 성취기준과 내용 체계를 분석하면서 개념, 일반화, 핵심 질문을 작성한다. 성취기준은 영역별 내용 요소를 학습한 결과 학생이 궁극적으로 할 수 있거나 할 수 있기를 기대하는 도달점이다. 깊이 있는 학습을 위해서는 성취기준뿐만 아니라 내용 체계의 내용 요소와 핵심 아이디어를 함께 살펴보면서 개념을 탐색하고 일반화 및 핵심 질문을 작성해야 한다.

성취기준 및 내용 체계 살펴보기

2022 개정 교육과정의 내용 체계는 핵심 아이디어를 중심으로 내용 요소를 지식·이해, 과정·기능, 가치·태도로 나누어 제시하고 있다. 내용 요소는 교과(목)에서 배워야 할 필수 학습 내용으로 각각의 요소에 대한 정의와 특징은 다음과 같다.

지식·이해	• 교과(목) 및 학년(군)별로 해당 영역에서 알고 이해해야 할 내용 • 내용 요소, 개념, 원리 등
과정·기능	• 교과 고유의 사고 및 탐구 과정 또는 기능 • 지식을 습득하는 데 활용되는 사고 및 탐구 과정, 교과의 절차적 지식 등
가치·태도	• 교과 활동을 통해 기를 수 있는 고유한 가치와 태도 • 학습과정에서 습득되는 태도와 내면화되는 가치 등

핵심 아이디어는 교과의 얼개를 드러내면서 학교 밖에서도 탐구할 가치가 있는 교과 기저의 근본Fundumental, Core, Big 아이디어이며, 영역을

아우르면서 해당 영역의 학습을 통해 일반화할 수 있는 내용을 핵심적으로 진술한 것이다. 핵심 아이디어는 학습의 초점이 되고 깊이 있는 학습을 가능하게 만드는 토대가 된다.[45] 성취기준과 연결된 핵심 아이디어를 무엇으로 바라보느냐에 따라 같은 성취기준이더라도 일반화 진술과 수업의 방향이 달라진다. 다음은 6학년 실과와 도덕의 AI에 관한 성취기준과 관련된 내용 요소와 핵심 아이디어를 살펴보는 과정이다.

성취기준	[6실05-05] 인공지능이 만들어지는 과정을 체험하고, 인공지능이 사회에 미치는 영향을 탐구한다.

(5) 디지털 사회와 인공지능

범주	구분	내용 요소
		초등학교
		5~6학년
핵심 아이디어		· 프로그래밍은 디지털 사회에서 발생하는 다양한 문제를 해결하는 데 도움을 준다. · 컴퓨터로 처리할 수 있는 데이터는 디지털 데이터이며, 문제 해결을 위한 명령은 명확한 절차가 필요하다. · 인공지능은 인간의 지능을 모방하여 만든 프로그램 시스템으로 생활 속의 다양한 분야에 영향을 미친다.
지식·이해		· 컴퓨터의 개념 · 문제 찾기와 문제 해결 절차 · 컴퓨터에게 명령하는 방법 · 데이터의 종류와 표현 · 생활 속 인공지능
과정·기능		· 생활 속에서 활용되는 컴퓨터의 사례 탐색하기 · 일상생활의 문제를 해결하기 위한 알고리즘 구상하기 · 문제를 해결하는 기초적인 프로그래밍하기 · 데이터 간에 공통되는 유형이나 형태 탐색하기 · 인공지능이 만들어지는 과정 탐색하기
가치·태도		· 생활 속에서 컴퓨터를 활용해 해결 가능한 문제를 탐색해 보려는 자세 · 프로그래밍을 통해 만든 산출물을 타인과 공유하고 협력하려는 자세 · 생활 속의 여러 가지 데이터가 갖는 의미를 파악하는 자세 · 인공지능이 사회에 미치는 영향을 파악하는 자세

※ '(5) 디지털 사회와 인공지능' 영역은 실과 내 '정보 교육'을 위한 17차시에 해당하는 내용이며, 중학교 1~3학년 정보 교과와 연계되어 있음.

↓

지식·이해	생활 속 인공지능
과정·기능	인공지능이 만들어지는 과정 탐색하기

가치·태도	인공지능이 사회에 미치는 영향을 파악하는 자세
핵심 아이디어	인공지능은 인간의 지능을 모방하여 만든 프로그램 시스템으로 생활 속의 다양한 분야에 영향을 미친다.

성취기준	[6도02-03] 인간과 인공지능 로봇 간의 다양한 관계를 파악하고 도덕에 기반을 둔 관계 형성의 필요성을 탐구한다.

(2) 타인과의 관계

핵심 아이디어	• 배려는 타인에 대한 관심과 공감을 기반으로 타인의 삶을 개선한다. • 차이의 존중은 갈등을 평화적으로 해결하고 타인과 더불어 사는 삶으로 이끈다.		
범주	학년군		
	3–4학년군	5–6학년군	중학교
지식 · 이해	• 가족의 행복을 위해 무엇을 해야 할까? • 친구끼리 배려해야 하는 이유는 무엇일까? • 타인에 대한 공감은 왜 필요할까?	• 타인을 왜 도와야 하며, 어떻게 도울 수 있을까? • 서로의 다름을 존중해야 하는 이유는 무엇일까? • 인공지능 로봇이 친구가 될 수 있을까?	• 가정의 모습은 어떠해야 할까? • 우정의 소중한 이유는 무엇일까? • 가상공간에서 타인을 어떻게 대해야 할까? • 타인과의 관계는 왜 중요할까? • 관계 속에서 발생하는 갈등·폭력을 어떻게 해결할까? • 성(性)의 도덕적 의미는 무엇일까?
과정 · 기능	• 효·우애의 의미 설명하기 • 친구를 서로 배려하는 방법 탐색하기 • 타인의 감정 함께 나누기	• 타인의 상황을 주의 깊게 관찰하고 다양한 도움 방안 탐색하기 • 편견 사례를 찾고 수정 방안 제안하기 • 인공지능 로봇과 관계 맺을 때 필요한 윤리적 원칙 점검하기	• 가정의 의미를 파악하고 가족 간에 민주적으로 소통하기 • 우정의 의미와 가치에 관해 성찰하기 • 가상공간과 현실의 연속성/불연속성을 분별하고, 가상공간에서 바람직한 관계 모색하기 • 관계의 존재의 의미를 고찰하고 타인과 공감하며 소통하기 • 갈등·폭력의 원인을 분석하여 평화적 해결 방안 도출하기 • 성윤리를 탐구하고 성에 대한 편견의 문제점 분석하기
가치 · 태도	• 가족을 사랑하는 태도 • 친구를 배려하는 자세 • 타인에 공감하는 태도	• 타인을 위하는 자세 • 다양성을 존중하는 태도 • 인공지능 로봇과의 바른 관계 형성 의지 함양	• 가족 간에 서로 공감하며 감사하는 태도 • 친구를 인격적으로 존중하는 태도 • 가상공간에서 타인을 존중하는 자세 • 타인의 마음에 주의를 기울이는 태도 • 열린 마음으로 갈등·폭력 해결에 참여하는 자세 • 성에 대한 편견을 극복하는 자세

↓

지식·이해	인공지능 로봇과 친구가 될 수 있을까?
과정·기능	인공지능 로봇과 관계를 맺을 때 필요한 윤리적 원칙 점검하기
가치·태도	인공지능 로봇과의 바른 관계 형성 의지 함양
핵심 아이디어	차이와 존중은 갈등을 평화적으로 해결하고 타인과 더불어 사는 삶으로 이끈다.

개념 탐색 및 일반화 작성하기(핵심 아이디어 활용)

성취기준과 내용 체계(내용 요소, 핵심 아이디어)를 바탕으로 개념을 탐색하고 일반화와 핵심 질문을 작성하는 것은 깊이 있는 학습 설계를 위한 핵심 과정이다. 교사는 이 과정을 거쳐 실제 수업과 연계해야 하므로 성취기준과 연결된 교과서 단원의 내용을 함께 고려해야 하며, 평가와 수업을 동시에 고민해야 한다. 이 과정은 글로 설명하기 어려운 복잡한 과정이다. 하지만 개념, 일반화, 핵심 질문이 작성되면 평가와 수업 설계는 훨씬 수월해진다.

개념은 성취기준과 내용 체계를 통해 탐색한다. 개념은 한두 개의 단어나 짧은 구로 표현되고, 시간에 제한받지 않으면서 보편적이고 추상적이면서 전이가 가능한 것이어야 한다. 개념을 도출한 후에 문장으로 표현하고 두 개 이상의 개념 간 관계를 진술한 일반화를 도출한다. 일반화는 시간에 제한받지 않고 대체로 보편적이고 추상적이면서 다른 예에 의해서 뒷받침되는 것이다. 일반화를 설계하는 방법은 핵심 아이디어를 수업의 초점을 맞춰 주는 것으로 바라보고 성취기준과 내용 요소(지식·이해, 과정·기능, 가치·태도)를 종합적으로 고려하면서 학생들이 이해하기를 바라는 개념 간의 관계를 문장으로 진술하면 된다. 또는 핵심 아이디어 자체를 일반화로 사용할 수 있다. 다만 2022 개정 교육과정에 제시된 핵심 아이디어가 초등학교, 중학교를 넘어서서 각 교과의 영역을 관통하는 토대로 진술되어 있어 해당 학년 수준에 맞게 교사가 일반화를 재진술하는 것이 더 좋다. 실제 수업을 위해 개념 간의 관계를 진술한 일반화 예시는 다음과 같다.

핵심 아이디어	성취기준	개념	일반화
우리 사회는 급격한 사회 변동과 다양한 사회문제를 경험하고 있으며, 이에 대응하기 위해서는 시민의 역할이 중요하다.	[4사03-01] 최근 사회 변화의 양상과 특징을 파악하고, 그로 인해 나타난 생활 모습의 변화를 탐색한다.	사회 변화, 태도, 양상과 특징	급격한 사회 변화에 대응하기 위해서는 사회 변화의 양상과 특징에 대한 이해와 주체적으로 대응하는 태도가 중요하다.
자료를 수집, 정리, 해석하는 통계는 자료의 특징을 파악하고 두 집단을 비교하며 자료의 관계를 탐구하는 데 활용된다.	[6수04-02] 자료를 수집하여 띠그래프나 원그래프로 나타내고 해석할 수 있다.	자료, 그래프	자료를 그래프로 표현하는 것은 자료의 특징을 효과적으로 파악하고, 자료의 관계를 탐구하는 데 활용된다.
인간은 문학을 향유하면서 자아를 성찰하고 타자를 이해하며 공동체의 일원으로 성장한다.	[6국05-05] 작품에 대한 이해와 감상을 바탕으로 하여 다른 사람과 적극적으로 소통한다.	이해와 감상, 소통, 성찰	작품에 대한 이해와 감상을 바탕으로 타인과 소통하는 과정에서 나의 삶을 성찰한다.
문학작품을 통한 소통은 작품의 갈래, 작가와 독자, 사회와 문화, 문학사의 영향 등을 고려하며 이루어진다.			독자는 각자의 경험과 가치관이 다르기에 작품의 이해와 감상은 달라진다.

개념 탐색 및 일반화 작성하기(개념적 렌즈 활용)

2022 개정 교육과정 해설서는 핵심 아이디어가 학습에 대한 초점을 부여하고 깊이 있는 학습의 토대를 마련하는 기준임을 명시했다. 즉 핵심 아이디어에 수업의 초점을 두고 성취기준과 내용 요소를 종합적으로 고려하여 개념 간의 관계를 일반화 문장으로 진술하면 된다. 위

의 예시에서 볼 수 있듯이 핵심 아이디어가 다르면 성취기준, 개념이 같아도 일반화 진술이 달라진다. 각 교과의 영역 내에서 일반화를 작성할 때는 핵심 아이디어와 연계하여 일반화를 진술할 수 있다. 하지만 핵심 아이디어에서 서술되지 않은 개념적 이해를 추구하는 교육과정을 설계하고자 할 때는 개념적 렌즈를 선택하고 이를 중심으로 개념 간의 관계를 작성하는 것이 효과적이다. 또한 핵심 아이디어가 각 교과의 영역별로만 제시되어 있어 교과 내 영역 간 또는 교과 간 통합을 위해서는 성취기준과 내용 체계를 토대로 탐색한 개념 이외에 개념적 렌즈를 선택해야 한다. 개념적 렌즈는 새로운 지식을 거는 데 필요한 큰 개념으로 학습에 초점을 제시하고 깊이를 더해 주는 개념이다.

개념적 렌즈 예시

갈등, 신념/가치, 자유, 정체성, 관계, 변화, 관점, 권력, 시스템, 설계, 영웅, 힘, 복잡성, 역설, 상호작용, 변환, 규칙, 기원, 혁명, 영향, 균형, 혁신, 천재, 유용성, 창의성

(Erickson, Lanning, & French, 2017/2019: 34)

핵심 아이디어가 다르면 일반화의 진술이 달라지는 것처럼 개념적 렌즈가 달라지면 일반화의 진술이 달라진다. 다음 예시에서는 '경제, 자유경쟁, 경제정의'라는 개념이 '시스템과 책임'이라는 개념적 렌즈에 따라 일반화의 진술이 어떻게 변화하는지 보여 준다.

<개념적 렌즈에 따라 달라지는 일반화>

성취기준	개념	개념적 렌즈	일반화
[6사06-02] 여러 경제활동의 사례를 통하여 자유경쟁과 경제정의의 조화를 추구하는 우리나라 경제 체제의 특징을 설명한다.	경제 자유경쟁 경제정의	시스템	우리나라 경제 체제는 자유경쟁과 경제정의의 운영 원리로 작동한다.
		책임	경제는 자유경쟁과 경제정의의 조화 속에서 경제주체들의 책임감 있는 행동을 통해 지속 가능하고 발전할 수 있다.

개념적 렌즈를 활용하면 교과 및 성취기준의 나열이 아닌 개념을 중심으로 깊이 있는 통합이 가능하다. 애플 최고경영자CEO였던 스티브 잡스는 2011년 3월 2일 아이패드2 발표 기자회견에서 '기술과 인문학'의 융합을 강조했다.

> Technology alone is not enough. It's technology married with the liberal arts, married with the humanities, that yields the results that makes our hearts sing.

스티브 잡스가 강조하는 애플의 DNA는 단순히 창의적인 제품을 위한 인문학과 기술의 결합이 아니다. 인문학과 기술을 결합하는 기둥에는 뛰어난 기술 그 자체만으로는 충분하지 않으며, 직관적이고 아름다우며 일관된 사용자 경험을 통해 사람들의 심장을 뛰게 만드는 제품과 서비스를 만들어야 한다는 관점이 담겨 있다. 인문학과 기술을 바라보는 스티브 잡스의 개념적 이해는 사람들의 마음을 사로잡는 사용자 경험이 핵심이라는 관점을 중심으로 결합되었다. 여기서 관점이 개념적 렌즈에 해당한다.

삶과 배움을 연결하기 위해 교과를 통합한 주제 통합 수업이나 프로젝트 수업은 현장에 이미 널리 확산되었다. 하지만 경계가 명확한 교과를 자유롭게 넘나들고 교과의 벽을 허무는 간학문적 통합이나 탈학문적 통합의 실천은 여전히 어렵다. 교과 통합의 중심에 개념을 두어도 각 교과의 개념들은 대부분 범위가 구체적이기 때문에 서로 연계하고 통합하기 어렵다. 반면 개념적 렌즈는 대체적으로 범위가 광범위하기 때문에 통합에 활용할 수 있다.

<교과 통합에 활용할 수 있는 개념적 렌즈>

성취기준	개념	개념적 렌즈	일반화
[6실05-05] 인공지능이 만들어지는 과정을 체험하고, 인공지능이 사회에 미치는 영향을 탐구한다. [6도02-03] 인간과 인공지능 로봇 간의 다양한 관계를 파악하고 도덕에 기반을 둔 관계 형성의 필요성을 탐구한다.	인공지능 윤리 원칙	영향	인공지능 기술은 교육, 의료, 금융, 제조 등 여러 분야에서 혁신을 창출하고 일자리에도 변화를 가져오며, 인간 삶의 다양한 분야에 긍정적, 부정적 영향을 미친다.
		관계	인공지능 기술의 급속한 발전 과정에서 인공지능의 안전하고 책임 있는 사용을 통한 인류 삶의 복리를 위해 인공지능 윤리 원칙이 필요하다.

위는 실과와 도덕 교과에서 인공지능과 관련된 성취기준을 토대로 인공지능과 윤리 원칙이라는 개념을 도출한 사례이다. 인공지능은 실과와 도덕에서 모두 탐색이 가능했고 윤리 원칙은 성취기준에는 드러

나지 않았지만 내용 체계를 통해서 탐색했다. 이 개념들을 영향과 관계라는 개념적 렌즈로 바라보며 2개의 일반화를 작성했다.

일반화 수준 높이기

교사가 개념 간의 관계인 일반화를 작성하는 것은 학생들이 탐구와 사고를 통해 구조화하기를 기대하는 일반화를 만들어 보는 과정이다. 교사가 작성한 일반화는 3차원의 학습목표가 되고, 학생들이 이와 비슷한 일반화를 도출하기를 기대하며 평가와 수업을 설계하게 되므로, 이에 따라 평가와 수업도 달라진다. 일반화를 작성하는 것은 교사에게 주어진 성취기준을 넘어서서 학생의 필요와 요구, 교사의 철학, 사회의 변화와 요구 등을 고려하며 새로운 학습목표를 설정하는 것이다. 이 과정에는 필연적으로 교사 주도성이 요구된다.

2015 개정 교육과정까지는 교육과정의 중심에 성취기준이 존재했으며 성취기준을 재구조화할 수 있는지, 성취기준을 개발할 수 있는지가 교육과정 자율성 발휘의 수준을 판단하는 기준이었다. 하지만 개념적 이해를 추구하는 2022 개정 교육과정의 깊이 있는 학습을 위해 교사는 성취기준을 뛰어넘어 일반화 수준의 학습목표를 도출해야 하므로 성취기준 재구조화 및 성취기준 개발 수준의 논의를 넘어서게 된다.

모든 성취기준에 대해 일반화를 작성하고 개념적 이해를 추구하는 교육과정을 운영하는 것은 현실적으로 불가능하다. 다만 교사가 점진적으로 개념 기반 교육과정을 운영하기 위한 노력과 경험을 쌓아 가는 것이 중요하다. 깊이 있는 학습의 질을 높이기 위해서는 학습목표의 역할을 하는 일반화의 수준을 높여야 한다. 에릭슨, 래닝, 프렌치[46]는 교사들이 처음 일반화를 작성할 때 너무 광범위하거나 명확하지 않다는 것을 문제점으로 지적했다. 그리고 1수준 동사인 '영향을 주다, 효과가 있다, ~이다, 가지고 있다'와 같은 말은 피할 것을 제안한다. 교사가 작성한 일반화가 광범위하고 명확하지 않을 때 학생들이 도출하기를 기대하는 일반화의 수준도 낮아질 가능성이 높다. 학생들이 깊이 있는 사고와 탐구를 통해 높은 수준의 일반화를 만들어 가기를 기대한다면 교사가 기대하는 학습목표인 일반화 수준도 높아져야 한다. 다음은 앞에서 소개했던 개념과 개념적 렌즈를 활용해 도출한 낮은 수준의 일반화이다.

개념	개념적 렌즈	1수준 일반화
인공지능	영향	인공지능은 인간의 삶에 영향을 미친다.
인공지능, 윤리 원칙	관계	인공지능의 안전하고 책임 있는 사용을 위해 필요한 윤리 원칙이 있다.

학생들이 이 정도 수준의 일반화를 도출하는 것은 인공지능과 윤리 원칙이라는 개념에 대한 깊이 있는 학습이 아니어도 희미하게나마 만들어 낼 수 있는 개념적 이해의 수준이다. 학생 주도성 발휘를 추구하는 깊이 있는 학습의 핵심은 학생들이 주어진 학습 내용을 수동적으

로 받아들이는 것이 아니라, 개념 간의 관계를 창의적으로 재해석하고 비판적으로 검토하며 자신만의 오래 기억되며 전이할 수 있는 지식의 구조, 과정의 구조를 단단하게 만들어 가는 것이다. 이를 위해서는 학생들이 만들어 가는 개념적 이해가 '왜, 어떻게'라는 질문에 답할 수 있어야 한다.

결국 교사가 작성하는 일반화의 수준을 높이는 열쇠도 '왜, 어떻게'라는 질문과 답을 하는 과정 속에 있다. 2수준의 일반화는 탐구로부터 도출되는 중요한 일반화의 본질을 담고 있기 때문에 개념 기반 교육과정에서 작성해야 할 목표이다. 3수준은 2수준에서 다른 차원을 추구하는 데 사용할 수 있고 반드시 새로운 아이디어와 개념을 불러와야 한다.[47] 대체적으로 2수준 일반화까지 작성하는 것으로도 충분하다.

개념	개념적 렌즈	1수준 일반화
인공지능	영향	인공지능은 인간의 삶에 영향을 미친다.
인공지능, 윤리 원칙	관계	인공지능의 안전하고 책임 있는 사용을 위해 필요한 윤리 원칙이 있다.

왜? 어떻게? 라는 질문에 답할 수 있도록 일반화 개선하기

개념	개념적 렌즈	2수준 일반화
인공지능	영향	인공지능 기술은 교육, 의료, 금융, 제조 등 여러 분야에서 혁신을 창출하고 일자리에도 변화를 가져오며, 인간 삶의 다양한 분야에 긍정적, 부정적 영향을 미친다.
인공지능, 윤리 원칙	관계	인공지능 기술의 급속한 발전 과정에서 인공지능의 안전하고 책임 있는 사용을 통한 인류 삶의 복리를 위해 인공지능 윤리 원칙이 필요하다.

핵심 질문 작성하기

마지막으로는 핵심 질문을 작성한다. 질문과 관련하여 다양한 용어가 있지만 맥타이와 위긴스의 '핵심 질문'이라는 용어를 사용하는 이유는 개념적 이해, 전이, 성찰을 지원하기 위해 꼭 필요한 질문을 고민하는 것이 효과성이나 효율성 측면에서 교사의 평가 및 수업 설계에 도움이 된다고 판단했기 때문이다. 개념 기반 교육과정에서 제안하는 안내 질문(사실적 질문, 개념적 질문, 논쟁 가능한 질문)은 개념 기반 수업에 꼭 필요한 질문이다. 하지만 이를 교육과정 설계 틀 안에 모두 담아내기에는 작성해야 할 질문의 양과 비례해 문서의 양도 많아진다는 현실적인 한계가 있다. 이는 안내 질문을 활용하지 않겠다는 의미가 아니다. 수업에서 고민하고 활용하겠지만 교육과정을 설계 문서에 작성하지 않았다는 의미이다. 마지막으로 2022 개정 교육과정에서 제시하는 '탐구 질문'이라는 용어를 사용하지 않은 것은 성찰까지 담아내기 어렵다는 고민이 있기 때문이다.

핵심 질문은 교사가 탐색하고 작성한 개념 및 일반화와 관련하여 학생들의 일반화를 도출하는 것을 지원하는 질문, 일반화를 전이할 수 있도록 하는 질문, 성찰을 위한 질문으로 작성한다. 전이 가능한 개념적 이해를 추구하는 수업의 핵심은 '질문'이다. 학생들이 탐구와 사고를 통해 개념 간의 관계를 자신의 이해로 드러낼 수 있도록, 이를 삶에 적용하고 활용할 수 있도록, 자신이 학습 과정을 돌아보고 평가하며 개선해 갈 수 있도록 질문을 던지고 질문에 대한 답을 찾아가도록 해야 한다. 핵심 질문은 그 자체로 평가에 활용할 수 있고, 수업의 목표로도 제시할 수 있다. 질문을 작성하는 과정에서 교사는 평가와 수업도 함께 고려하게 되며 질문 작성이 끝남과 동시에 평가와 수업 설계의 큰 얼개도 그릴 수 있다. 교육과정 살펴보기 과정에서 성취기준, 내용 체계를 통해 탐색한 개념과 이를 기반으로 작성한 일반화와 핵심 질문의 예시는 다음과 같다.

성취기준	• [6실05-05] 인공지능이 만들어지는 과정을 체험하고, 인공지능이 사회에 미치는 영향을 탐구한다. • [6도02-03] 인간과 인공지능 로봇 간의 다양한 관계를 파악하고 도덕에 기반을 둔 관계 형성의 필요성을 탐구한다.
개념	• 개념적 렌즈 : 영향, 관계 • 개념 : 인공지능, 윤리 원칙
일반화	• 인공지능 기술은 교육, 의료, 금융, 제조 등 여러 분야에서 혁신을 창출하고 일자리에도 변화를 가져오며, 인간 삶의 다양한 분야에 긍정적, 부정적 영향을 미친다. • 인공지능 기술의 급속한 발전 과정에서 인공지능의 안전하고 책임 있는 사용을 통한 인류 삶의 복리를 위해 인공지능 윤리 원칙이 필요하다.
핵심 질문	• 인공지능이 사회의 발전과 직업의 변화에 미치는 긍정적, 부정적 영향은 무엇인가? • 왜 인공지능의 발전과 함께 인공지능 윤리 원칙이 주목받는가? • 인공지능의 안전하고 책임 있는 사용을 통한 인류 삶의 복리를 위해 인공지능 개발자와 소비자에게 요구되는 윤리 원칙은 무엇일까? • 인공지능과 공존하는 미래의 삶은 현재의 삶과 비교해서 어떻게 달라질까?

평가 설계하기

　교육과정 살펴보기에서 학습목표를 수립했다. 목표를 수립하고 수업을 설계하는 것보다 평가를 먼저 설계하는 것은 교육과정-수업-평가의 유기적 연결을 강화하고, 학생들의 배움과 성장을 지원하는 평가와 피드백 실행에 기여한다. 또한 학습목표 도달 여부를 확인하는 평가 과제를 위한 핵심적인 수업 활동만 설계하여 불필요하고 무의미한 수업 활동의 다이어트가 가능하다.

　평가 설계에서는 3가지 평가 과제를 고민한다.

- 개념 형성 및 일반화를 위한 평가
- 전이를 위한 평가
- 성찰을 위한 평가

　개념 형성 및 일반화를 위한 평가는 개념에 대한 의미와 특징을 형성했는지 확인하기 위한 평가이며, 탐구와 사고를 통해 일반화를 도출하고 내면화했는지 확인하기 위한 평가이다. 전이를 위한 평가는 탐구와 사고를 통해 도출한 일반화를 다른 상황이나 삶의 맥락에 적용하고 활용할 수 있는지 확인하기 위한 평가이다. 마지막으로 성찰을 위한 평가는 학생이 자신의 학습 과정을 모니터링하면서 얻은 피드백을 통해 자신의 학습을 조정, 적응, 변화시키는 평가이다. 다음은 교육과정 살펴보기를 토대로 도출한 일반화를 개념 형성 및 일반화, 전이, 성찰과 관련하여 설계한 평가 과제이다. 핵심 질문에서 작성했던 질문들이 평가로 그대로 연결되는 것을 알 수 있다.

개념	• 개념적 렌즈 : 영향, 관계 • 개념 : 인공지능, 윤리 원칙
일반화	• 인공지능 기술은 교육, 의료, 금융, 제조 등 여러 분야에서 혁신을 창출하고 일자리에도 변화를 가져오며, 인간 삶의 다양한 분야에 긍정적, 부정적 영향을 미친다. • 인공지능 기술의 급속한 발전 과정에서 인공지능의 안전하고 책임 있는 사용을 통한 인류 삶의 복리를 위해 인공지능 윤리 원칙이 필요하다.
핵심 질문	• 인공지능이 사회의 발전과 직업의 변화에 미치는 긍정적, 부정적 영향은 무엇인가? • 왜 인공지능의 발전과 함께 인공지능 윤리 원칙이 주목받는가? • 인공지능의 안전하고 책임 있는 사용을 통한 인류 삶의 복리를 위해 인공지능 개발자와 소비자에게 요구되는 윤리 원칙은 무엇일까? • 인공지능과 공존하는 미래의 삶은 현재의 삶과 비교해서 어떻게 달라질까?

↓

개념 형성 및 일반화를 위한 평가	• 인공지능이 만드는 변화와 영향 추론하기
전이를 위한 평가	• 인간과 인공지능의 공존을 통한 인류 삶의 복리를 위해 인공지능 윤리 원칙 제안하기
성찰을 위한 평가	• 인공지능과 공존하는 미래에 대한 생각 정리하기

평가 과제를 설계할 때 교사가 도출한 일반화와 더불어 위긴스와 맥타이가 제시한 이해의 6가지 측면을 활용하면 학생들의 배움을 드러내는 증거로 활용할 수 있다.

측면	정의	수행 동사	평가 활동	평가 사례
설명	• 사실, 사건, 행위에 대해 타당한 근거를 가지고 말할 수 있는 능력	• 논증한다, 도출한다, 기술한다, 설계한다, 공개한다 • 표현한다, 권유한다, 수업한다, 정당화한다, 모형을 만든다, 예측한다 • 증명한다, 부여 준다, 종합한다, 교수한다	• 학생들이 자신의 언어로 개념, 일반화를 말하고 관련지으며, 추리를 설명하도록 요구	• 덧셈이 무엇인지 사례를 통해 자신의 말로 재정의해 보시오.
해석	• 의미를 파악, 형성하고 이야기를 구성하며, 번역하는 능력	• 유추한다, 비평한다, 문서로 증명한다, 평가한다, 설명한다, 판단한다 • 번역한다, 의미를 만든다, 뜻이 통한다, 비유한다 • 대표한다, 행간을 읽는다, 이야기를 말한다	• 학생들이 이야기, 자료, 상황, 주장을 이해하도록 요구	• 선거 결과가 무엇을 의미하는지 제시하는 글을 쓰시오. • 춤으로 두려움과 희망을 표현하시오.
적용	• 지식을 다양한 상황이나 실제적인 맥락에서 효과적으로 사용하는 능력	• 적용한다, 구축한다, 창조한다 • 고친다, 결정한다, 공개한다, 발명한다, 수행한다 • 산출한다, 제안한다, 해결한다 • 검사한다, 사용한다	• 학생들이 지식과 기능을 새로운 상황에 사용하도록 요구	• 지도의 구성 요소를 활용해 전학 온 친구가 쉽게 길을 찾을 수 있도록 학교 주변을 지도로 나타내시오.
관점	• 비판적인 시각으로 대상을 조망하고 통찰할 수 있는 능력	• 분석한다, 주장한다, 비교한다, 대조한다, 비평한다, 추론한다	• 학생이 관점을 전환하거나 상이한 관점으로 사물을 볼 수 있고 사건의 다른 측면을 명료화할 수 있으며 큰 그림을 볼 수 있고 비판적인 자세를 가지도록 요구	• 학생 자치회 선거에서 제안된 공약을 분석하시오.
공감	• 타인의 입장에서 감정과 세계관을 수용하는 능력	• 역할을 가정한다, 믿는다, ~와/과 같다, 열려 있다 • 고려한다, 상상한다 • 관련짓는다, 역할 놀이를 한다	• 학생이 타인의 방식을 수용하는 것이 아니라 다양한 사고와 감정을 이해하도록 요구	• 악성 댓글을 쓰는 사람과 읽는 사람은 어떤 감정을 느끼는지에 관해 보고서를 쓰시오.
자기지식	• 자신의 무지를 알고 자신의 사고와 행위를 반성할 수 있는 메타인지 능력	• 알아챈다, 파악한다, 인식한다, 반성한다, 자기평가한다	• 학생이 가지고 있는 편향된 생각을 자신의 사고 과정이나 행동 패턴을 인식하도록 요구	• 수업 과정을 돌아보면서 나의 참여와 수행을 자기평가하시오.

(강현석, 이지은, 유제순, 2021: 151-162 재구성)

이해의 6가지 측면은 위계가 있는 것이 아니며, 동등한 가치를 가지고 이해의 지표 역할을 한다.[48] 이는 평가 과제를 개발하고 선정하는 데 활용할 수 있다. 교사가 도출한 일반화가 이해의 어떤 측면과 관련되었는지 확인한 후에 일반화에 수행 동사를 결합하면 의미 있는 평가 과제를 설계할 수 있다. '인공지능 기술은 교육, 의료, 금융, 제조 등 여러 분야에서 혁신을 창출하고 일자리에도 변화를 가져오며, 인간 삶의 다양한 분야에 긍정적, 부정적 영향을 미친다.'라는 일반화는 관점과 관련한 수행 동사 중 '추론하다'를 선택하여 평가 내용을 '인공지능이 만드는 변화와 영향 추론하기'로 설계했다. '인공지능 기술의 급속한 발전 과정에서 인공지능의 안전하고 책임 있는 사용을 통한 인류 삶의 복리를 위해 인공지능 윤리 원칙이 필요하다.'는 적용의 '제안한다'를 선택하여 '인간과 인공지능의 공존을 통한 인류 삶의 복리를 위해 인공지능 윤리 원칙 제안하기'를 평가 과제로 선정했다. 마지막으로 성찰을 위한 평가로 인공지능과 공존하는 미래를 돌아보도록 했다.

평가 과제를 수행 과제로 발전시킬 수도 있다. 수행 과제는 학습자가 실제 상황에서 문제나 과제를 해결할 수 있는지를 봄으로써 학습 내용을 충분히 이해했는지 판단할 수 있는 배움의 증거가 된다. 수행 과제를 설계할 때는 백워드 설계의 GRASPS를 활용하면 도움이 된다. GRASPS 도구를 활용하는 것은 수행 과제에 목표Goal, 역할Role, 대상Audience, 상황Situation, 수행Performance, 기준Standards을 반영시킨다는 뜻이다. 평가 과제 중 교사가 수행 과제에 담고자 하는 것을 선택하여

GRASPS를 적용해서 설계하면 된다.

목표(Goal)	• 행복인공지능학회에 참석하여 토론회에 참여한다. 당신의 목표는 인공지능이 삶에 미치는 영향을 탐구하고 인공지능 윤리 원칙을 확립하는 것이다.
역할(Role)	• 당신은 학회에 참여하는 전문가이다.
대상(Audience)	• 청중은 행복인공지능학회 회원, 일반 대중이다.
상황(Situation)	• 생성 AI의 발전을 통해 인공지능은 우리 삶으로 더 깊숙이 파고들었다. AI 발전이 더 나은 인류의 삶을 선물할 것이라는 기대와 AI로 인한 인간의 일자리 위협, 윤리적 문제 등이 인류의 삶에 미칠 부정적 영향에 대한 우려가 공존하고 있다. 인간과 인공지능은 공존을 통해 인류의 삶을 더 행복하고 풍요롭게 만들어 줄 수 있을까?
수행(Performance)	• 인공지능이 사회의 발전과 직업의 변화에 미치는 긍정적, 부정적 영향을 글로 써서 제출한다. • 인공지능의 개발자와 소비자에게 요구되는 윤리 원칙을 토의를 통해 제안한다.
기준(Standards)	• 다음 2가지 질문과 관련한 과제를 수행해야 합니다. 1. 인공지능이 사회의 발전과 직업의 변화에 미치는 긍정적, 부정적 영향은 무엇인가? – 결과물 : 질문과 관련한 토의를 통해 생각을 글로 정리하여 제출 – 기준 : 사회 발전과 직업 변화의 관점에서 인공지능이 미치는 긍정적, 부정적 영향으로 나누어 서술 2. 인공지능의 윤리적 문제와 관련된 위험을 경계하고 인류 삶의 행복과 이익을 위해 개발자와 소비자에게 요구되는 윤리 원칙은 무엇일까? – 결과물 : 팀별 토의를 통해 인공지능 개발자와 소비자에게 요구되는 윤리 원칙 제정 및 제출 – 기준 : 인공지능의 윤리적 문제와 관련된 위험을 제시하고 인류 삶의 행복과 이익을 위해 인공지능 개발자와 소비자에게 요구되는 합리적이고 실행 가능한 윤리 원칙을 제안

평가 루브릭은 앞서 소개했던 대안적 루브릭을 활용해서 각각의 평가 과제에 적용한다.

수업 설계하기

교육과정을 살펴보고 평가를 설계하면 수업 설계에 훨씬 더 쉽게 접근할 수 있다. 평가 및 피드백 중심의 깊이 있는 학습을 위해 다음과 같은 수업 루틴을 개발해서 활용하고 있다.

단계	수업 및 평가 활동
배움 초대	• 학습 진단 및 분석, 동기유발, 목표 이해 • 사전 학습 요소 진단평가, 목표 이해 여부 확인
배움 형성	• 개념 형성, 조사 및 정리, 일반화 • 개념 형성 및 일반화를 위한 평가
배움 활용	• 전이 : 일반화를 다른 학습의 맥락 또는 실제 삶의 맥락에서 적용 및 활용 • 전이를 위한 평가
배움 성찰	• 전 과정 • 성찰을 위한 평가

깊이 있는 학습을 위한 루틴은 전이 가능한 개념적 이해와 학습을 위한 평가 및 학습 과정으로서의 평가 접근 방법을 추구한다. 배움 초

대, 배움 형성, 배움 활용, 배움 성찰의 사이클로 이루어져 있으며 각 과정에는 학습 효과를 극대화하기 위한 교사의 고민과 철학이 담겨 있다. 깊이 있는 학습을 접근하는 다양한 교수·학습 접근 방식의 한 사례로 이해해 주시면 좋겠다. 각 단계의 평가는 학생들의 학습을 지원하고 촉진하기 위한 목적으로 실행되며 평가-피드백-재도전의 과정으로 진행된다.

배움 초대 단계는 학습 진단 및 분석, 동기유발하기, 목표 이해하기를 중심으로 진행된다. 먼저 학습목표와 관련된 학생들의 사전 학습 요소를 진단평가를 통해 확인하고 분석하거나 단원의 주요 개념에 대한 학생들의 사전 지식과 경험을 떠올리도록 한다. 사전 학습 요소가 본 학습에 중요한 영향을 미치는 경우, 사전 학습 성취 수준이 낮은 학생들을 대상으로 추가 학습을 계획하고 실행한다. 학습 진단 및 분석이 끝난 후에는 단원 학습에 대해 학생들이 관심과 흥미를 느낄 수 있도록 집중시킨다. 재미와 의미를 적절히 결합하여 동기를 유발하는 것이 효과적이다. 동기유발과 더불어 학생들이 단원의 학습목표를 분명히 이해하도록 한다. 목표를 이해할 때는 단원의 핵심 질문도 함께 소개한다. 목표 및 핵심 질문을 교사가 직접 제시하거나, 주요 개념과 관련하여 수집한 학생들 질문을 토대로 함께 단원에서 탐구할 질문을 도출할 수 있다.

배움 형성 단계에서는 단원의 주요 개념을 형성하고 이를 토대로 개념 간의 관계인 일반화를 도출하도록 한다. 개념에 대한 정의와 속성을 토대로 예시와 비예시를 탐색하거나, 개념과 관련된 예시를 활용해 개념의 정의 및 속성을 파악할 수 있다. 개념 간의 관계를 만들기 위해서는 다양한 사실적 지식을 조사하고 정리하는 시간이 필요하다. 조사 및 정리 이후에 핵심 질문을 토대로 학생들의 탐구와 사고를 통해 일반화를 도출하도록 한다. 학생들이 일반화를 도출하는 것의 중요성을 이해하도록 설득하는 과정이 필요하다. 학생들의 일반화를 정교화할 수 있도록 협력과 질문을 활용하면 좋다.

- 협력 : 개별 일반화 도출→ 모둠 일반화 도출→ 전체 일반화 도출
- 질문 : 학생의 초기 일반화에 '왜, 어떻게'라고 질문하기

배움 형성 단계에서 개념과 일반화에 대해 학생들이 충분히 이해했다고 판단될 때 배움 활용 단계로 넘어간다. 배움 활용 단계에서는 학생들의 개념적 이해를 다른 학습의 맥락 또는 삶의 맥락에 적용하고 활용하는 전이의 경험을 제공한다. 전이를 확인할 수 있는 평가 과제를 제시하고 평가 과제를 수행 과제로 설계하여 제시할 수 있다. 마지막으로 배움 성찰 단계는 모든 학습의 과정에서 이루어질 수 있다. 학생이 자신의 학습 과정과 결과 전반을 모니터링하고 이를 토대로 자신의 이해를 조정, 적응, 변화시키는 학습 과정에 대한 성찰 경험을 제공한다. 이는 학생들이 학습을 주도적으로 관리하고 개선하는 능력을 기르는 데 중요한 역할을 한다. 또한 성찰을 개인 고유의 과정이 아닌 협

력과 소통을 통해 개선해 가는 경험으로 확장시킬 수 있다.

다음은 앞의 교육과정 살펴보기, 평가 설계하기를 토대로 설계한 수업의 흐름이다. 수업의 흐름을 질문으로 설계하고 실제 수업을 할 때에도 학생들에게 질문 형태로 배움 주제를 제시하는 것이 탐구와 사고를 촉진하는 깊이 있는 학습에 더 적합하다.

- 배움 초대 : 인공지능에 대해서 내가 가지고 있는 생각과 의견은 어떠한가?(『옛날에는 돼지들이 아주 똑똑했어요』 그림책 활용)(2)
- 배움 초대 : 수행 과제 제시(인공지능 관련 토론회 참여 안내 및 토론회에서 다룰 핵심 질문 소개하기)(1)
- 배움 형성 : 인공지능은 무엇이고 어떻게 만들어지는가?(1)
- 배움 형성 : 인공지능이 사회의 발전과 직업의 변화에 미치는 긍정적, 부정적 영향은 무엇인가?(2)
- 배움 형성 : 기업들이 인공지능 경쟁에서 우위를 점하기 위한 무한 경쟁은 우리에게 어떤 영향을 미칠까?(2)
- 배움 활용 : 인공지능의 안전하고 책임 있는 사용을 통한 인류 삶의 복리를 위해 인공지능 개발자와 소비자에게 요구되는 윤리 원칙은 무엇일까?(2)
- 배움 성찰 : 수업을 통해 인공지능과 관련해서 형성된 생각과 의견은 무엇인가?, AI와 공존하는 미래의 삶은 현재와 비교해서 어떻게 달라질까?(2)

| 실천 사례

전이 가능한 개념적 이해를 추구하는 깊이 있는 학습을 설계하고 실천하려면 충분한 시간이 확보되어야 한다. 학생들이 저차원적 사고와 고차원적 사고의 상호작용을 통해 일반화를 도출하기 위해서는 다양한 사실적 지식과 기능을 바탕으로 이를 개념 간의 관계로 연결하는 탐구와 사고의 시간이 필요하다. 또한 도출된 일반화를 다른 학습의 맥락과 삶의 맥락에 적용하고 활용하며 학습 과정을 성찰하는 데에도 넉넉한 시간이 필요하다. 지식의 구조와 과정의 구조를 상하로 넘나들며 개념과 일반화를 단단하게 만들었을 때 전이 가능한 개념적 이해에 도달할 수 있다.

하지만 현장에서 넉넉한 교육과정 시수를 확보하는 것은 현실적인 한계가 있다. 실제로 깊이 있는 학습을 실행하고자 해도 매번 학생들에게 충분한 탐구와 사고의 기회를 제공하지 못해 낮은 수준의 일반화로 마무리되거나 전이나 성찰의 경험을 제공하지 못할 때가 많다.

시수 확보에 한계를 느끼고 고민이 깊어지던 중 교사가 교육과정에 여유를 가지고 깊이 있는 학습을 시도할 수 있는 적절한 도구로 '온작품 읽기'가 적합하다고 생각했다. 국어 교과는 다른 교과에 비해 시수 확보가 용이한 데다, 독서 단원도 별도로 마련되어 있기 때문이다. 또한 많은 선생님들이 현장에서 이미 실천하고 있는 활동이기 때문에, 온작품 읽기와 개념적 이해를 연결한 사례의 공유가 현장에서의 실천에 도움이 될 것이라고 생각한다.

주제 (단원)	교육과정 살펴보기	시수	평가 및 수업 설계하기	비고
온작품 읽기 X 개념적 이해	[6국05-05] 작품에 대한 이해와 감상을 바탕으로 하여 다른 사람과 적극적으로 소통한다. [6국05-06] 작품에서 얻은 깨달음을 바탕으로 하여 바람직한 삶의 가치를 내면화하는 태도를 지닌다. 창의적 체험활동: 자율, 진로 ↓ • 개념: 작품, 이해와 감상, 성찰, 소통 • 개념적 렌즈: 관점 • 일반화 · 독자의 경험과 가치관이 다르기에 작품의 이해와 감상은 달라진다. · 작품에 대한 이해와 감상을 바탕으로 타인과 소통하는 과정은 나의 삶을 돌아보게 한다. • 핵심 질문 · 작품에 대한 이해와 감상은 왜 달라지는가? · 이 작품을 통해 형성된 삶의 가치관은 무엇인가? · 작품에 대한 이해와 감상, 소통은 독자의 삶에 어떤 영향을 미치는가?	26	**[평가 활동]** • 개념 형성 및 일반화를 위한 평가 · 작품의 이해와 감상이 달라지는 이유 탐구하기 · 작품에 대한 이해와 감상, 소통이 독자의 삶에 미치는 영향 인식하기 • 전이와 성찰을 위한 평가 · 나를 이해하고 행복한 삶을 위한 가치 있는 목표 수립하기 • 평가 루브릭: 도달(상: 완전하고 명확하게, 중: 일부 완전하고 명확하게, 하: 부분적으로), 미도달 **[수업 활동]** • 배움 초대: 작품 두드리기(2) • 배움 형성: 작품, 이해와 감상의 의미는 무엇인가?(2)_목차 1 • 배움 형성: 작품의 이해와 감상은 왜 달라지는가?_목차 2~3 • 배움 형성: 질문을 토대로 소통하기)_목차 4~6 • 배움 형성: 독서 토론하기(4)_목차 7~10 · 홍보 vs 제품의 질 · 반칙 승리 vs 정정당당한 패배 • 배움 형성(2)_목차 11~12 · 이 작품을 통해 형성된 삶의 가치관은 무엇인가? · 작품의 이해와 감상, 소통은 독자의 삶에 어떤 영향을 미치는가? • 배움 활용, 배움 성찰: 나를 찾아 DREAM니다 PBL(12) · 목표가 이끄는 삶이 행복하다, 나를 이해하기 · 나의 관심사와 달란트 탐색하기 · 인생 덕목 탐색하기 · 행복한 삶을 위한 목표 세우기 · 성장축제 준비하기 · 성장축제 실시하기	

　　온작품 읽기와 관련된 성취기준과 내용 체계를 토대로 개념을 '작품, 이해와 감상, 성찰, 소통'으로 탐색했다. 개념적 렌즈는 '관점'을 선택했다. '작품, 이해와 감상, 소통, 성찰'의 개념을 '관점'이라는 개념적 렌

즈로 바라보면서 다음과 같은 일반화와 핵심 질문을 도출했다.

일반화	• 독자의 경험과 가치관이 다르기에 작품의 이해와 감상은 달라진다. • 작품에 대한 이해와 감상을 바탕으로 타인과 소통하는 과정은 나의 삶을 돌아보게 한다.
핵심 질문	• 작품에 대한 이해와 감상은 왜 달라지는가? • 이 작품을 통해 형성된 삶의 가치관은 무엇인가? • 작품에 대한 이해와 감상, 소통은 독자의 삶에 어떤 영향을 미치는가?

일반화와 핵심 질문을 도출하고 평가 과제를 설계했다.

개념 형성 및 일반화를 위한 평가	• 작품의 이해와 감상이 달라지는 이유 탐구하기 • 작품에 대한 이해와 감상, 소통이 독자의 삶에 미치는 영향 인식하기
전이와 성찰을 위한 평가	• 나를 이해하고 행복한 삶을 위한 가치 있는 목표 수립하기

개념 형성 및 일반화를 위한 평가는 개념들에 대한 이해를 토대로 일반화의 도출을 확인하는 것으로 설계했다. 학생들의 삶과 관련된 고민을 할 수 있는 책이었기 때문에 작품과 연계하여 나를 이해하고 행복한 삶을 위한 목표를 고민하는 것을 전이와 성찰을 위한 평가로 설계했다. 전이와 성찰을 위한 평가는 온작품 읽기뿐만 아니라 '사회 변화와 대응'이라는 수업과 수업 성장 회의와 연결될 수 있도록 새로운 단원으로 구성했다. 교육과정 살펴보기와 평가 설계를 기반으로 구상한 수업 설계는 다음과 같다. 몇 가지 중요한 수업 장면도 함께 소개한다.

- 배움 초대 : 작품 두드리기(2)
- 배움 형성 : 작품, 이해와 감상의 의미는 무엇인가?(2)_목차 1
- 배움 형성 : 작품에 대한 독자의 이해와 감상은 왜 다를까?_목차 2~3
- 배움 형성 : 질문을 토대로 소통하기(2)_목차 4~6
- 배움 형성 : 독서 토론하기(4)_목차 7~10
  - 홍보 vs 제품의 질
  - 반칙 승리 vs 정정당당한 패배
- 배움 형성(2)_목차 11~12
  - 이 작품을 통해 형성된 삶의 가치관은 무엇인가?
  - 작품의 이해와 감상, 소통은 독자의 삶에 어떤 영향을 미치는가?
- 배움 활용, 배움 성찰 : 나를 찾아 DREAM니다 PBL(12)
  - 목표가 이끄는 삶이 행복하다, 나를 이해하기
  - 나의 관심사와 달란트 탐색하기
  - 인생 덕목 탐색하기
  - 행복한 삶을 위한 목표 세우기
  - 성장축제 준비하기
  - 성장축제 실시하기

온작품 읽기를 시작하면서 학생들에게 작품 이해와 감상의 개념을 이해할 수 있도록 하고, 책을 함께 읽으면서 이해와 감상 노트를 작성하도록 했다. 이해와 감상 노트를 작성하고 이를 짝과 공유하면서 독자마다 이해와 감상이 달라진다는 것을 경험하게 한 후, 핵심 질문에 대한 학생들의 일반화를 정리해 보도록 했다.

각자 도출한 일반화를 Padlet에 올리고, 서로 작성한 글을 공유하면서 학급 전체의 일반화를 도출했다.

> 배움 형성(개념 형성, 조사 및 정리): 이해와 감상 노트 작성

📝 **이해와 감상 노트 작성하기**

- 책을 읽고 다음 중 몇 가지를 골라서 기록해 봅시다.
  [필수] 두꺼운 질문
  [선택] 중심 내용, 좋은 문장, 등장인물(성격, 행동, 특성), 삶의 교훈(수용적, 비판적)

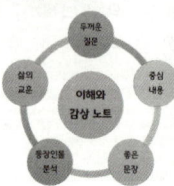

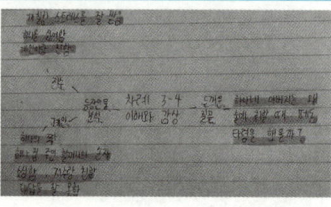

> 배움 형성(일반화) : 작품에 대한 독자의 이해와 감상은 왜 다를까?

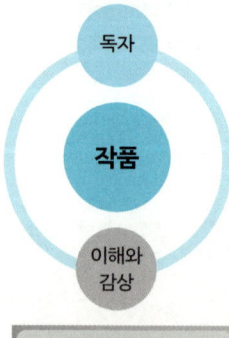

- 이해와 감상: 단순히 작품을 읽고 내용을 아는 것이 아니라 작품을 더 깊이 생각하고, 느끼고, 즐기기는 것
- 작품에 대한 독자의 이해와 감상은 왜 다를까?

유○○
사람들은 태어날때부터 모두 다른 경험과 기억을 가지고 살아갑니다. 이로인해 경험이 쌓였을 땐 독자들이 세상을 바라보는 초점이 잡힙니다. 그리고 세상을 바라보는 초점은 아주, 아주 조금씩이라도 다릅니다. 작품에 대한 이해와 감상도 이 초점과 깊히 관련이 있다 생각합니다. 한 작품을 읽더라도 독자들이 겪은 것들이 바탕으로 깔리며 그 바탕을 기준으로 독자들은 이야기를 해석하며, 이해하고 감상합니다. 우리 모두는 모두 다른 경험들로 이루어진 존재이기 때문에, 이야기에 대한 이해와 감상도 달라질 수 밖에 없습니다.
➕ 댓글 추가

박○○ 작가가 의도하는 것은 독자들에게 책을 다양하게 해석하고 이해하며 감상하는 소설이기 때문에 사람들이 책을 읽고 느끼는 생각은 모두 다르다.
➕ 댓글 추가

    독자에 따라 작품의 이해와 감상이 달라지는 것을 독자의 관점에서 바라보는 학생들도 있었고, 이를 작가의 관점에서 바라보는 학생들도

있었다. 학생들이 도출한 일반화를 모두 공유하면서 이를 학급 전체의 일반화로 다시 정리했다.

첫 번째 핵심 질문과 관련된 일반화 도출이 끝난 후에는 학생들이 두 번째 핵심 질문과 관련한 조사 및 정리 활동을 하며 질문 만들기와 독서 토론을 할 수 있도록 설계했다. 학생들이 책을 읽고 질문 만들기와 독서 토론을 통해 이해와 감상의 재미와 깊이를 더하며, 자연스럽게 삶을 돌아보도록 한 것이다. 질문 만들기는 의도적으로 삶에 적용할 수 있는 질문을 고민한 후에 질문을 중심으로 소통하도록 했고, 독서 토론도 삶과 연결할 수 있는 논제를 선정해서 실시했다.

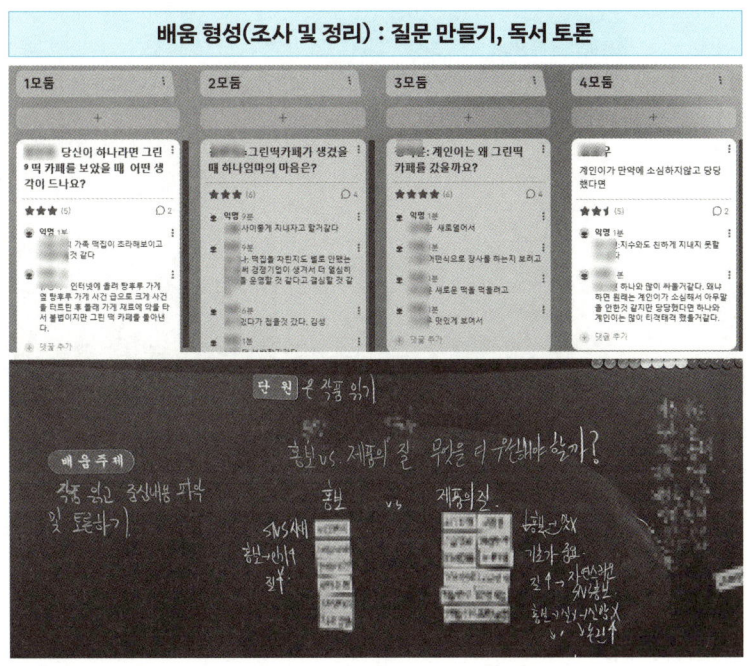

배움 형성(조사 및 정리) : 질문 만들기, 독서 토론

학생들이 독서를 통해 충분히 삶을 돌아볼 수 있도록 하고 질문 만들기와 토론을 통한 조사 및 정리의 경험을 제공한 후에 추가적인 핵심 질문을 소개했다. 핵심 질문을 개인적으로 고민하고 이를 모둠에서 공유하고 정리하면서 일반화의 수준을 높일 수 있도록 했다.

배움 형성(일반화) : 작품의 이해와 감상, 소통은 독자의 삶에 어떤 영향을 미치는가?

핵심 질문 토의토론

다음 2가지 질문에 대한 나의 생각을 공책에 기록한다.

모둠 토의를 통해 각 모둠의 일반화를 만든다.

전체와 공유한다.

온작품 읽기 핵심 질문
- ✓ 이 작품을 통해 형성된 나의 생각과 가치관은 무엇인가?
- ✓ 작품의 이해와 감상, 소통은 독자의 삶에 어떤 영향을 미치는가?

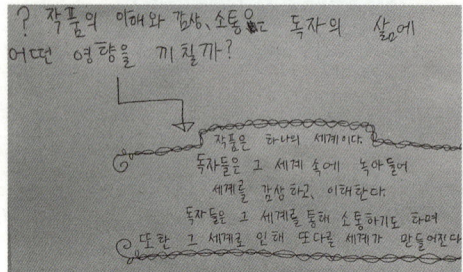

배움 활용 단계는 1학기에 실행했던 다양한 수업과 연계하여 새로운 단원으로 제시했다. <나를 찾아 DREAM니다 PBL>이라는 제목을 붙인 이 단원은 학생들이 주도하는 삶을 위해 나를 이해하고 행복한 삶을 위한 가치관을 고민하는 수업으로 구성했다.

| 사회 변화와 대응 | 수업 성장 회의 | 온작품 읽기 |

| 나를 찾아 DREAM니다 PBL |

'사회 변화와 대응'이라는 수업은 학생들이 '( )한 사회 변화에 대응하기 위해 어떤 학습자상을 갖추어야 하는가?'라는 질문에 대해 고민해 볼 수 있도록 설계했다. 학습자상은 교외 전문적 학습 공동체 선생님들과 함께 고민해서 개발한 자료를 활용했다.

| ( )한 사회 변화에 대응하기 위한 태도 |

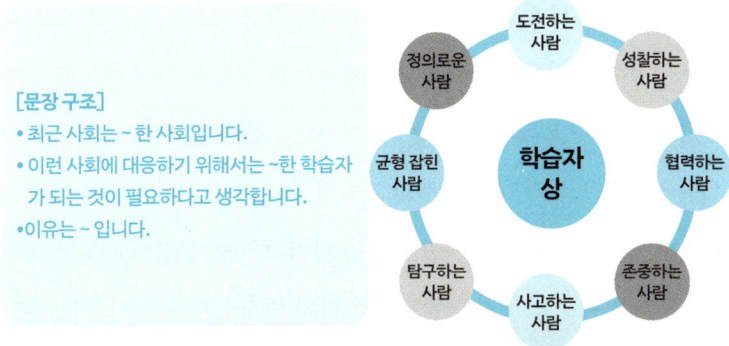

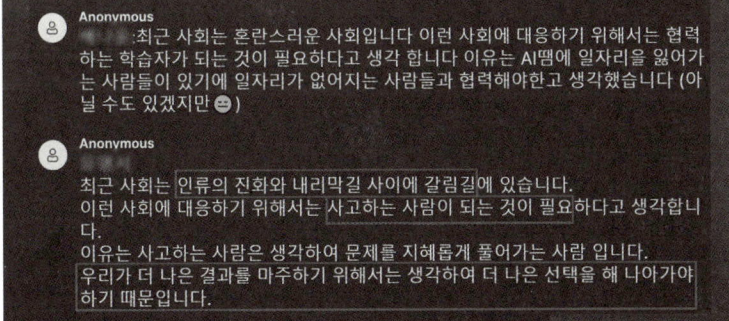

Part 02 | 깊이 있는 학습을 위한 교육과정-수업-평가 • 239

앞서 소개한 바 있는 학생 주도성을 위한 수업 성장 회의에서 나에 대해 궁금한 것과 관련된 질문 중 다음 질문들을 <나를 찾아 DREAM 니다 PBL>과 연계했다.

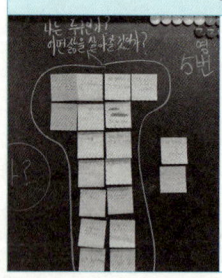

수업 성장 회의 중 나에 대해 궁금한 것

- 내가 진짜 되고 싶은 것은 무엇일까?
- 나는 미래에 어떤 사람일까?
- 내가 진짜 갖고 싶은 직업이 무엇일까?
- 나는 내 꿈을 이룰 수 있을까? 나는 공부에 집중하고 있을까?
- 내가 좋아하는 것과 잘하는 것은 무엇인가?

삶과 학습에서 주도성을 발휘하기 위해 가장 중요한 것은 스스로 목표를 설정하는 것이다. 초등학교 진로교육은 직업 탐색에 초점을 맞추는 경우가 많지만, 직업 선택보다 앞서서 고민해야 할 것은 삶의 가치관이다. 가치관은 삶의 문제 해결과 가치판단의 기준이 되며 나아가야 할 방향을 제시한다. 삶의 가치관 정립은 삶의 목적을 분명히 하고 사회의 다양성과 역동성을 고려한 주도적인 삶의 방향을 제공한다. 학생들이 나를 성찰하고, 삶의 가치관을 깊이 고민할 수 있도록 다음 질문에 대해서 깊이 탐구하고 사고하도록 했다.

- 나는 누구인가?
- 살아가며 가꾸어야 할 덕목은 무엇인가?
- 행복을 위해 어떤 가치관을 추구하는 삶을 살 것인가?

탐구 결과를 바탕으로 개인별 만다라트 목표 달성표를 작성하고 이를 활용해 친구들 앞에서 발표할 기회를 마련했다. 학생 자신에 대한 이해를 바탕으로 삶의 가치관을 깊이 고민하고 공언하면서 실천 의지를 다지는 귀한 배움과 성장의 시간이 되었다.

마지막 수업을 시작하며

- 나는 누구인가요? 나는 무엇에 관심이 있나요?
- 살면서 내가 가꾸어야 할 덕목은 무엇인가요?
- 나는 행복한 삶을 위해 어떤 가치관을 추구하며 살고 싶나요?
- 선생님이 던진 이 3가지 질문은 여러분이 살아가며 계속 고민해야 할 중요한 질문이라고 생각합니다. 선생님이 준비한 이 수업을 통해 이 질문에 대해서 고민하고 질문에 대한 여러분의 생각을 부모님과 친구들에게 스피치를 통해 공유해 봅시다.

나를 찾아 DREAM니다 PBL
나를 이해하고 행복한 삶을 위한 삶의 방향성을 고민하는 수업

1. 나를 이해하기
2. 나의 관심사와 달란트 탐색하기
3. 인생 미덕 탐색하기
4. 행복한 삶을 위한 목표 세우기
5. '나를 찾아 DREAM니다.' 성장 축제

'나를 찾아 DREAM 니다.' PBL
#함성새싹 #성장축제

1. 일시 : 2024년 7월 25일(목요일)
2. 장소 : ○○초등학교 ○-○반
3. 내용
   - '나를 찾아 DREAM니다' 스피치
   : 나는 누구인가? 행복한 삶을 위해 어떤 가치관을 추구하는 삶을 살 것 인가?

| 참고문헌

Part 1 학생 주도성과 교사 교육과정 자율화

강충렬, 정광순(2019). 배움 중심 수업. 서울: 학지사.
경기도교육청(2021). 2022학년도 초등학교 교육과정 편성 안내.
경상북도교육청(2022). 학생이 배움의 주인이 되는 학생 생성 교육과정 Q&A.
광주광역시교육청(2023). 2022 아지트 프로젝트 백서.
교육과학기술부(2009). 초·중등학교 교육과정 총론. 고시 2009-41호.
교육부(1992). 초등학교 교육과정. 교육부 고시 제1992-16호.
교육부(1997). 초·중등학교 교육과정 총론. 교육부 고시 제1997-15호(1997.12.30.).
교육부(2015). 초등학교 교육과정. 교육부 고시 제2015-80호(2015.12.1.).
교육부(2016). 2015 개정 교육과정 총론 해설(초등학교). 교육부.
교육부(2020). 코로나-19 대응을 위한 교육과정 운영 예시 자료집(성취기준 재구조화, 블렌디드러닝 수업자료).
교육부(2021). 2022 개정 교육과정 총론 주요 사항(시안). 세종: 교육부. 2021.11.24.
교육부(2021). 다 함께 만들어가는 그린스마트미래학교 도움자료.
교육부(2022). 2022 개정 초·중등학교 교육과정 총론. 교육부 고시 제2022-33호(2022.12.22.).
교육부(2022). 2022 개정 초·중등학교 교육과정 총론 해설. 교육부 고시 제2022-33호(2022.12.22.).
교육인적자원부(2007). 초·중등학교 교육과정 총론. 고시 2007-79호.
김경자(2003). 교육과정 개발 및 운영자로서의 초등교사. 교육과학연구, 34(1), 145-161.
김민중(2023). IB PYP 월드스쿨 졸업 전시회를 찾아서. 행복한 교육 2023년 12월호 명예기자 리포트, https://happyedu.moe.go.kr/happy/bbs/selectBoardArticleInfo.do?nttId=13539&bbsId=BBSMSTR_000000000231.
김선영, 소경희(2014). 교사들이 기대하는 '교육과정 자율성' 탐색. 아시아교육연구, 15(4), 55-79.
김세영(2018). 수업을 통해 교육과정을 연구한다는 것의 의미. 학습자중심교과교육연구,

18(20). 1347-1370.

김종윤(2020). OECD Education 2030 프로젝트 1단계 연구 성과. 교육광장, 73, http://kice-magazine.co.kr/wp/?p=2954.

김종윤, 이미경, 최인선, 배화순, 유금복, 박일수(2021). OECD Education 2030 프레임워크에 기반한 우리나라 교사의 역량 개발 방향 탐색: 학생 주도성및 협력적 주도성을 중심으로. 한국교육과정평가원 연구자료.

김종훈(2022). '교사 교육과정'의 가능성과 교사에게 주어진 역할: 2022 개정 교육과정의 '학교자율시간'을 중심으로. 서울교육 2022 겨울호(249호).

김종훈(2023). 2022 개정 교육과정의 개정 관련 정책문서에 대한 비판적 담론분석. 교육과정연구, 41(3), 153-178.

김종훈(2024). Ger Biesta의 학생 행위주체성 담론에 대한 비판과 대안적 관점 탐색: 우리나라 교육과정 및 교사교육에의 함의. 교육과정 연구, 42(1), 139-160.

류영휘(2016). 교육과정 자율화 정책에 대한 비판적 고찰: 교사의 자율성 개념을 중심으로. 서울대학교대학원 박사학위논문.

문찬주, 양찬주, 나윤진, 김지은, 남인혜, 정동욱(2018). 학교 내 교사 자율성의 학업성취 제고 효과 분석. 교육행정학연구, 36(5), 219-245.

박순경(2008). 교육과정 분권화의 출발점과 방향 타진을 위한 시론. 교육과정연구, 26(2), 87-105.

박승열(2016). 교사를 세우는 교육과정. 살림터.

소경희(2019). 한국의 국가 교육과정의 변천과 최근의 개혁 동향. The SNU Journal of Educational Research, 28(1), 87-103.

송길영(2023). 시대예보: 핵개인의 시대. 교보문고.

엄수정(2024). '교사 행위주체성'에서 '교사-너머-행위성'으로. 교육과정 연구, 42(1), 27-51.

에듀쿠스(2019). 교사 수준 교육과정. 북랩.

온정덕(2022). 역량과 주도성을 기르는 2022 개정 교과 교육과정. 서울교육 2022 겨울호(249호).

이상은, 소경희(2019). 미래지향적 교육과정 설계를 위한 OECD 역량교육의 틀 변화 동향 분석. 교육과정연구, 37(1), 139-164.

이승미, 이병천, 백경선(2019). 2015 개정 교육과정에 따른 국가, 시·도, 학교 수준 교육과정 거버넌스의 실태 분석 연구. 교육문제연구, 32(3), 189-221.

이윤미(2021). 우리 학교 교과서 만들자. 도서출판 기역.
이윤미, 김두겸(2021), 창의적 체험활동 운영시 초등교사가 겪는 어려움 및 개선 방안 탐색. 통합교육과정연구, 15(1), 53-75.
이윤미, 조현정, 김순미, 정민경(2021). 교사의 교육과정 자율성 강화를 위한 국가 교육과정 개발 방향 연구. 전북교육정책연구.
이은총(2023). 초등학교 교사 교육과정 실행에 대한 실적 사례 연구: 성취기준 개발 경험을 중심으로. 광주교육대학교 석사학위논문.
이형빈, 김성수(2023). 학생이 참여하는 학교 교육과정 개발·운영 실행연구: '학생교육과정위원회' 운영 사례를 중심으로. 교육과정연구, 41(3), 51-71.
전라북도교육청(2021). 전라북도 초등학교 교육과정 총론.
정광순(2012). 교사의 교육과정에 대한 문해력. 통합교육과정연구, 6(2), 109-132.
조승연의 탐구생활(2023.9.20.). 문해력 위기? 산만의 시대? 현대인들이 집중을 못하는 이유(ft. 도둑맞은 집중력, 요한하리작가). https://youtu.be/YCwS_y8vrzw?si=AtD6MvPDn1ohj9rW.
최영민, 주예진, 엄윤아(2017). 교사를 위한 슬로리딩 수업 사용설명서. 고래북스.
최유리, 소경희(2022). 국가 교육과정 문서에 함의된 교사 전문성 담론의 변화와 특징 고찰. 교육과정연구, 40(2), 73-99.
충청남도교육청(2021). 충남 참학력 초등학교 교육과정.
충청북도교육청(2021). 충청북도교육과정 총론.
한국경제(2024.01.01.) 유발 하라리"AI는 인공 아닌 외계지능이다". https://www.hankyung.com/article/202401014546i.
홍익희(2022). 홍익희의 신 유대인 이야기. 클라우드 나인.
Bennett, N. & Lemoine, J.(2014). What VUCA Really Means for you. Harvard Business Review, Vol. 92, No. 1/2, 2014, Available at SSRN: https://ssrn.com/abstract=2389563.
David D, Lee.(2022.05.07.). 한국 힙합계 차세대 거물이 될 12살 래퍼 율음을 만나다. https://www.vice.com/ko/article/m7vnmy/yuleum-12-year-old-rapper-korea-hip-hop-music.
Hong, W. P., & Youngs, P.(2016). Why are teachers afraid of curricular autonomy? Contradictory effects of the new national curriculum in South Korea. Asia Pacific Journal of Education, 36(sup1), 20-33.

OECD(2019). OECD Future of Education and Skills 2030 Concept Note. https://www.oecd.org/education/2030-project/teaching-and-learning/learning/learning-compass-2030/OECD_Learning_Compass_2030_concept_note.pdf.

OECD(2019). Student Agency for 2030 Concept Note. https://www.oecd.org/education/2030-project/teaching-and-learning/learning/student-agency/Student_Agency_for_2030_concept_note.pdf.

Ravitch, D.(2010). 윤재원 역(2011). 미국 공교육 개혁, 그 빛과 그림자. 지식의날개.

Synder, J., Bolin, F. & Zumwalt, K.(1992). Curriculum implementation. In P. W. Jackson(Ed.), Handbook of research on curriculum. New York: Macmillan.

Part 2 깊이 있는 학습을 위한 교육과정-수업-평가

강현석, 노진규(2023). 2022 개정 교육과정에 대한 하나의 비평적 시선: 내러티브접근. 교육비평(51), 123-157.

강현석, 이지은, 배은미(2019). 최신 백워드 교육과정과 수업설계의 미래. 교육과학사.

강현석, 이지은, 유제순(2021). 이해 중심 교육과정을 위한 백워드 설계의 이론과 실천. 서울: 학지사.

교육부(2016). 2015 개정 교육과정 총론 해설 초등학교. 교육부.

교육부(2018). 사회과 교육과정. 교육부 고시 제2018-162호 [별책 7].

교육부(2021.11.24.). 2022 개정 교육과정 총론 주요사항(시안).

교육부(2022). 2022 개정 초·중등학교 교육과정 총론 해설. 교육부 고시 제2022-33호 (2022.12.22.).

교육부(2022). 국어과 교육과정. 교육부 고시 제 2022-33호 [별책 5].

교육부(2022). 도덕과 교육과정. 교육부 고시 제 2022-33호 [별책 6].

교육부(2022). 사회과 교육과정. 교육부 고시 제 2022-33호 [별책 7].

교육부(2022). 수학과 교육과정. 교육부 고시 제 2022-33호 [별책 8].

교육부(2022). 실과(기술·가정)/정보과 교육과정. 교육부 고시 제 2022-33호 [별책 10].

교육부(2022). 영어과 교육과정. 교육부 고시 제 2022-33호 [별책 14].

교육부(2023.02). 모두를 위한 맞춤 교육의 실현 디지털 기반 교육혁신 방안.

교육부(2024.04). 교사가 이끄는 교실혁명을 위한 디지털 기반 교육혁신 역량 강화 지원 방안.

교육부, 한국교육과정평가원(2020). 고등학교 학생평가 톺아보기.

김선, 반재천(2023). 사고력 함양을 위한 서·논술형 평가 도구 개발 이론과 실제. 대전: 도서출판 AMEC.

김현철(2023). 경제학이 필요한 순간. 김영사.

문교부(1981). 4차 국민학교 교육과정 총론. 문교부 고시 제 442호(1981.12.31.).

서울대학교(2022.9.19.). [샤로잡다] 아내가 본 '수학자 허준이' 최초 공개! 필즈상 비결은.. | 허준이 교수 X 김나영 동문. https://youtu.be/ENNnFu-rS9U?si=k0zykNMiP4rYRGth.

손준호, 이은총, 윤아인, 노윤아, 오선경, 유용철, 양종현, 최양혁(2024). 깊이 있는 학습을 위한 평가, 어떻게 할까?. 광주광역시교육청 장학자료(2023-4).

온정덕(2023). 역량과 주도성을 기르기 위해서 교과에서는 무엇을, 왜, 어떻게 가르치고 평가할 것인가?. 2022 개정 교육과정 총론 핵심 교원 연수 원고.

온정덕, 변영임, 안나, 유수정(2018). 교실 속으로 간 이해중심 교육과정. 살림터.

온정덕, 윤지영(2021). 교과 교육과정 지식과 기능 영역의 의미와 설계 방식 고찰: 국어과 교육 과정을 중심으로, 교육과정 연구, 39(2). 29-55.

이은총(2022). 교사교육과정, 어떻게 만들고 운영할까. 푸른칠판.

이혜정, 이범, 김진우, 박하식, 송재범, 하화주, 홍영일(2019). IB를 말한다. 창비교육.

임유나(2022). 교육과정 개발과 실행에서 개념적 접근의 교육적 의의와 과제. 교육학연구, 60(2), 31-61.

Brookhart, S, M.(2010). 장혜원, 김민건, 장연정, 김연태, 모진우 공역(2018). 교사를 위한 고차원적 사고력 평가의 실제. 교육과학사.

Brookhart, S. M.(2017). 손원숙, 노현종, 유신복, 신이나, 박상현(2020). 현장 교사를 위한 효과적인 피드백 방법. 학지사.

Dweck, Carol S.(2007). 김준서 역(2017). 마인드 셋. ㈜스몰빅미디어.

EBS 다큐(2014.7.15.). 교육대기획 10부작 학교란 무엇인가 8부, 0.1%의 비밀(2010년 11월 29일 방영). https://youtu.be/auGGn_3gm2w?si=puwgeyDFLFa6IgpU.

Elbaz, F.(1981). The teacher's "practical knowledge": Report of a case study. Curriculum Inquiry, 11(4), 43-71.

Erickson, H. L. Lanning, L. A. & French, R.(2017). 온정덕, 윤지역 역(2019). 생각하는 교실

을 위한 개념 기반 교육과정 및 수업. 학지사.

Graham Allison(2017). 정혜윤 역(2018). 예정된 전쟁. 세종서적(주).

Harvard Business Review(2011.08.25.). Steve Job's Ultimate Lesson for Companies. https://hbr.org/2011/08/steve-jobss-ultimate-lesson-fo.

Hattie, J., & Timperley, H.(2007). The Power Of Feedback. Review of Educational Research, 77(1), 81-112.

Lorna M. Earl(2013). 온정덕, 윤지영 공역(2022). 학습 과정으로서의 평가. 학지사.

Marschall, C., & French, R.(2018). 신광미, 강현석, 공역(2021). 생각하는 교육과정과 수업을 위한 개념 기반 탐구학습의 실천. 학지사.

MBC(2024). 교실이데아 1~2부.

McMillan, J. H.(2014). 손원숙, 박정, 강성우, 박찬호, 김경희, 공역(2015). 교실평가의 원리와 실제. 교육과학사.

Mctighe, J., Wiggins, G.(2013). 정혜승, 이원미 공역(2016). 핵심 질문. 사회평론아카데미.

Morgan Housel(2023). 이수경 역(2024). 불변의 법칙. 서삼독.

OpenAI(2024.5.14.). Math problems with GPT-4o. https://youtu.be/_nSmkyDNulk?si=w_wWGURwuCQoAWYv.

Popham, J.(2011, February). Formative Assessment-A prpcess, not a test. Education Week, Retrieved from, https://www.edweek.org/teaching-learning/opinion-formative-assessment-a-process-not-a-test/2011/02.

Stern, J., Lauriault, N. & Ferraro, K.(2018). 임유나, 한진호, 안서현, 이광우 공역(2022). 개념 기반 교육과정과 수업. 박영스토리.

Warter Isaacson(2023). 안진환 역(2023). 일론 머스크. 21세기북스.

Wiggins, G., & McTighe, J.(2005). Understanding by design(Expanded 2nd edition). Alexandria, VA: Association for Supervision and Curriculum Development.

Wiggins, G., & McTihe, J.(2011). The Understanding by Design Guide to Creating High-Quality Unit. Alexandria, VA: ASCD.

Yuval Noah Harari(2011). 조현욱 역(2015). 사피엔스. 김영사.

미주

1. 김종윤, 이미경, 최인선, 배화순, 유금복, 박일수, 2021
2. OECD, 2019; 손성넉, 2022
3. 홍익희, 2022: 194-196
4. 김종훈, 2024
5. 김종윤 외, 2021
6. 문찬주, 양찬주, 나윤진, 김지은, 남인혜, 정동욱, 2018
7. 김종훈, 2023; 류영휘, 2016; Hong & Youngs, 2016
8. 김경자, 2003
9. 김선영, 소경희, 2014
10. 엄수정, 2024
11. 강충렬, 정광순, 2019: 37
12. 이윤미, 김두겸, 2021
13. 이은총, 2023
14. Synder, Bolin, & Zumwalt, 1992
15. 이형빈, 김성수, 2023
16. 교육부, 2022: 5-6
17. 교육부, 2022: 28
18. 강현석, 노진규, 2023
19. 교육부, 2021; 교육부, 2022; 온정덕, 2023
20. 온정덕, 2023
21. 교육부, 2022: 52
22. Erickson, Lanning, & French, 2017/2019: 38, 61
23. Housel, 2023/2024: 360
24. Giddens et al., 2019; 임유나 2022에서 재인용; Erickson, Lanning, & French, 2017/2019: 29
25. Stern, Lauriault, & Ferraro, 2018/2022: 9

26 Brookhart 2010/2018: 12-16
27 임유나, 2022
28 Stern, Lauriault, & Ferraro, 2018/2022: 7
29 Erickson, Lanning & French, 2017/2019: 31
30 온정덕, 윤지영, 2021
31 온정덕, 2023
32 Marchall & French, 2018/2021: 121
33 McTighe & Wiggins, 2013/2016: 32
34 김선, 반재천, 2023: 17
35 Hattie & Timperley, 2007
36 Brookhart, 2017/2020: 12
37 McMillan, 2014/2015: 322-331
38 김현철, 2023: 59-60
40 Popham, 2011
41 Earl, 2013/2022: 51
42 Black & William, 1998; Brown & Harris, 2013; Ross, 2006; Sadler & Good, 2006; McMillan 2014/2015: 353
43 Earl, 2013/2022: 86
44 Elbaz, 1981
45 온정덕, 2023
46 Erickson, Lanning, & French, 2017/2019: 113
47 Erickson, Lanning, & French, 2017/2019: 113-114
48 온정덕, 변영임, 안나, 유수정, 2018: 85

**어떻게
배움과 가르침의
주인이 되는가**

초판 1쇄 발행 2024년 11월 10일

지은이 이은총

발행인 송진아
편 집 아이핑크
디자인 권빛나
제 작 제이오
펴낸곳 푸른칠판
등 록 2018년 10월 10일(제2018-000038호)
팩 스 02-6455-5927
이메일 greenboard1@daum.net

ISBN 979-11-91638-23-3 13370

* 이 책은 저작권법에 따라 보호를 받는 저작물이므로 무단 전재와 무단 복제를 금지하며, 이 책의 전부 또는 일부를 이용하려면 반드시 저작권자와 푸른칠판의 서면 동의를 받아야 합니다.
* 책 값은 뒤표지에 있습니다.